D1734885

Norgard Kohlhagen

Frauen, die die Welt veränderten

Norgard Kohlhagen

Frauen, die die Welt veränderten

Verlag Huber Frauenfeld · Stuttgart

Erweiterte Fassung des Buches:

‹Nicht nur dem Manne untertan.
Frauen, die die Welt veränderten›.
Mit freundlicher Genehmigung des Fischer Taschenbuch
Verlages.

©1982 Verlag Huber Frauenfeld
‹Nicht nur dem Manne untertan›. ©Fischer Taschenbuch Verlag GmbH,
Frankfurt am Main 1981.

Bildquellen: Bildarchiv Preußischer Kulturbesitz, Berlin, Seiten 38, 112, 132,
154, 204, 224, 234, 244, 264.
BBC Hulthon Picture Library, London, Seiten 102, 122.
IBA, Oberengstringen, Seiten 144, 174, 194.

Satz: Febel AG, Basel
Druck, Einband: May + Co., Darmstadt
ISBN 3-7193-0848-0

Inhalt

Vorwort

Warum gerade diese Frauen?
Als junges Mädchen, so berichtet die Engländerin Florence Nightingale in ihrem Tagebuch, sei sie von dem Gedanken besessen gewesen, *nicht wie andere Leute zu sein*. Das machte ihr Angst. Sie fühlte sich «wie ein Ungeheuer». Ähnliche Gefühle hatte die Deutsche Lily Braun in ihrer Jugend. Die Tante, die Lilys Erziehung überwachte, prophezeite ihr, sie würde als «überspanntes, tintenklecksendes Frauenzimmer» im Leben scheitern.

Alle Frauen, die hier vorgestellt werden, haben früher oder später zu hören bekommen, sie seien nicht «normal». Die Schimpfworte, mit denen sie bedacht wurden, reichen vom «Blaustrumpf» über das «Mannweib» bis zur «frigiden Emanze». Oft hat es Jahre gedauert, bis sie es dennoch wagten, zu sich selbst ja zu sagen und gegen die Norm zu leben. Gerade jene Jahre – im wahrsten Sinne des Wortes «Entwicklungsjahre» – haben mich bei der Darstellung dieser Frauen besonders interessiert.

Keine der Frauen, deren Leben hier geschildert wird, hat Bestehendes als gegeben, unvermeidlich, unveränderbar hingenommen. Jede hat auf ihre Art gegen Normen und Klischees protestiert. Das verbindet sie miteinander. Wie sie Veränderungen in Angriff genommen haben, das unterscheidet sie voneinander. Hedwig Dohm zum Beispiel verfaßte brillante Streitschriften für das Stimmrecht der Frau. Emmeline Pankhurst zertrümmerte mit Steinen Schaufensterscheiben. Beide erlebten noch kurz vor ihrem Tod, daß sich ihre Forderungen erfüllten.

Andere starben, ehe sie ihre Ziele verwirklicht sahen. Die Spuren aber, die sie hinterließen, kann niemand mehr auslöschen.

Und trotzdem: Noch immer hält sich hartnäckig die Meinung, daß «Weltverändern» Männersache sei. Frauen, die eine Bewegung in Gang gesetzt haben, tauchen in den üblichen Geschichtsbüchern und Kulturführern allenfalls als Randfiguren auf.

Ich habe versucht, zumindest einigen dieser Frauen den Platz zu geben, der ihnen zusteht.

Mary Wollstonecraft in ihrer Zeit

um 1720 Daniel Defoe, der Verfasser von *Robinson Crusoe*, schlägt die Gründung einer «Frauenakademie» in England vor.

um 1750 «Blaustrumpf» ist der Spottname für weibliche Mitglieder eines literarischen Kreises in London.

1776 Die Vereinigten Staaten erklären ihre Unabhängigkeit und verkünden die «Erklärung der Menschenrechte».

1789 Nach amerikanischem Vorbild geben auch die Franzosen eine «Erklärung der Menschenrechte» heraus.

1791 Französische Frauen bringen eine «Erklärung der Rechte der Frau» in die nur aus Männern bestehende Nationalversammlung ein.

1792 Mary Wollstonecrafts *Verteidigung der Rechte der Frauen* erscheint.

1798 Ein Jahr nach Mary Wollstonecrafts Tod verfaßt der Amerikaner Charles Brockden Brown, beeinflußt von der Wollstonecraft, eine Schrift für die Besserstellung der Frau: *Alcuin, Ein Zwiegespräch* – ein Werk, das in Vergessenheit gerät.

«Man mache die Frauen zu vernünftigen freien Bürgern»

Warum werden Jungen anders behandelt als Mädchen, näm-
lich: bevorzugt?
Schon als Sechsjährige beschäftigt sich die Engländerin Mary
Wollstonecraft mit dieser Frage. Sie erlebt, wie Ned, ihr sieben-
jähriger Bruder, einziger Erbe wird, als der Großvater stirbt.
Mary geht leer aus, denn «sie ist ja sowieso nur ein Mädchen».
Diesen Satz bekommt sie in den folgenden Jahren noch oft in
ihrer Familie zu hören.
Ihre Familie: Der Vater, Edward John Wollstonecraft, ein
unsteter Typ, wechselt häufig mitsamt Frau und Kindern den
Wohnsitz. Er ist leidenschaftlich und unbeherrscht, wenn er –
was sehr oft vorkommt – zu viel getrunken hat. Die Mutter,
Elizabeth Wollstonecraft, «scheint der erste und untertänigste
seiner Untertanen gewesen zu sein». So jedenfalls hat Marys
späterer Ehemann und Biograph, William Godwin, sie geschildert. Über Mary, die sich von beiden Eltern zurückgesetzt
fühlte, sagte er: «Sie war bereits als Kind ein guter Hasser.»
Was ist noch aus Mary Wollstonecrafts Kindheit bekannt?
Schon früh werden ihr, der Zweitältesten, hausfrauliche Pflichten übertragen. Während Bruder Ned eine Schule besuchen
darf, muß Mary zu Hause mit anpacken und die drei jüngeren
Geschwister betreuen. Lesen und schreiben lernt sie so nebenbei bei einem alten Hausverwalter. Niemand ist davon überzeugt, daß Mädchen noch etwas anderes können müßten als
«reizvoll und tugendsam wirken». Eine der Wochenschriften
des 18. Jahrhunderts, der *Tatler*, drückt genau das aus, wie
Mary und all ihre Zeitgenossinnen erzogen werden sollen: «Ihr
Wissen sei nur eine gebildete Unschuld.»
Die Mädchenbildung wurde nicht im mindesten vom Staat
gefördert. Es gab vereinzelt arme Mädchen, die, bis sie einen

Mann fanden, das Unterrichten als Gelderwerb wählen mußten. Es gab auch Privatschulen, die protzig ankündigten: «Hier werden junge Damen in Unterricht und Pension genommen.» Mehr als ein paar Brocken Französisch, einige zierliche Tanzschritte und die Anfangskenntnisse im Klavierspiel wurde den jungen Damen aber auch hier nicht beigebracht.

Wichtiger schien es, Mädchen zu lehren, wie sie sich rein äußerlich als Damen herzurichten hatten: mit kunstvoll aufgesteckten Haarfrisuren und Spitzenhauben, eng geschnürten Korsetts, ohne jede Bewegungsfreiheit.

Auch die fünfzehnjährige Mary muß diese Prozedur über sich ergehen lassen. Mehr denn je fühlt sie sich als Außenseiter in ihrer Familie. Sie will ein eigenes Zimmer haben, in dem sie allein sein und nachdenken kann. Heiraten, erklärt sie entschieden, nur um versorgt zu sein, das käme für sie nicht in Frage!

Sie ist sechzehn, als sie sich leidenschaftlich verliebt: in eine Freundin, die achtzehnjährige Fanny. Mit Fanny will sie zusammenziehen, für Fanny den Lebensunterhalt verdienen. Also sucht sie sich einen ‹Job›; sie wird Gesellschafterin einer reichen älteren Dame: ihr erster Schritt zur Selbständigkeit.

Im Herbst 1781 wird Mary nach Hause zurückgerufen. Ihre Mutter ist schwer krank, und es gilt als selbstverständlich, daß die älteste Tochter die Pflege übernimmt. «Ein bißchen Geduld, und alles ist vorüber», ist der letzte Satz, den Marys Mutter sagt. Für die Tochter erscheint dieser Satz wie ein Symbol für Frauenleben überhaupt. Freiheit, persönliche Freiheit, ist allein den Männern vorbehalten. Mary erlebt das überall in ihrem Verwandten- und Bekanntenkreis. Ihre Mutter mußte sich von ihrem Vater demütigen lassen. Nicht anders sieht es in der Ehe von Fannys Eltern aus. Marys Schwester Eliza, jung verheiratet und gerade Mutter geworden, leidet unter Depressionen. «Frauen werden systematisch zu einer Null gemacht», erkennt Mary Wollstonecraft. Noch ist sie nicht so weit, solche Gedanken schriftlich zu äußern. Aber sie beginnt zu handeln.

Sie überredet ihre Schwester Eliza, mit ihr unter falschem Namen nach London zu reisen. «Eliza kaute aus Nervosität während der Fahrt immerfort an ihrem Ehering», schildert Mary später diese Flucht. Die Schwestern mieten sich in einem Hotel ein und beschließen, zusammen mit Fanny eine Schule aufzumachen. Was sonst könnten sie tun, um auf «anständige Art» ihr Leben zu verdienen?

Richtig glücklich werden alle drei Frauen nicht mit dieser Schule. Eliza leidet unter Schuldgefühlen, weil sie Mann und Kind verlassen hat, Mary liebt den Lehrerberuf nicht gerade sehr, und Fanny schließlich verliebt sich, heiratet und zieht nach Lissabon.

Sie, Marys heißgeliebte Freundin, stirbt bei der Geburt ihres ersten Kindes. Mary ist ihr, ohne Besinnen und fast ohne Geld, nach Portugal gefolgt, um sie zu pflegen. Als sie zurückkommt, ist die Schule, die die drei Frauen begründet haben, so zurückgegangen, daß sie nicht mehr zu halten ist.

Mary sucht für ihre Schwester und sich Erzieherinnenstellen. Für ein Jahr geht sie nach Irland in das Haus eines Lord Kingsborough. Und was nun?

Für Mary Wollstonecraft beginnt das Leben mit achtundzwanzig. Sie ist zurück in London, hat sich in den vergangenen Jahren als Erzieherin, Lehrerin und Gesellschafterin ausprobiert – und gemerkt, daß das nicht ihre Berufswünsche sind. Schreiben will sie, sich durch geistige Arbeit ihre persönliche Freiheit schaffen. Eine Novelle, *Mary*, hat sie als Erzieherin bei den Kingsboroughs geschrieben. Ihr Kommentar dazu: «Meine Novelle soll die Wesenheit einer Frau zeigen, die Denkkraft besitzt und zu den wenigen Auserwählten gehört, die nicht Echo sein möchten, selbst nicht der süßesten Töne.»

Schon allein diese Erklärung zeigt, daß Mary Wollstonecraft ein ganz neues Frauenbild in ihrer Zeit entwirft. Ihr zweites Buch, eine kleine Schrift *Über die Erziehung der Töchter*, erscheint – wie das erste – im Verlag des berühmten Fleet-Street-Verlegers Joseph Johnson.

Johnson muß vom ersten Augenblick an von Mary Wollstonecraft gefesselt gewesen sein. Möglicherweise hat ihm ihr unbändiger Drang nach Selbständigkeit imponiert. Jedenfalls beschäftigt er die unbekannte junge Frau als Lektorin in seinem Verlag und gibt ihre Bücher heraus.

Noch nimmt die Öffentlichkeit keine Notiz von der Autorin Wollstonecraft, die sich viel mit Übersetzungen beschäftigt (Französisch, Deutsch und Italienisch hat sie sich selbst beigebracht!) und mehrere Artikel über Erziehungsfragen verfaßt. 1790 – sie ist einunddreißig Jahre alt – wird sie mit einem Schlag bekannt. So bekannt, daß William Godwin später über sie schreibt: «Vielleicht ist keine Frau jemals als Schriftstellerin durch ganz Europa so berühmt geworden wie sie.»

Die Verteidigung der Menschenrechte, unter diesem Titel gibt Mary Wollstonecraft eine Streitschrift gegen den Philosophen und Politiker Edmund Burke heraus. Burke, ein Gegner der Französischen Revolution, wird von Mary Wollstonecraft in einer so scharfen, heftigen Form angegriffen, wie sich das für eine unbedeutende Frau absolut nicht gehört. Prompt hat sich Mary den Ruf einer «Hyäne in Unterröcken» erworben. Aber: Sie ist im Gespräch. Und ihr Verleger hält zu ihr!

Zwei Jahre später, 1792, erscheint ein Buch von ihr, das noch viel mehr Aufsehen erregt: *Vindication of the Rights of Woman – Verteidigung der Rechte der Frauen.*

Sie hat das Buch, nach den Mitteilungen ihres Verlegers, in sechs Wochen geschrieben. Gewidmet ist es keinem geringeren als dem französischen Staatsmann Talleyrand. Denn Mary Wollstonecraft sieht in ihren Gedanken einen Beitrag zu Aufgabe und Ziel der Französischen Revolution. Die Erklärung der Menschenrechte ist auch für dies Buch die Grundlage.

Wie kommt es, daß noch Jahrzehnte später Frauen hinter vorgehaltener Hand tuscheln: «Das ist ein ganz, ganz schlimmes Werk!»...? Worin besteht die «Ungeheuerlichkeit» der Wollstonecraft-Aussagen?

Mary rüttelt an allen Grundfesten, die Beweis für die Unterlegenheit der Frau sein sollen. So schreibt sie zum Beispiel: «Die herrschende Ansicht, daß die Frau für den Mann geschaffen sei, entstammt voraussichtlich Moses' poetischer Erzählung. Wer über die Sache richtig nachgedacht hat, nimmt es nicht wörtlich, daß Eva aus einer Rippe Adams geschaffen wurde, und damit wird das ganze Argument hinfällig, es beweise denn, daß seit den ältesten Zeiten dem Manne jeder Grund recht war, die Frau zu unterjochen, sowie er auch dachte, daß die ganze Schöpfung nur zu seinem Behagen und zu seinem Vergnügen geschaffen sei.»

Erinnerungen an ihre eigene «Dressur zum Mädchen» werden mitgespielt haben, als sie sich zornig äußert: «Das Kind, besonders ein Mädchen, wird keinen Augenblick sich selbst überlassen, es wird unselbständig gemacht, und diese Unselbständigkeit heißt dann ‹weibliche Natur›. Um die körperliche Schönheit zu erhalten (des Weibes höchster Ruhm!), werden Geist und Körper eingeschnürt, und eine sitzende Lebensweise schwächt die Muskeln und Nerven der Frauen von früher Jugend auf.»

Sie fordert gleiche Erziehung für Mädchen, auch körperlich: «Man erlaube uns ähnliche Leibesbewegungen wie den Knaben, nicht bloß in unserer Kindheit, sondern auch in den Jugendjahren, und lasse eben dadurch auch unseren Körper zu seiner Vollkommenheit gedeihen, damit die Erfahrung lehre, wie weit die natürliche Überlegenheit des Mannes sich erstreckt.»

Aus eigener Erfahrung weiß Mary Wollstonecraft: «Die wenigen Berufe, die den Frauen zugänlich sind, beschränken sich alle auf die Häuslichkeit.»

Sie ist davon überzeugt: «Frauen können aber Arzneikunde studieren und ebensogut Ärzte werden wie Krankenpflegerin... Die Frauen könnten auch Staatswissenschaften studieren und ihr Engagement auf der breitesten Basis befestigen.»

Immer wieder betont sie, daß sie weder vorhat, Männerhaß zu züchten, noch die Beziehung zwischen Mann und Frau zu zerstören. Doch sie wehrt sich gegen das Verhältnis der Geschlechter, wie sie es erlebt. Die Frau soll GEFÄHRTIN des Mannes sein, das ist ihr Zukunftsbild: «Wenn die Frau nicht durch Erziehung dahin geführt wird, die Gefährtin des Mannes zu werden, wird sie den Fortschritt von Kenntnis und Moral aufhalten. Die Wahrheit muß allen gemeinsam sein, oder sie wird wirkungslos in ihrem Einfluß auf die Gesamtheit.»

Gegen Ende ihres Buches faßt Mary Wollstonecraft noch einmal zusammen: «Der Schluß, den ich hieraus ziehe, ist klar. Man mache die Frauen zu vernünftigen freien Bürgern. Sie werden dann auch gute Ehefrauen und Mütter werden – vorausgesetzt, daß die Männer nicht ihre Pflichten als Gatten und Väter vernachlässigen.»

Widerspruch, Entrüstung, Bewunderung. Mary Wollstonecraft ist «in aller Munde». Und nicht nur in ihrem Heimatland. Ihr Buch wird bald ins Französische und Deutsche übersetzt. Monsieur Talleyrand reist persönlich aus Frankreich an, um die Schriftstellerin, die ihm ihr Werk gewidmet hat, kennenzulernen. Die beiden führen ein lebhaftes Gespräch miteinander. Am meisten aber bleibt ihm in Erinnerung haften, daß die Wollstonecraft ihn mit Wein aus Teetassen bewirtet hat. So einen Fauxpas hätte sie sich nicht leisten dürfen. (Ob er das einem männlichen Gesprächspartner auch übelgenommen hätte...)

Während der Französischen Revolution hält es Mary Wollstonecraft nicht länger in England. 1793 geht sie nach Paris. Sie will dort schreiben. Und – eine unglückliche Liebe vergessen: den (verheirateten) Schweizer Maler Johann Heinrich Füßli. In Paris lernt sie den amerikanischen Captain Gilbert Imlay kennen. Sie ist jetzt Mitte dreißig, berühmt und begehrt – und, wie in ihrer Kindheit, voll Sehnsucht nach Liebe. Imlay, der auch als Schriftsteller arbeitet, wird der Vater ihres ersten Kindes. Sie heiraten nicht. Es gibt viele zärtliche Briefe von Mary Wollstonecraft, die sie während ihrer Schwangerschaft und nach der Geburt ihrer Tochter Fanny an Gilbert Imlay geschrieben hat. Er antwortet selten. Er hat, wie Mary es in ihrem letzten Brief an ihn glasklar ausdrückt, längst «eine neue Neigung» gefaßt.

Als uneheliche Mutter kehrt Mary Wollstonecraft nach London zurück. Es gibt einen Augenblick, in dem sie jeglichen Mut verliert. Sie will nicht mehr leben. Alles, so scheint ihr, was sie je angefangen hat, ist gescheitert. In letzter Minute wird sie ohnmächtig aus der Themse gerettet. Wieder muß sie von vorn anfangen.

In dieser Phase kümmert sich ein Mann um sie, den sie durch ihren Verleger kennengelernt hat. Er heißt William Godwin. Ein Sonderling, ja, das ist er. Er lebt wie ein Einsiedler, schreibt, denkt, setzt sich mit den Lebensumständen seiner Zeit auseinander. Über seine Beziehung zu Mary, die sich von einer tiefen Freundschaft zur Liebe entwickelt, äußert er sich so: «Wir faßten eine Zuneigung zueinander, wie sie mir immer als die zarteste Form der Liebe galt. Sie wuchs auf beiden Seiten in gleichem Maße. Als es endlich zur Aussprache kam, gab es für beide Teile nichts mehr auszusprechen.»

Mary Wollstonecraft und William Godwin lassen sich trauen, als Mary wieder schwanger wird. Eigentlich sind sie beide dagegen. Marys Abneigung gegen die Ehe ist bekannt. Und auch Godwin hat sich – schriftlich und mündlich – stets gegen diese Form des Zusammenlebens geäußert.

Aber Mary will ihrem zweiten Kind die Stellung in der Gesellschaft geben, die ihr erstes entbehren mußte, und wird also ihrem alten Schwur untreu. Während der Schwangerschaft arbeitet sie an zwei Büchern gleichzeitig, an einem Roman über die Situation der Frauen und an einem Kinderbuch. Beide Bücher werden nicht fertig – Mary Wollstonecraft, 39 Jahre alt, stirbt zehn Tage nach der Geburt ihrer zweiten Tochter.

Daß ihre bahnbrechenden Ideen heute, fast 200 Jahre nach ihrem Tod, wieder in deutscher Sprache zu lesen sind, ist einer Schweizerin zu verdanken. Berta Rahm aus Zürich hat 1975 Mary Wollstonecrafts *Verteidigung der Rechte der Frauen* neu veröffentlicht. Denn, so schreibt sie in ihrem Vorwort:

«Als ich sie las, begriff ich, warum schon vor mir so viele Frauen diese Pionierin bewunderten oder sich gefragt hatten: Warum sind wir noch nicht viel weiter?»

Zum Weiterlesen:

Mary Wollstonecraft: *Verteidigung der Rechte der Frauen.* (Reprint) Band 1, Zürich 1975, Band 2, Zürich 1976.

Claire Tomalin: *The life and death of Mary Wollstonecraft.* London 1974.

Bettina von Arnim in ihrer Zeit

1783	Sophie von Laroche (Bettina von Arnims Großmutter) veröffentlicht den Roman «Die glückliche Reise».
1789	Goethes Sohn August wird geboren.
1792	Mary Wollstonecraft schreibt *Verteidigung der Rechte der Frauen*.
1804	Geburtsjahr der George Sand.
1806	Die Dichterin Karoline von Günderode nimmt sich das Leben.
1806	Goethe heiratet Christiane Vulpius.
1807	Bettina von Arnim besucht Goethe; Beginn eines Briefwechsels.
1812–1822	Grimms *Kinder- und Hausmärchen* erscheinen.
1831	Choleraepidemie in Berlin.
1850	In Preußen tritt die vom König oktroyierte Verfassung in Kraft.

«Ich selber zu bleiben, das sei meines Lebens Gewinn!»

Drei junge Mädchen, umarmt von ihrer Großmutter, stehen vor einem Spiegel. «Ich erkannte alle, aber die eine nicht, mit feurigen Augen, glühenden Wangen, mit schwarzem, fein gekräuseltem Haar; ich kenne sie nicht, aber mein Herz schlägt ihr entgegen, ein solches Gesicht habe ich schon im Traum geliebt ... diesem Wesen muß ich nachgehen.» So schildert Bettina Brentano den Augenblick, in dem sie sich als Dreizehnjährige in einem Spiegel betrachtet. Sie hat mit ihren beiden Schwestern bis zu diesem Zeitpunkt im Ursulinenkloster in Fritzlar gelebt, wo es, so berichtet sie, keinen Spiegel gegeben habe. Jetzt also begegnet sie sich selbst zum erstenmal. Bettina Brentano, das siebente von zwölf Kindern, ist nach dem Tod beider Eltern von ihrer Großmutter in Offenbach aufgenommen worden: von Sophie Laroche, der Frau, die als erste deutsche Schriftstellerin einen Briefroman veröffentlichte: *Geschichte des Fräuleins von Sternheim*. Die selbstbewußte alte Dame, die von nun an Bettinas Erziehung überwacht, ist befreundet mit vielen Literaten der damaligen Zeit. Eines Tages zum Beispiel läutet ein Fremder an der «Grillenhütte», wie Bettinas Großmutter ihr Haus nennt. Bettina öffnet, wird mit einem Kuß begrüßt – und antwortet dem Fremden mit einer schallenden Ohrfeige. Dann erst tritt die Großmutter auf, die höchst erfreut ruft: «Ist es möglich? Herder, mein Herder! Daß euer Weg euch zu dieser Grillentür führt? Seid tausendmal umarmt!»
Merkt Bettina, wen sie soeben geohrfeigt hat? Sie merkt sich das Erlebnis. Sie schreibt es später auf, schreibt das auf, was für sie wichtig gewesen ist. Der berühmte Dichter und Philosoph Johann Gottfried Herder hat nämlich beim Abschied die Hand auf ihren Kopf gelegt und gesagt: «Diese da scheint sehr selb-

ständig, wenn Gott ihr diese Gabe für ein Glück zugeteilt hat, so möge sie sich ihrer ungefährdet bedienen, daß alle sich ihrem kühnen Willen fügen und niemand ihren Sinn zu brechen gedenke.» Natürlich ist die junge Bettina davon beeindruckt. Aber nicht nur davon. Alles, was um sie herum geschieht, formt sie um zu ihrem eigenen Erleben. Sie will sich selbst finden und sich selbst verstehen lernen, sie will ihrer eigenen Stimme folgen, sich von niemand etwas vorschreiben lassen. Das sind unerhörte Gedanken zu einer Zeit, in der junge Mädchen nach diesem Grundsatz erzogen werden: «So muß sich die ganze Erziehung der Frauen im Hinblick auf die Männer vollziehen.»

Bettinas Großmutter allerdings hält sich nicht an solche Regeln. Sie bringt das junge Mädchen dazu, Mirabeau zu lesen und Latein zu lernen. Und als Bettina eines Tages einen sehr ungewöhnlichen Berufswunsch äußert – «Könnte ich denn nicht auch ein Wolkenschwimmer werden?» – findet die Großmutter das zwar «wunderlich», aber halt typisch Bettina. Von ihren Geschwistern wird sie «der Hauskobold» genannt; diese Rolle gibt ihr Narrenfreiheit. Einer ihrer Brüder, der sieben Jahre ältere Clemens, macht die kleine Schwester zu seiner Vertrauten. Clemens Brentano, Student und zukünftiger Dichter, beschäftigt sich mit den Gedanken und Utopien der Jenaer Romantik. In Gesprächen und vor allem in vielen Briefen berichtet er Bettina darüber. Und noch ein Einfluß prägt die Heranwachsende: ihre Freundschaft zu der Dichterin Karoline von Günderode. Die Günderode lebt in einem Damenstift in Frankfurt. Gleich beim ersten Kennenlernen ist Bettina von der um fünf Jahre Älteren fasziniert. Wann immer es möglich ist, besucht sie sie in ihrem Stiftszimmer oder schreibt ihr seitenlange Briefe. Geschichte, Mythologie und Kunst, das sind die Themen, mit denen die beiden Freundinnen sich auseinandersetzen. Bälle, Modeneuheiten, Rendezvous – für solche Dinge hat Bettina nicht das geringste Interesse, und das schreibt sie auch unbekümmert an ihren großen Bruder. Clemens reagiert mit wachsender Besorgnis. Treibt Bettina es nicht gar zu toll? Bei einem großen Ball hat sie sich in der Garderobe versteckt und ist dort eingeschlafen! Das kann man nicht tolerieren. Und neuerdings hat sie gar Freundschaft geschlossen mit einem Judenmädel namens «Veilchen», dem sie Gedichte vorliest! Das ist doch kein Umgang, da muß sofort etwas unternommen werden. Clemens mahnt, droht, rügt; doch Bettina, so sehr sie den Bruder auch vergöttert, wehrt sich gegen seine Bevormundung. «Über meine Neigungen kannst du nicht disponieren!» schreibt sie ihm zurück. Und: «Ich selber zu bleiben, das sei meines Lebens Gewinn, und sonst gar nichts will ich von irdischen Glücksgütern!» Als Clemens ihr schließlich einen Mann wünscht, reißt ihr die Geduld: «Ich weiß, was ich bedarf! Ich bedarf, daß ich meine Freiheit behalte!» Mag man sie verstiegen, närrisch, mondsüchtig nennen, ihr ist es einerlei.

Die einundzwanzigjährige Bettina findet im Haus ihrer Großmutter Briefe, die Goethe in den Jahren 1772–1776 an Sophie Laroche geschrieben hat. Bettinas Neugier ist geweckt. Was erfährt sie da: Goethe ist in ihre Mutter, als die noch ein junges Mädchen war, verliebt gewesen? Bettina verehrt ihn, diesen großen Dichter, und nun scheint er ihr plötzlich näher gerückt. Lebt nicht seine Mutter, die Frau Rat Goethe, in Frankfurt? Sie, Bettina, wird Goethes Mutter kennenlernen. Das ist ihr fester Entschluß, und daran kann niemand sie hindern.

«Ich habe mir statt Deiner die Rätin Goethe zur Freundin gewählt», schreibt Bettina im Juni 1806 an ihre Freundin Karoline. Woran ist die Freundschaft der beiden Frauen zerbrochen? Vermutlich trug der Philologe und Historiker Georg Friedrich Creuzer dazu bei, der sich 1804 in die Günderode verliebte. Seinetwegen erdolchte sich schließlich Karoline von Günderode in Winkel am Rhein am 26. Juli 1806 – zu einem Zeitpunkt also, wo Bettina im Haus der Frau Rat Goethe bereits ein ständiger Gast ist. Ja, sie hat die Aufmerksamkeit, mehr noch: Zuneigung und Vertrauen von Goethes Mutter errungen. Dennoch trifft es sie tief, als sie vom Selbstmord ihrer Freundin erfährt: «Unser Zusammenleben war schön; es war die erste Epoche, in der ich mich gewahr ward... Bei ihr lernte ich die ersten Bücher mit Verstand lesen... Ich werde den Schmerz in meinem Leben mit mir führen.» Jahrzehnte später, wenn Bettina als Schriftstellerin an die Öffentlichkeit tritt, werden wir in ihren Werken all den Personen wieder begegnen, die in ihrer Jugend wichtig für sie waren. Der Bruder Clemens. Die Freundin Karoline. Die Rätin Goethe. Und schließlich er selbst: der von Bettina verehrte, angebetete Johann Wolfgang von Goethe. Noch kennt sie ihn nicht persönlich. Doch sie hört fast täglich Neues über ihn. Sie lauscht den Erzählungen seiner Mutter, die aus Wolfgangs Kindheit und Jugend berichtet. In ihrem Schreibebuch hält sie wortgetreu fest, was sie zu hören bekommt. Sie hütet ihre Aufzeichnungen wie einen Schatz.

«Liebe – liebe Tochter! Nenne mich ins künftige mit dem mir so teuren Namen Mutter – und Du verdienst ihn so sehr, so ganz und gar – mein Sohn sei Dein inniggeliebter Freund – der Dich gewiß liebt und stolz auf Deine Freundschaft ist...» Das steht in einem Brief, den die Frau Rat in Frankfurt nach einem Jahr Bekanntschaft an Bettina schreibt. Mittlerweile hat Bettina den Geheimrat Goethe im Weimar besucht – und ihm «sehr gefallen». Es kommt in den nächsten Jahren zu mehreren Begegnungen Bettinas mit Goethe. Der Briefwechsel, den sie von nun an mit ihm führt (ja, *sie* führt ihn in erster Linie, denn er schreibt nicht gerade häufig zurück, und meistens sehr karg), dieser Briefwechsel also wird später die Grundlage ihres ersten dichterischen Werkes bilden. Ein Satz sei hier nur erwähnt, mit dem Goethe in einem Brief Bettinas Wesen im Kern erkennt: «Eigentlich kann man Dir nichts geben, weil Du Dir alles entweder schaffst oder nimmst.» Das schreibt er an die Fünfundzwanzigjährige. Kurz darauf bittet er sie, ihm «Märchen und Anekdoten» aus seiner Kindheit aufzuschreiben. Denn er arbeitet an seinen «Bekenntnissen». Da Bettina die letzten beiden Jahre mit seiner Mutter verbracht habe (sie starb 1808), könne sie ihm doch sicher aus dem Gedächtnis noch vieles mitteilen. Bettina läßt sich nicht lange bitten. Viele Szenen und Erinnerungen, die in Goethes *Dichtung und Wahrheit* auftauchen, hat Bettina ihm berichtet. «Fahre fort, so lieb und anmutig zu sein!» ermuntert er sie hin und wieder.

Sie ist, wie schon gesagt, inzwischen fünfundzwanzig Jahre alt. Andere Frauen in diesem Alter sind längst verheiratet. Sie aber hat sich bis jetzt energisch dagegen gesträubt. Achim von Arnim, Dichter und Freund ihres Bruders Clemens, bemüht sich schon längere Zeit um sie. Übermütig beschließen die beiden eine heimliche Hochzeit, eine, die einen «poetischen Zauber» haben soll. Tatsächlich lassen sie sich, ohne Verwandte und Bekannte zu informieren, im Zimmer eines achtzigjährigen Predigers trauen. Bettina, die bei ihrer Schwester Gunda und dem Schwager Savigny wohnt, schmückt ihr Zimmer mit Rosen, Jasmin und Myrten und amüsiert sich, daß der frisch mit ihr verheiratete Arnim in der Hochzeitsnacht heimlich zu ihr schleichen muß. Erst Tage später «gestehen» Bettina und Achim von Arnim ihre Hochzeit.

Bettina, jetzt also adelig, Ehefrau, bald auch Mutter – hat sie sich verändert? «Ich wohne hier wie im Paradies», schreibt sie zwei Monate nach der Hochzeit an Goethe aus Berlin, wo sie jetzt lebt. Vorübergehend scheint es so, als genüge ihr ein «kleines Glück». Jenes Glück, in dem Frauen, wie es heißt, «ihre Erfüllung finden». Bettina von Arnim ist zwanzig Jahre verheiratet gewesen und siebenmal Mutter geworden. Ein zwei Bände umfassender Briefwechsel zwischen ihr und ihrem Mann gibt ein deutliches Bild davon, wie aus dieser Ehe, die mit «poetischem Zauber» begann, Alltag wurde. Bettina, die Gespräche, Menschen, Anregungen brauchte, ging immer wieder für Monate nach Berlin, während ihr Mann sein Gut in Wiepersdorf verwaltete. Bettina führt den Haushalt selbst. Sie lernt weben und Kuchen backen und Pfeffergurken einlegen und Fliedermus kochen. Die Kinder haben Fieber, Krämpfe, Ausschlag, Keuchhusten, Zahnschmerzen, und Bettina wacht nächtelang an ihren Betten. «Arm und Beine müde, die Augen voll Schlaf, die Kehle voll Wiegenlieder, werde ich selbst zum Kind, das sich wundert, in dieser geheimnisvollen Welt zu sein» – so beschreibt sie sich, zweiundvierzig Jahre alt, nach der Geburt ihres letzten Kindes in einem Brief an ihre Schwester Gunda. Ein paar Jahre vorher hat sie sich bei ihrem Mann entschuldigt: «Lange Briefe kann ich dir nicht schreiben, denn das Geschrei der Kinder und Müdigkeit halten mich ab.» Zwanzig Jahre Eheleben und Mutterpflichten: «Als Schriftstellerin ist sie in diesen zwanzig Jahren nicht hervorgetreten», bemerkt der Dichter Rudolf Alexander Schröder in seiner Einleitung zu *Achim und Bettina in ihren Briefen*. Dem Warum ist er nicht nachgegangen.

Im Januar 1831 stirbt Achim von Arnim, ein paar Tage vor seinem 50. Geburtstag. Im Hochsommer dieses Jahres bricht in Berlin die Cholera aus. Während die Reichen fluchtartig die Stadt verlassen, besucht Bettina das Berliner Armenviertel «Vogtland» (über dessen Zustände sie im Anhang ihres *Königsbuches* später berichtet). Sie sorgt für Kleider, Arznei und ärztliche Hilfe. Nein, nie könnte sie «an einem Unglück teilnehmen», sie will «die Dornen aus dem Pfad reißen». In einer Phase ihres Lebens, die gemeinhin als «Wechseljahre» bezeichnet wird, baut sie sich eine neue Laufbahn auf. Sie ist künstlerisch produktiv und politisch engagiert. Unbeirrt von äußeren Einflüssen tastet sie sich zu ihrer eigenen Arbeit als

Schriftstellerin vor. Nach dem Tod ihres Mannes kümmert sie sich gleichzeitig um die Herausgabe seines und ihres Werkes. «Goethes Briefwechsel mit einem Kinde – so ist der Titel meines Buches», schreibt Bettina 1834 an den Fürsten Pückler. «Ach, es ist so zierlich, so unschuldig, so feurig, so bescheiden, so kühn, so naiv, so inspiriert, wie sollte das nicht erfreuen!» Mit diesem letzten Satz freilich hat sie sich geirrt. Durchaus nicht jeder ihrer Leser reagiert erfreut. Der große Bruder Clemens beispielsweise, der vor Erscheinen die ersten vier Bogen gelesen hat, tadelt (wieder einmal) die Schwester. – Da hat Bettina doch tatsächlich beschrieben, wie sie als junges Mädchen auf Goethes Schoß saß. Clemens fürchtet einen Skandal: «Wird dem Ganzen dadurch irgend ein Nutzen gebracht, daß alle Menschen in Europa wissen, daß Du nicht wohlerzogen auf dem Sofa sitzen kannst und dich übel erzogen auf eines Mannes Schoß setzest?... Mich ängstigen Deine Kinder, die Söhne in der Fremde, in ordentlicher Stellung, gezwungen, die Ehre der Familie zu erhalten, können durch irgendeine Schmähung ... gezwungen werden, in Händel und Duelle zu geraten, die Töchter können in schiefe Richtung geraten oder die Achtung für Dich verlieren.»
Hören wir Bettinas Antwort darauf: «Lieber Clemente... Daß ich zwar auf Deine gute Meinung alle Rücksichten nehme, nicht aber auf Deine Ansichten Rücksicht nehmen kann, das wirst Du einsehen, wenn Du das Ganze haben wirst. Daß dieses Buch etwas Außerordentliches ist, was in diesem Jahrhundert und wohl auch in den vergangenen kein gleiches finden wird, ist meine wahre Meinung – und da irre ich nicht.»
Kühne Sätze. Bettina-Sätze.
Es wird sie sicher enttäuscht haben, daß ihre Söhne – besonders Siegmund, der zweitälteste – ihre Karriere gefährdet sehen wegen einer solchen «ungehörigen Veröffentlichung» der Mutter. Umgeschrieben oder geändert hat sie dennoch nicht ein Wort ihres Manuskriptes. *Goethes Briefwechsel mit einem Kinde* ist ein Briefroman, in dem sie ihre wirklich geführte Korrespondenz mit Goethe überarbeitet und weitergedichtet hat. Sie hat Erinnerung und Phantasie miteinander verwoben, wenn sie ihr Zusammensein mit Goethe schildert. In diesem Zusammenhang ist es wichtig zu wissen, daß Briefe eine Kunstform waren, in der sich insbesondere Frauen übten. Briefe richteten sich an einen bestimmten Adressaten, gleichzeitig

aber auch an eine literarische Öffentlichkeit. Von Bettina von Arnim erscheinen in den folgenden Jahren weitere Briefromane: *Die Günderode* (1840) basiert auf dem Briefwechsel, den sie mit ihrer Jugendfreundin geführt hat. *Clemens Brentanos Frühlingskranz* (1844) enthält den Gedankenaustausch zwischen den Geschwistern Clemens und Bettina Brentano.

Hier soll, um einen kleinen Eindruck von Bettinas lebhaftem Erzählstil zu vermitteln, eine Stelle aus dem *Frühlingskranz* folgen: «Es ist wahr, Clemens, in mir ist ein Tummelplatz von Gesichten, alle Natur weit ausgebreitet, die überschwenglich blüht in vollen Pulsschlägen, und das Morgenrot scheint mir in die Seele und beleuchtet alles. Wenn ich die Augen zudrücke mit beiden Daumen und stütze den Kopf auf, dann zieht diese große Naturwelt an mir vorüber, was mich ganz trunken macht. Der Himmel dreht sich langsam, mit Sternbildern bedeckt, die vorüberziehen; und Blumenbäume, die den Teppich der Luft mit Farbenstrahlen durchschießen. Gibt es wohl ein Land, wo dies alles wirklich ist? Und seh ich da hinüber in andre Weltgegenden?»

Zu Bettinas Spätwerk gehören die beiden Bände ihres «Königsbuchs». Der erste Band, dessen Titel die Widmung enthält *Dies Buch gehört dem König,* war adressiert an den Bettina bekannten Kronprinzen, der 1840 König wurde (Friedrich Wilhelm IV.). Er galt damals noch als liberaler König. Bettina läßt in ihrem Buch Goethes Mutter, die Frau Rat, Wahrheiten aussprechen, die sehr viel weiter reichen als eine Kritik des feudalen Staates. Die Frau Rat zum Beispiel «hält den Staat für den größten, ja für den einzigen Verbrecher am Verbrechen».

Im Brief, mit dem Bettina das «Königsbuch» an Friedrich Wilhelm IV. schickt, steht: «Du mußt Dein Bürgertum auslösen.» Der König soll erster Bürger einer Gemeinschaft von Bürgern sein und mit ihnen den Staat erschaffen, in dem sie leben wollen. Daß eine Frau ihrer Herkunft solche Gedanken veröffentlichte, war absolut neu.

Als Bettinas zweiter Band des «Königsbuchs» erscheint (*Gespräche mit Dämonen*, 1852), wird sie als «Communistin» beschimpft, und in Bayern und Österreich wird das «Königsbuch» verboten.

Bettina von Arnim ist eine Frau geworden, die im öffentlichen Blickfeld steht. In den letzten Jahrzehnten ihres Lebens kämpft sie – unerschrocken, aber nie verbittert – gegen polizeiliche

Bevormundung, gegen Not und Ungerechtigkeit, setzt sich für die Juden ein, für die schlesischen Weber und wehrt sich gegen fast jede Form von Unterdrückung. «Fast» – denn gegen die Unterdrückung der Frauen wendet sie sich nicht. Nur gegen ihre eigene. Sobald jemand sie einengen oder maßregeln will, begehrt sie auf. Als «Kobold Bettina» (auch als Erwachsene blieb ihr dieses Klischee) nimmt sie eine Sonderstellung ein. Vielleicht ist die französische Schriftstellerin George Sand ihr von allen Zeitgenossinnen am ähnlichsten. Mit ihr wollte sie auch Kontakt aufnehmen. Sie schickte ihr die französische Übersetzung ihres Goethe-Briefromans. George Sand war begeistert von der Lektüre und antwortete umgehend. Doch ihr Brief wurde von der Polizei abgefangen und geöffnet. Man witterte «gefährliche Tendenzen» in der Korrespondenz der beiden Schriftstellerinnen.

Wann ist Bettina von Arnim, die fast vierundsiebzig Jahre alt wurde, eigentlich «alt» geworden? Alt – wenn damit Müdesein und Resignieren gemeint ist – wurde sie nie. Jacob Grimm spricht von ihr als der «alten, immer jungen Bettina».

«Wär ich auf dem Thron, so wollt ich die Welt mit lachendem Mut umwälzen», steht in ihrem Briefroman *Die Günderode*. Alle ihre Texte, und gerade auch die Briefromane, strahlen das aus: Bettina von Arnim lebte und schrieb mit «lachendem Mut».

Zum Weiterlesen:

Bettina von Arnim: *Die Günderode*. Briefroman (mit einem Essay von Christa Wolf). Frankfurt 1982.

Bettina von Arnims Armenbuch. Hg. von Werner Vordtriede. Frankfurt 1981.

Bettina von Arnim: *Werke und Briefe in fünf Bänden*. Hg. von Joachim Müller, Frechen/Köln 1961.

«Meine Seele ist eine leidenschaftliche Tänzerin». Texte der Bettina von Arnim. Ausgewählt und eingeleitet von Otto Betz. Freiburg 1982.

Bettina von Arnim: *Aus meinem Leben*. Zusammengestellt und kommentiert von Dieter Kühn. Frankfurt a. M. 1982.

Ingeborg Drewitz: *Bettina von Arnim. Romantik – Revolution – Utopie.* München 1980.

Germaine de Staël-Holstein in ihrer Zeit

1769	Napoleon Bonapartes Geburtsjahr.
1789	Beginn der Französischen Revolution.
1792	Beim Sturm auf das Tuilerienschloß in Paris (womit der Sturz des Königtums eröffnet wurde) sind Frauen maßgeblich beteiligt.
1792	In England erscheint Mary Wollstonecrafts *Verteidigung der Rechte der Frauen.*
1802	Napoleon Bonaparte verbannt Madame de Staël aus Paris.
1803	Madame de Staël trifft Goethe in Weimar.
1805	Bonaparte ernennt sich zum französischen Kaiser.
1804	Goethe wird Geheimrat.
1806	Napoleon siegt in der Schlacht von Jena gegen Rußland und Preußen. Napoleon-Verehrer Goethe läßt seine Trauringe für die Hochzeit mit Christiane Vulpius auf den Tag der Schlacht von Jena datieren.
1808	Goethe trifft Napoleon in Erfurt.
1813	Goethe wettet bei der «Völkerschlacht bei Leipzig» auf den Sieg Napoleons – und verliert.
1814	Germaine de Staëls Hauptwerk *Über Deutschland* erscheint in deutscher Übersetzung.

«Es ist ein körperliches Vergnügen, ungerechter Gewalt Widerstand zu leisten»

Ein merkwürdiges Mädchen, diese Germaine Necker aus Paris: Sie ist noch keine dreizehn Jahre alt, redet aber altklug daher, als wäre sie längst schon erwachsen. Was spielen ist, weiß sie überhaupt nicht. Spaziergänge, Bewegung im Freien, das alles ist ihr ungewohnt. Statt dessen will sie sich über Theaterstücke unterhalten, interessiert sich dafür, wie viele Fremdsprachen jemand spricht, schreibt gestelzte Briefe und Aufsätze. Zur Zeit sitzt sie im Landhaus ihrer Eltern in Saint-Ouën, nördlich von Paris, weil ein Arzt ihr dringend «Schonung und Luftveränderung» verordnet hat. Außerdem soll sie endlich einmal mit Gleichaltrigen zusammenkommen. Bislang hat Germaine nämlich die meiste Zeit unter der Obhut ihrer strengen Mutter zugebracht: als artiges Kind, das ernsthaft zuhörte und mitredete, wenn Madame Necker in ihrem Pariser Salon die Geistesgrößen der Zeit empfing.
Jetzt also begegnet Germaine zum erstenmal einem Mädchen, das so jung ist wie sie. Jeanne Huber, eine zwölfjährige Schweizerin, ist als Spielgefährtin aufs Landgut der Familie Necker eingeladen worden. Für Germaine ist das ein ungeheures Erlebnis. Sie, die noch nie eine Freundin gehabt hat, umarmt die verwirrte Jeanne stürmisch. Sie überschüttet sie mit Liebesbeteuerungen und verblüfft sie mit der seltsamen Aufforderung: «Wir werden einander jeden Tag schreiben!» Sie ist wirklich ein merkwürdiger Typ, diese Germaine...
Jeanne hat später erzählt, daß sie sich anfangs in Germaines Nähe alles andere als wohl gefühlt habe. Aber schon nach kurzer Zeit konnte sie sich dem Reiz dieses ungewöhnlichen Mädchens nicht entziehen.
Tatsächlich, Germaine ließ schon als junges Mädchen nie-

mand, der sie kennenlernte, gleichgültig. Entweder wurde sie glühend verehrt. Oder ebenso glühend gehaßt. Und das blieb ihr ganzes Leben lang so.

«Diese Frau ist ein Unglücksvogel, immer der Vorbote für irgendeine Unannehmlichkeit!» wetterte Napoleon Bonaparte. Sein Polizeiminister Joseph Fouché aber schwärmte: «Sie ist die außerordentlichste Frau des Jahrhunderts.» Und Schiller schrieb: «Sie ist für ihr Geschlecht ein Phänomen; wenige Männer kommen ihr an Geist und Eloquenz gleich.» Geist und eine ganz erstaunliche Redegewandtheit zeichnen schon die knapp Dreizehnjährige aus. Sie äußert ihre Gedanken und Gefühle auf eine Art und Weise, die niemand nachahmen kann. Gemeinsam mit ihrer Freundin Jeanne verfaßt sie eigene Theaterstücke, improvisiert Spiele, verkleidet sich. Und wer sie dabei beobachtet, vergißt, daß sie eigentlich ganz und gar nicht «schön» ist. «Unregelmäßige Züge, keine Grazie», beschreiben Germaines Zeitgenossen ihr Aussehen.

Der Mensch, der ihr am nächsten steht, ist ihr Vater, Finanzminister Jacques Necker. «Minette» nennt er zärtlich seine einzige Tochter. «Ich bin die Tochter des Herrn Necker, ich gehöre ihm, das ist mein wahrer Name. Ich werde trachten, daß man mir ihn gibt, selbst dann, wenn ich ihn abgelegt habe, ich werde seiner nicht unwürdig sein. In diesem Gelöbnis, in welchem ich aufgewachsen bin, werde ich sterben.» Das vertraut Germaine als junges Mädchen ihrem Tagebuch an.

Sie gehorcht, als ihr Vater sie 1786 verheiratet. Eric Magnus von Staël-Holstein heißt ihr Zukünftiger. Er ist schwedischer Botschafter in Paris. Dem jungen Paar wird von Germaines Vater eine Wohnung in der Rue du Bac eingerichtet.

Liebe? Nein, damit rechnet Germaine – wie alle jungen Mädchen ihrer Zeit – bei ihrer Eheschließung nicht. Dennoch ist sie glücklich. Nach ihrer allzu behüteten, einsamen Jugend stürzt sie sich in den ersten beiden Jahren ihrer Ehe ins gesellschaftliche Leben. Bald ist ihr Salon in der Rue du Bac so bedeutend wie der ihrer Mutter. Sie wird bei Hofe vorgestellt und nimmt an zahlreichen Diners und Soupers teil.

Das «häßliche junge Entlein» im Kreis gepuderter, wohl frisierter Rokokodamen – kann das gut gehen? Kaum. Der jungen Madame de Staël passieren denn auch häufig irgendwelche Pannen. Mal erscheint sie ohne Haube («unmöglich!»), mal hat sich ihr Rocksaum gelöst («wie peinlich!»), sogar das Schminken vergißt sie («wie ordinär!»). Erstaunlicherweise steht sie trotzdem im Mittelpunkt. Die Kavaliere, die sich um sie scharen, lassen sich von ihrer Beredsamkeit mitreißen. Sie vertritt die Reformpläne ihres Vaters, der Frankreichs Finanzmisere aufhalten will. «Minette», die jedem ihre Meinung ins Gesicht sagt, schafft sich in den unruhigen Jahren während und nach der Französischen Revolution viele Feinde.

Ihr erbittertster Gegner wird – und bleibt – Napoleon Bonaparte. Dabei hat sie ihn ursprünglich als Helden verehrt. Alles, was er zu Beginn seines Regimes unternimmt, scheint Frankreich, ja der gesamten Menschheit, zugute zu kommen. Allerdings: Sobald jemand anderer Ansicht ist als er, zeigt sich, daß Bonaparte entschlossen ist, nur Statisten um sich zu dulden. Und Frauen haben sich erst recht nicht in seine Politik einzumischen. Diese fatale Madame de Staël richtet sich nicht danach. Er läßt ihr ausrichten, sie könne ungestört in Paris leben, wenn sie sich endlich still verhalte. Er wünsche keine politisierenden Weiber. «Es geht nicht um das, was Sie wünschen; es geht um das, was ich denke», stellt Germaine de Staël ruhig fest. Sie will ungehindert ihre Meinung sagen dürfen. Genau das, was Bonaparte keinem, der ihm nicht blindlings gehorcht, gestatten kann und will.

Napoleon kommt zu Ohren, daß seine Widersacherin ihn einen «Ideophoben» nennt. Er droht: «Zerbrechen, zerschmettern werde ich sie!» Sie läßt sich nicht einschüchtern: «Es liegt eine Art körperliches Vergnügen darin, einer ungerechten Gewalt Widerstand zu leisten», sagt sie. Als Napoleon im Mai 1802 für zehn Jahre zum Konsul ernannt wird, verbannt er sie aus Paris: «Niemals darf Neckers Tochter nach Paris zurückkehren!»

Mit dieser Ausweisung trifft er Germaine de Staël im Kern. Paris – das ist ihre geistige Heimat. Die Geselligkeit und die Gesprächspartner, die sie hier findet, sind für sie unerhört wichtig. Nur hier fühlt sie sich wirklich zu Hause. Ihre Ehe besteht zu dieser Zeit nur noch auf dem Papier. Drei Kinder, die sie zur Welt gebracht hat, wachsen in der Schweiz bei ihrem Vater Jacques Necker auf. Ihr Ehemann, Monsieur de Staël, stirbt im Mai 1802 an einem Schlaganfall.

«Ich habe ihm an Gefühlen nicht viel geben können», sagt Germaine de Staël offen. Tatsache ist, daß beide Ehepartner inzwischen ihre «Affären» hatten. Mit dem kleinen Unterschied, daß «so etwas» für einen unglücklich verheirateten Mann ganz normal ist, für eine ebenso unglückliche Frau aber ganz und gar nicht. Germaine de Staël ist eine der ersten Frauen, die sich gegen diese doppelte Moral zur Wehr setzen. Verbannt aus Paris, findet sie Zuflucht bei ihrem Vater in der Schweiz – und schreibt einen Roman, in dem sie für das Recht der Frau auf außereheliche Liebe eintritt.

«Wie ungerecht ist die Vereinbarung, welche die Lebensgefährtin nach dem Willen des Mannes sich gefallen lassen soll», schreibt sie. «‹Ich werde dich›, sagt er, ‹zwei oder drei Jahre mit Leidenschaft lieben und nach Ablauf dieser Zeit vernünftig mit dir reden.› (Und was sie Vernunft nennen, bedeutet die Entzauberung des Lebens.) ‹Ich werde mein Haus mit Kälte und Langeweile erfüllen und anderweitig zu gefallen suchen. Aber du, die du in der Regel mehr Phantasie und Gefühlskraft hast als ich, du, für die es weder eine Laufbahn noch Zerstreuung gibt, während die Welt mir solche Möglichkeiten von allen Seiten anbietet, du, die nur für mich lebt, während ich tausend Interessen habe – du sollst dich mit der entwürdigten, erkalteten und halben Zuneigung, die dir zuzuwenden ich für gut befinden werde, zufrieden geben – und überdies alle Huldigungen zurückweisen, welche stärkere und zärtlichere Gefühle in sich schließen würden!›... Welch ein ungerechter Vertrag! Alle menschlichen Gefühle lehnen sich dagegen auf.»

Der Roman *Delphine* erscheint im Herbst 1802 gleichzeitig in Paris und Genf. Das Buch, das nach außen wie ein harmloser Frauenroman wirkt, wird in Frankreichs Metropole zum Gesprächsthema Nummer eins. «Dem schweigenden und aufgeklärten Frankreich» hat die Autorin es gewidmet. Schon allein diese Widmung bringt einen der ersten Leser – Napoleon Bonaparte nämlich – aus der Fassung. Mit wachsendem Unmut liest er außer der unerhörten Forderung nach freier Liebe solche Sätze: «Vergebens glaubt man, die Völker durch Gewalt zu einer politischen Überzeugung bekehren zu können.»

Und: «Unser Gewissen ist auf Freiheit und Gerechtigkeit erpicht; kein Mensch dürfte zugestehen, daß er die Knechtschaft anstrebe.»

Ganz klar, daß mit einer Frau, die so schreibt, etwas nicht stimmt. Sie ist ein «Mannweib». Sie ist gefährlich. Sie muß zum Schweigen gebracht werden. Nichts einfacher als das.

«Ich hoffe», sagt Napoleon, «ihre Freunde haben Madame de

34

Staël davor gewarnt, nach Paris zurückzukommen; ich sähe mich sonst gezwungen, sie von der Gendarmerie über die Grenze bringen zu lassen.»

Doch diese lästige Frau gibt nicht auf.

«Bürger Konsul», schreibt sie an Bonaparte, «ich kann es nicht glauben; Ihre Tat würde mich auf eine grausame Weise auszeichnen: sie trüge mir eine Zeile in Ihrer Geschichte ein... Überlegen Sie einen Augenblick, bevor Sie einem wehrlosen Menschen so großes Leid antun; durch einen einfachen Akt der Gerechtigkeit könnten Sie mir eine tiefere und nachhaltigere Dankbarkeit einflößen als andere Ihnen vielleicht entgegenbringen, die Sie mit Gunstbeweisen überschütten.»

Länger als ein Jahr kämpft sie darum, daß der Erste Konsul seine Verfügung zurücknehme. Vergebens.

«Frankreich ist für mein Glück notwendig», weiß Germaine de Staël. Napoleon weiß das ebenso gut wie sie. Sonst hätte er sich längst schon eine andere Strafe ausgedacht...

«Trage im Unglück Deinen Kopf hoch und gestatte keinem Mächtigen der Erde, Dir seinen Fuß auf den Nacken zu setzen!» steht in einem Brief, den Jacques Necker in dieser Zeit an seine unglückliche Tochter schreibt. Auf seinen Rat hin ist sie nach Deutschland abgereist. Zwei ihrer Kinder und ihr damaliger «ständiger Begleiter» Benjamin Constant sind mit ihr unterwegs. Warum ausgerechnet Deutschland? Einerseits, weil ihr Roman *Delphine* hier begeistert aufgenommen wurde. Und anderseits, weil sie begierig ist, in Weimar Goethe und Schiller kennenzulernen.

Nein, man kann wahrhaftig nicht behaupten, daß Germaine de Staël in Deutschland freundlich empfangen worden wäre. In Frankfurt trifft sie Goethes Mutter, die ihrem Sohn berichtet: «Mich hat sie bedrückt, als wenn ich einen Mühlstein am Hals hängen hätte; ich ging ihr aber überall aus dem Wege, schlug alle Einladungen aus, wo sie war, und atmete freier, da sie fort war. Was will die Frau von mir?»

Unterdessen wechseln die Dichterkollegen Goethe und Schiller besorgte Briefe, wie sie sich ihrerseits dieser lästigen Französin erwehren könnten. Schön, das hat sich herumgesprochen, ist sie nicht. Außerdem wurde sie wegen politischer Umtriebe des Landes verwiesen. Und sie gilt als sehr gebildet und geistreich. Alles in allem: diese de Staël muß eine äußerst anstrengende Frau sein. «Wenn sie nur Deutsch versteht, so zweifle ich nicht, daß wir über sie Meister werden», hofft Schiller. «Aber unsere Religion ihr in französischen Phrasen vorzutragen und gegen ihre Volubilität aufzukommen, ist eine harte Aufgabe!» Goethe schickt ihn vor, er soll sich zuerst diese merkwürdige Frau anschauen und dann seine Eindrücke mitteilen.

«Es ist alles an einem Stück und kein fremder, falscher und pathologischer Zug an ihr», meldet Schiller nach seiner ersten Begegnung mit Germaine de Staël, «das einzig Lästige ist die ungewöhnliche Fertigkeit ihrer Zunge, man muß sich ganz in ein Gehörorgan verwandeln, um folgen zu können.»

Im Winter 1803 kommen die beiden deutschen Meister mehrere Male mit Germaine de Staël zusammen. Sie macht sich täglich Notizen über ihre Erlebnisse und Erfahrungen in Deutschland, denn sie plant, ein Buch über dieses Land zu schreiben.

«Er ist so bescheiden und so unbekümmert in bezug auf seinen eigenen Erfolg, so stolz und so lebhaft in der Verteidigung des nach seiner Ansicht Wahren, daß ich ihm vom ersten Augenblick an eine bewundernde Freundschaft entgegenbrachte.» So schildert sie Schiller. Ihre Beziehung zu Goethe gestaltet sich viel schwieriger. «Er hat ein Selbstgefühl, das ebenso bizarr ist wie seine Phantasie... Im Gespräch weiß man nie, ob man nicht, ohne es zu wollen, seine Ich-Frömmigkeit verletzt», schreibt Germaine über Goethe an ihren Vater. Doch trotz aller Kritik fasziniert es sie, mit ihm zu diskutieren. Literatur, Philosophie und Theater sind ihre Gesprächsthemen.

Die sechs Wochen Aufenthalt in Weimar sind mit Sicherheit einer der Höhepunkte in Madame de Staëls Leben. Ihr wichtigstes Werk *Über Deutschland,* das lange Zeit die Vorstellungen der Franzosen von den Deutschen bestimmte, entstand während dieser Deutschlandreise in seinen Grundzügen. Anschließend hielt sich Madame de Staël noch in Berlin auf und entdeckte täglich neue «ungeahnte Kostbarkeiten in der deutschen Sprache».

April 1804: Eine Depesche aus der Schweiz stürzt Germaine in tiefste Verzweiflung, wirft alle ihre Pläne durcheinander. Ihr Vater ist gestorben. Er, den sie lieber gehabt hat als alle anderen Menschen. Er, für den sie auch als Erwachsene immer noch «Minette» war. Er, der stets zu ihr hielt, was auch immer geschah. Mit seinem Tod beginnt für «Minette», so berühmt sie inzwischen auch ist, eigentlich erst das Erwachsenwerden. Sie kehrt in die Schweiz, nach Coppet, zurück, ordnet seinen Nachlaß und schreibt Betrachtungen *Über Charakter und Privatleben des Herrn Necker.*

Ihr Gut Coppet bei Genf entwickelt sich in den kommenden Jahren zu einem geistigen Treffpunkt Europas. Mit Festen, Vorführungen, Diskussionen und mit Gästen, die von weither anreisen, um diese «außergewöhnliche Frau» kennenzulernen. Napoleon aber verfolgt sie weiter mit seinem Haß.

«Zerschmettern werde ich sie!» hat er ja bereits vor einigen Jahren gedroht. Zu seinem ganz großen Schlag holte er 1810 aus. Germaine de Staël ist gerade nach langer, zäher Arbeit mit dem dritten Band ihres Werks *Über Deutschland* fertiggeworden. Während sie an den Korrekturbögen sitzt, erscheint ein Präfekt bei ihr mit dem Befehl, ihm sofort alle Manuskripte, Unterlagen und Korrekturbögen abzugeben.

Der Kaiser höchstpersönlich wirft anschließend, wie ein Augenzeuge berichtet, alle Bände und sämtliche Notizen in den Kamin. Sein Polizeiminister meldet der Autorin, warum ihre Arbeit solche Ungnade erregt hat: «Madame, es ist noch nicht so weit mit uns gekommen, daß wir Vorbilder suchen müßten in den Völkern, die Sie bewundern. Ihr letztes Werk ist nicht französisch!»

Vielleicht ist es Germaine in diesem Moment ein kleiner Trost, daß sie ein Buchmanuskript heimlich hat retten können. Veröffentlichen kann sie es natürlich vorerst nicht. Ihre Laufbahn als Schriftstellerin ist beendet. In ihre Heimat darf sie nie wieder zurück. Ihre Freunde beginnen, sie zu meiden. «Der neue Präfekt lauert meinen Freunden unterwegs auf, um sie davon abzuhalten, mich zu besuchen, und gibt mir immer wieder zu verstehen, daß alles ein Ende hätte, wollte ich mein Werk ändern und das hinzufügen oder streichen, was die heutige Zeit verlangt», schreibt sie 1811 in einem Brief an einen Freund. «Sie haben mir vor mir selber Angst eingejagt!» So verzweifelt hat sich die kämpferische Germaine de Staël noch nie geäußert... Sie solle doch eine Hymne an Napoleon schreiben, rät man ihr, dann werde sie seine Gunst wieder erringen. Nein, so weit erniedrigt sich eine Madame de Staël nicht!

Sie erlebt die folgenden Jahre, «als stünde sie Wache an ihrem eigenen Grab». Sie leidet unsagbar. Ihren Wunsch nach freier Meinungsäußerung aber läßt sie von nichts und niemand unterdrücken.

Mit sechsundvierzig Jahren wird sie noch einmal Mutter. Für sie kein Grund, den Vater, einen jungen französischen Offizier, gleich zu heiraten. Kurz nach der Geburt reist sie nach Österreich, Rußland, Finnland, Schweden und England. In London bereitet man ihr einen triumphalen Empfang. Hier erscheint auch – 1813 – ihr Buch *Über Deutschland.*

Im April 1814 dankt Napoleon, ihr großer Widersacher, ab. Germaine de Staël kehrt nach Paris, in ihre geliebte Stadt, zurück. Sie wird dort empfangen wie eine Königin. Endlich kann ihr Werk *Über Deutschland* auch in ihrer Heimat erscheinen. Es erregt, wie sollte es auch anders sein, überall Aufsehen. Goethe nennt es «ein mächtiges Rüstzeug, das in die chinesische Mauer antiquierter Vorurteile, die uns von Frankreich trennte, sogleich eine breite Lücke durchbrach».

Gegen «antiquierte Vorurteile» hat Germaine de Staël ihr Leben lang gekämpft. Eine unbequeme Frau. Ein Ärgernis. Heute noch: Im Herbst 1980 sollte ein deutsch-französisches Gymnasium in Hamburg nach ihr benannt werden. Abgelehnt. Mit der Begründung: «Madame de Staël war zu unmoralisch.»

Zum Weiterlesen:

Germaine de Staël: *Über Deutschland.* (Erstmals 1814) Stuttgart 1980.

Germaine de Staël: *Corinna oder Italien.* Zürich 1980.

Christopher Herold: *Madame de Staël – Herrin eines Jahrhunderts.* München 1980.

Corinne Pulver: *Madame de Staël.* München 1980.

Leopold Zahn: *Eine Frau kämpft gegen Napoleon.* Berlin 1939.

Carmen Kahn-Wallenstein: *Geist besiegt die Macht. Das Leben der Germaine de Staël.* Bern 1955.

Madame de Staël: Kein Herz, das mehr geliebt hat. Eine Biographie in Briefen. Hg. von Georges Solovieff. Frankfurt 1972.

Annette von Droste-Hülshoff in ihrer Zeit

1810	Münster wird in das Kaiserreich Frankreich einverleibt.
1813	Annette von Droste-Hülshoff lernt die Brüder Grimm kennen.
1816	*Deutsche Sagen* der Gebrüder Grimm erscheinen.
1823	Erster Rosenmontagszug in Köln.
1825/26	Reise der Droste nach Köln, Bonn, Koblenz.
1834	J.A.L. Werner veröffentlicht eine *Gymnastik der weiblichen Jugend.*
1837	In Münster wird eine «Hecken-Schriftstellergesellschaft» gegründet, der u.a. Levin Schücking und die Droste angehören.
1843	Levin Schücking heiratet die Schriftstellerin Luise von Gall.
1848	Im Todesjahr der Droste: Februar-Revolution in Frankreich und März-Revolution in Deutschland.
1862	Levin Schücking gibt die erste Droste-Biographie heraus.
1878/79	Ausgabe der sämtlichen Werke der Droste, von Levin Schücking besorgt, bei Cotta.

**«Nach hundert Jahren möchte ich gelesen werden,
und vielleicht gelingt's mir»**

Anna Elisabeth Freiin von Droste zu Hülshoff, in der Familie
«Annette» genannt, hat soeben ihr erstes Gedicht zu Ende
geschrieben. Sie verpackt ihr Erstlingswerk in Goldpapier und
klettert damit in den Turm der Wasserburg Hülshoff. Im «Hah-
nebalken» unter der Wetterfahne soll es versteckt und «der
Ewigkeit geweiht» werden. Diese Verse hat sie zu Papier
gebracht:

«Komm, liebes Hähnchen, komm heran
Und friß aus meinen Händen;
Nun komm, du lieber kleiner Mann,
Daß sie's dir nicht entwenden.
Wie blickt der Mond so silberhell,
Wie blicket er hervor;
Er leuchtet stiller als ein Quell,
O Mond, komm mehr empor.»

Sieben Jahre ist sie alt, die heimliche Dichterin. Mit drei
Geschwistern – Jenny, Werner und Ferdinand – wächst das

Landedelfräulein auf dem Stammsitz der Familie, der Wasserburg Hülshoff bei Münster in Westfalen, auf. So wird sie als Kind beschrieben: Kränklich. Zierlich. Wunderlich. Insbesondere die letzte Eigenschaft («wunderlich») bereitet der Mutter Sorgen. Annette neigt zu extremen Gefühlsäußerungen. Sie kann in Tränen ausbrechen, wenn sie sich an einen Traum erinnert, den sie letzte Nacht hatte. Sie führt Selbstgespräche. Sie phantasiert. Sie durchstreift stundenlang allein die Umgebung des elterlichen Schlosses. Auf ihren einsamen Spaziergängen kehrt sie bei den Bauern ein und lauscht atemlos den Gespenstergeschichten und seltsamen Begebenheiten, die dort erzählt werden. Das alles ließe sich noch hinnehmen, wenn – ja, wenn Annette nicht anfinge, eitel und selbstbewußt zu werden. Sie improvisiert auf dem Klavier, versucht sich an eigenen Gedichten und hat Freude daran, im Kreis von Freunden und Verwandten «Komödie zu spielen». Bescheiden und zurückhaltend tritt sie dabei nicht auf. So äußert sich Graf Friedrich Leopold von Stolberg, ein Freund des Hauses, in einem mahnenden Brief an Annettes Eltern, daß das junge Mädchen «voller Eitelkeit und Selbstbewußtsein» sei. Und Wilhelm Grimm, Mitherausgeber der *Kinder- und Hausmärchen*, urteilt streng: «Es ist schade, daß sie etwas Vordringliches und Unangenehmes in ihrem Wesen hat... sie wollte durchaus brillieren und kam von einem ins andere.» Im übrigen nimmt er es gerne an, daß Annette für ihn westfälische Märchen und Sagen sammelt. Aber: Bescheiden soll sie dabei bleiben.

Annette lernt, sich zu fügen. Sie lernt es für ihr ganzes Leben. Wie oft muß sie sich am hellichten Tag bei zugezogenen Gardinen ins Bett legen, warmen Tee trinken und «zur Ruhe kommen». Wie oft wird sie angehalten, nichts zu tun außer stricken und Klavier spielen. Wie oft wird ihr vorgehalten, daß sie nicht zu viel lesen soll. Aber: «Ich habe mein wunderliches, verrücktes Unglück nicht aus Büchern und Romanen geholt», vertraut die Zweiundzwanzigjährige in einem Brief ihrem väterlichen Freund Anton Matthias Sprickmann (er war Professor für Staatsrecht) an. «Es hat immer in mir gelegen.»

Das, was «in ihr liegt», entwickelt Annette von Droste-Hülshoff weiter. In aller Stille. Heimlich, wie sie schon als Kind ihre ersten Reime in Goldpapier wickelte – und vor der Familie verbarg. Sie bleibt bis an ihr Lebensende ein unauffällig-angepaßtes Glied ihrer Familie und ihres Standes. Sie unterschreibt

noch als Fünfundvierzigjährige Briefe an ihre Mutter mit
«Deine gehorsame Tochter Nette». Und dennoch wird sie «die
Droste», wird «Dichterin von Weltrang».

Es gibt ein unvollendetes Theaterstück der sechzehnjährigen
Annette von Droste-Hülshoff, das *Bertha* heißt und in dem der
Hauptperson folgende Verse als Ermahnung mit auf den Weg
gegeben werden:

«Zu männlich ist dein Geist, strebt viel zu hoch
Hinauf, wo dir kein Weiberauge folgt;
Das ist's, was ängstlich dir den Busen engt
Und dir die jugendliche Wange bleicht.
Wenn Weiber über ihre Sphäre steigen,
Entfliehn sie ihrem eignen bessern Selbst.
Sie möchten aufwärts sich zur Sonne schwingen
Und mit dem Aar durch dunkle Wolken dringen
Und stehn allein im nebeligten Tal.
Wenn Weiber wollen sich mit Männern messen,
So sind sie Zwitter und nicht Weiber mehr.»

Sie maßregelt sich selbst, die junge Annette, wenn sie solche
Zeilen schreibt, sich vor-schreibt. Hält sie sich daran?

Es muß schon früh eine große Angst in ihr gelegen haben, nicht
«weiblich» zu sein. Dabei wirkt sie äußerlich gerade so, wie es
sich für ein junges Mädchen ihrer Zeit und ihres Standes
gehört. Zeitgenossen schildern sie als zart und schlank, mit hell-
blonden Ringellocken und großen blauen Augen. An Gehorsam – eine wichtige «weibliche» Eigenschaft! – fehlt es ihr auch
nicht. Brav begibt sie sich auf «Rundtour», wie das heißt, zu
den adeligen Verwandten auf den umliegenden Gütern. Für
die Großmutter auf Gut Bökendorf plant sie, einen Band
«Geistliche Lieder» zu schreiben – solche Dichtung von Frau-
enhand verstößt absolut nicht gegen die gute Sitte. Einige
Freundschaften allerdings, die die junge Annette schließt,
könnte man «exzentrisch» nennen. So hat die Sechzehnjährige
eine große Zuneigung gefaßt zu einer Dichterin namens Katherine Busch, die ein paar Jahre älter ist als sie und als «Westfa-
lens Dichterin» gefeiert wird. Katherine aber heiratet den
Modestus Schücking und beschließt, fortan nur noch Gattin,
Hausfrau und Mutter zu sein. Annette kann nicht ahnen, daß
der Name Schücking, den ihre Freundin jetzt trägt, für sie einst
eine wichtige Bedeutung bekommen wird. Sie spürt nur, daß

sie eine Bundesgenossin verliert, als Katherine das Dichten für immer aufgibt. Und sie, Annette, hat sie denn keine Verehrer? Hält niemand um ihre Hand an? Im Jahr 1820, so heißt es in der Droste-Literatur, habe sie ihre «Jugend-Katastrophe» erlebt. Sogar von einer «großen Lebenskrise» ist die Rede. Es gibt zwei Männer, zu denen sie sich hingezogen fühlt, wahrscheinlich machen sich auch beide «Hoffnungen», wie es so schön heißt. Entwirren läßt sich nicht, was in jenem Sommer geschah, jeder Droste-Biograph deutet die Ereignisse anders. Vielleicht war Annette ganz einfach ungeschickt im Umgang mit jungen Männern. Vielleicht hat sie die Spielregeln nicht beherrscht, an die alle anderen sich hielten. Vielleicht hat sie ihre eigenen Gefühle nicht durchschaut? Jedenfalls bekommt sie einen «gemeinsamen Absagebrief» von beiden Männern – einen Brief, den sie nicht etwa in aller Stille verschwinden lassen kann. Briefe waren damals öffentliche Äußerungen, an denen jeder im Familien- und Freundeskreis Anteil nahm. Annette (war sie nicht immer schon «wunderlich»?) muß sich in dieser Situation und in diesem Familienkreis mehr denn je als Außenseiterin gefühlt haben. Verständnis hat sie bei keinem gefunden. Ihre Schwester Jenny hat später gesagt: «Wenn Annette sich über den Ehestand aussprach, so war es nur, um zu sagen, daß sie dafür nicht tauge, weil sie zu wenig Gesundheit und zu viel Unabhängigkeitssinn habe.» So selbstverständlich, wie das hier klingt, wird Annette sich nicht geäußert haben, ist sie doch, bleibt sie doch bis an ihr Lebensende in ihrer Familie eine äußerst angepaßte, gehorsame Frau.

Annette verschließt sich. «Ich war damals sehr jung, sehr trotzig und sehr unglücklich», schreibt sie mehr als zwanzig Jahre später, sich rückerinnernd, an ihre Freundin Elise Rüdiger. Und: «Tausendmal habe ich mir den Tod gewünscht.»

Als sie schon längst berühmt ist und als «die Droste» in deutschen Literaturgeschichten auftaucht, wird so über sie geurteilt: «Sie war schicksalhaft zur Einsamkeit des Genies bestimmt.»

Ja sie bleibt allein. Sie wird nicht Ehefrau und nicht Mutter. Aber sie läßt sich von dem Mann, den sie Jahre später bedingungslos lieben wird, «Mütterchen» nennen. Um ihr Gefühl zu tarnen? Spott und Verachtung muß sie als junges Mädchen ertragen lernen, ohne sich etwas anmerken zu lassen. Möglicherweise flüchtet sie sich deshalb als erwachsene Frau in die

«Mütterchen»-Rolle; denn die erlaubt ihr, ihre Gefühle preis-
zugeben.

Noch aber ist sie nicht so «reif». Sie kämpft mit sich und gegen
sich und hat das Gefühl, daß sie «kein Organ für die Liebe» hat.
In dieser Zeit arbeitet sie weiter an den geistlichen Liedern, die
sie zu schreiben begonnen hat. Im Oktober 1820 übergibt sie
ihrer Mutter das Manuskript mit einer Widmung, in der es
heißt: «Ich darf hoffen, daß meine Lieder vielleicht manche
verborgene kranke Ader treffen werden, denn ich habe keinen
Gedanken geschont, auch den geheimsten nicht. Ob sie dir
gefallen, muß ich dahingestellt sein lassen; ich habe für keinen
einzelnen geschrieben. Ich denke es indes und wünsche es
sehnlichst, daß sie als das Werk deines Kindes dein natürliches
Eigentum sind.» So lange Annette mit ihren Texten nicht an die
Öffentlichkeit tritt, wird innerhalb der Familie geduldet, daß
sie schreibt; das ist nun mal ihre Art von Zeitvertreib. Sie versucht sich an einem Roman *(Ledwina)*, an Operntexten, Liedern, Balladen. Im Herbst 1825 darf sie mit Verwandten zum
erstenmal eine größere Reise unternehmen: an den Rhein.
Eine Fülle von Erlebnissen stürzt auf sie ein. «Höchst impo-
sant» wirkt auf sie ein Dampfschiff, das sie auf dem Rhein sieht,
sie feiert Karneval und lernt neue Freunde kennen, mit denen
sie sich über Musik und Literatur unterhalten kann. Sie fühlt
sich frei und – fast – unbelastet von Familienpflichten. Aber
nicht für lange. 1826, Annette ist nach Hülshoff zurückgekehrt,
heiratet ihr ältester Bruder und übernimmt das Erbe. Kurz
darauf stirbt der Vater. Annette bekommt eine kleine Leib-
rente und zieht mit Mutter und Schwester auf den Witwensitz
Rüschhaus. Ihr weiterer Lebensweg ist klar vorgezeichnet. Sie
wird ledig bleiben und innerhalb der Familie nützliche Aufgaben übernehmen. Die Kinder des Bruders unterrichten. Krankenpflege leisten. Die Familienkorrespondenz pflegen. Als
«gute Tante» immer ansprechbar sein. Daß sie insgeheim
immer noch «konfuses Zeug» dichtet, ahnt kaum jemand aus
ihrem engsten Verwandtenkreis. So ist es nicht verwunderlich,
daß das unauffällige Fräulein Annette 41 Jahre alt wird, ehe ihr
erster Gedichtband an die Öffentlichkeit kommt – anonym
natürlich. Unter dem Titel «Gedichte von Annette Elisabeth
von D... H...» erscheint 1838 in Münster ein kleines Buch, das
in 500 Exemplaren gedruckt worden ist. Verkauft werden
davon genau 74 Exemplare. Onkel und Tanten, Vetter und

Basen verspotten die Autorin. «Nun tun alle die Mäuler auf und begreifen alle miteinander nicht, wie ich mich habe so blamieren können», schreibt Annette an ihre Schwester Jenny. Jenny übrigens hält treu zu Annette. Und noch jemand steht ihr bei: Levin Schücking. Schücking? Der junge Mann mit diesem Nachnamen ist Sohn von Katherine, Annettes (inzwischen verstorbener) Jugendfreundin. Er, siebzehn Jahre jünger als Annette von Droste-Hülshoff, hat die Juristenlaufbahn abgebrochen und will als Schriftsteller seinen Lebensunterhalt verdienen. In dem Jahr, als der erste Gedichtband der Droste erscheint, besucht er sie oft in Rüschhaus, und er gehört zu den wenigen, die lobende Kritiken über die Dichterin veröffentlichen. Er wird ihr Freund, und mehr noch als ein Freund. Annette fühlt, daß hier jemand ist, der sie und ihr Schreiben ernst nimmt. Sie ist mit den Vorarbeiten zu ihrer Novelle *Die Judenbuche* beschäftigt, Gedichte und Balladen entstehen; aber ihre Familienpflichten vernachlässigt sie nicht dabei.

Levin Schücking, mit dem sie Stunden im Gespräch verbringt, erregt den Argwohn ihrer Mutter. Was für ein merkwürdiges Verhältnis bahnt sich da an? «Mein Junge», nennt Annette Levin und er sie «Mütterchen». Was verbirgt sich hinter dieser Form der Anrede? Wieder einmal sorgt Annette von Droste-Hülshoff ausgiebig für Gesprächsstoff in ihrer Verwandtschaft. Aber diesmal ist sie bereit, um ihr Glück – und das Zusammensein mit Levin Schücking ist für sie Glück – zu kämpfen. Es gelingt ihr, dem jungen Mann eine Stellung als Bibliothekar auf der Meersburg am Bodensee zu verschaffen. Dorthin nämlich hat sich ihre Schwester Jenny verheiratet, und Annette reist im Herbst 1841 zu ihr. «Rein zufällig», so schreibt Annette an ihre Mutter, trifft sie dort «den Schücking» wieder: «Wir sehen ihn selten, außer bei Tische, da er in den freien Stunden an seinen eigenen Schriftstellereien arbeitet oder auch ins Museum geht, die Zeitungen lesen.»

Annette lügt. Sie belügt ihre Mutter, die für sie Symbolgestalt der Macht und Vertreterin der Gesellschaft ist. Es stimmt nicht, daß sie Schücking nur selten sieht. Sie ist jeden Tag mit ihm zusammen. Stundenlang gehen die beiden spazieren. Ungestört. So unbeschwert und gelöst fühlt Annette sich, daß sie mit ihrem Freund, übermütig, eine Wette eingeht. Es werde ihr leicht fallen, versichert sie ihm, in Kürze einen ganzen Band lyrischer Gedichte zu schreiben. «Als ich widersprach», berichtet Levin Schücking, «bot sie mir eine Wette an und stieg dann gleich in ihren Turm hinauf, um sofort ans Werk zu gehen. Triumphierend las sie am Nachmittag bereits das erste Gedicht ihrer Schwester und mir vor, am folgenden Tag entstanden gar zwei, glaub' ich...» Vom Oktober 1841 bis zum April 1842 schreibt Annette von Droste-Hülshoff 54 Gedichte, darunter die später so bekannt gewordene Sammlung *Die Heidebilder*. Bilder, Farben, Gerüche, unheimliche Begebenheiten und grausliche Gespenstergeschichten aus ihrer westfälischen Heimat werden ihr wieder lebendig. Sie läßt den später so berühmten *Knaben im Moor* Schauriges erleben. Fast immer versteckt sie sich in ihren Gedichten hinter einem «Er». Bilder aus dieser Zeit zeigen sie mit streng geflochtenem Haar, wie es sich für eine Frau Mitte der Vierzig geziemt. Das heißt, sie ist ja nicht einmal eine «Frau». Sie ist ein «Fräulein».

Sie notiert ihre Gedichte mit kleiner, zierlicher Schrift. Sie drängt sich nicht hervor. Wenn ihr Schwager Laßberg (mit dem Schwester Jenny verheiratet ist) bedeutende Gespräche über Dichtkunst führt, zieht sie sich still zurück. Ludwig Uhland zum Beispiel ist auf der Meersburg zu Besuch. Er gibt gerade eine Sammlung *Hoch- und niederdeutsche Volkslieder* heraus; Annette sagt zu, sich daran zu beteiligen. Ihr Beitrag ist willkommen. Ansonsten aber, so erzählt Annette: «Dann ging es bald an gelehrte Gespräche, in die Bibliothek etc., und wir Frauenzimmer kamen gar nicht in Betracht, hatten aber doch mitunter das Zuhören.»

Die Frau, die sich als demütige Zuhörerin und Zuträgerin ausgibt, die Adelige mit den formvollendeten Manieren, mit den Bändern und Spangen und Klammern im Haar, diese beherrschte Frau schreibt während ihres Aufenthaltes auf der Meersburg ein Gedicht, das *Am Turme* heißt und von dem hier die erste und die letzte Strophe zitiert sein sollen:

«Ich steh hier auf hohem Balkone am Turm,
Umstrichen vom schreienden Stare,
Und laß gleich einer Mänade den Sturm
Mir wühlen im flatternden Haare;
O wilder Geselle, o toller Fant,
Ich möchte dich kräftig umschlingen,
Und, Sehne an Sehne, zwei Schritte vom Rand
Auf Tod und Leben dann ringen!
...

Wär ich ein Jäger auf freier Flur,
Ein Stück nur von einem Soldaten,
Wär ich ein Mann doch mindestens nur,
So würde der Himmel mir raten;
Nun muß ich sitzen so fein und klar,
Gleich einem artigen Kinde,
Und darf nur heimlich lösen mein Haar
Und lassen es flattern im Winde!»

Annette von Droste-Hülshoff mit flatternden Haaren – diesen
Anblick hat sie niemand zugemutet. Sie ist artig geblieben. Sie
ist irgendwann auch damit fertig geworden, daß Levin Schük-
king, der so viel jüngere, heiratet, eine Familie gründet und nur
noch ab und an ein paar Zeilen an sie schickt. Von Ruhm und
Geld hat sie ohnehin nie geträumt. An die Freundin Elise
Rüdiger schreibt sie 1843: «Wenn ich sehe, wie kaum einer den
Kopf über dem Wasser hat, daß schon ein anderer hinter ihm
einen Zoll höher aufduckt und ihn niederdrückt, wie Heine
schon ganz verschollen, Freiligrath und Gutzkow veraltet sind,
kurz die Zelebritäten einander auffressen und generieren wie
Blattläuse, dann scheint's mir besser, die Beine auf dem Sofa
zu strecken und mit halbgeschlossenen Augen von Ewigkeiten
zu träumen... Ach, Elise, alles ist eitel!... Ich mag und will jetzt
nicht berühmt werden, aber nach hundert Jahren möchte ich
gelesen werden, und vielleicht gelingt's mir, da es im Grunde
so leicht ist wie Kolumbus' Kunststück mit dem Ei, und nur das
entschlossene Opfer der Gegenwart verlangt.»

Zum Weiterlesen:
Annette von Droste-Hülshoff: *Sämtliche Werke.* Hg. von C. Hesel-
haus. München 1970.

Mary Lavater-Sloman: *Einsamkeit. Das Leben der Annette von Droste-Hülshoff.* Zürich 1950.

Peter Berglar. *Droste-Hülshoff in Selbstzeugnissen und Bilddokumen-
ten.* Reinbek 1967.

Ronald Schneider, *Annette von Droste-Hülshoff.* Stuttgart 1977.

Flora Tristan in ihrer Zeit

1804	Napoleon führt das frauenfeindliche Gesetzbuch «Code civil» ein.
um 1814	Die Saint-Simonisten, Vorläufer der sozialistischen Bewegung gewinnen an Einfluß.
1818	Geburtsjahr von Karl Marx (der später Gedanken der Flora Tristan aufgreifen wird).
1820	Geburtsjahr von Friedrich Engels (der ebenfalls später Gedanken der Flora Tristan aufgreifen wird).
1825	William Thompson veröffentlicht in England einen *Appell der Frauen, der Hälfte der menschlichen Rasse, gegen den Dünkel der anderen Hälfte, der Männer, sie in politischer Sklaverei zurückzuhalten.*
1828	In London wird eine Universität gegründet (nur für Männer).
1831	Arbeiteraufstand in Lyon.
1832	Pierre Leroux prägt den Begriff «Sozialismus».
1840	Flora Tristans erste Veröffentlichungen über das Elend der Arbeiter und Arbeiterinnen in England und Frankreich erscheinen.
1903	Der Maler Paul Gauguin – er ist Flora Tristans Enkel – schreibt über seine Großmutter: «Wahrscheinlich konnte sie nicht kochen: ein sozialistisch-anarchistischer Blaustrumpf.»

«Menschenrechte für alle – nicht nur für die Männer!»

«Ins Heiligtum männlicher Macht eindringen – welch ein
Skandal für eine Frau, welche Schamlosigkeit, ja sogar Gottes-
lästerung!»
Erlebt und aufgeschrieben hat einen solchen «Skandal» im
Jahr 1839 eine junge Frau in London. Sie heißt Flora Tristan,
ist die uneheliche Tochter einer Französin und eines peruani-
schen Adeligen, lebt getrennt von ihrem Mann, den sie mit
siebzehn geheiratet hat, und unternimmt seit Jahren schon Reisen – sogar in Peru war sie bereits.
Jetzt hält sie sich in London auf und interessiert sich dafür, wie
eine Sitzung im Parlament vor sich geht. In Paris und in Lima
(Peru) hat sie dort Einlaß gefunden. In London aber erfährt sie:
Der Zugang ist Frauen streng untersagt. Das Verbot macht sie
erst recht neugierig. Sie kommt auf eine Idee, wie sie es umgehen könnte: «Ich traf öfters ein weitgereistes Mitglied der Tory
Partei, sonst ganz vernünftig und vorurteilsfrei. Naiv meinte
ich, er sei wie er sich gebe. Ich bat ihn daher, mir ein Männer-
kleid zu leihen und mich mitzunehmen.» Jedoch: «Das wirkte
auf ihn wie Weihwasser auf den Leibhaftigen! Er wurde bleich
vor Entsetzen, dann rot vor Empörung. Er ergriff Stock und
Hut, erhob sich, ohne mich eines Blickes zu würdigen und kün-
digte mir seine Freundschaft.»
Flora Tristan, neugierig, ohnehin schon jahrelang als Außenseiterin abgestempelt, versucht einen anderen Weg, ins «Heiligtum der Männer» vorzudringen.
«Schließlich traf ich einen Türken», berichtete sie, «eine
wichtige Persönlichkeit, der nicht nur meine Idee guthieß, sondern mir ein Kostüm anbot, eine Eintrittskarte, einen Wagen
und seine Begleitung.» So schafft die wißbegierige junge Frau
es, als Türke verkleidet in die illustre Männergesellschaft vor-

zudringen. Und dann erlebt sie: «Diese Gentlemen begannen, mich mit dem Opernglas zu begucken und laut über mich zu reden. Sie spazierten vor mir auf und ab, gafften mir unverschämt in die Nasenlöcher, stellten sich hinter mir auf der Treppe auf und schimpften auf französisch: ‹Warum hat sie sich in den Saal geschmuggelt? Wozu will sie der Sitzung beiwohnen? Es muß eine Französin sein. Die sind ja so, vor nichts haben sie Achtung. Das ist unverschämt. Der Wächter sollte sie wegjagen!› Immer mehr Parlamentarier verließen ihre Plätze, um mich von ganz nah unter die Lupe zu nehmen. Ich saß wie auf Nadeln. Doch gehen wir über dieses Fehlen des Anstands hinweg und wenden wir uns der Sitzung zu: Die hohen Herren streckten sich gelangweilt und müde auf den Bänken aus, mehrere lagen und *schliefen.*» Einige, so beobachtete Flora Tristan weiterhin, sind sogar im Morgenrock erschienen. Kurz faßt sie zusammen: «Über das Benehmen der Mitglieder des Unterhauses war ich entrüsteter als sie über meine Verkleidung.»

Sie nimmt weiß Gott kein Blatt vor den Mund, diese Flora Tristan, wenn sie beschreibt, was sie erlebt. Rücksicht zu nehmen auf eine Gesellschaft, die «jede Frau von Geburt an unterdrückt», das hat sie schon als junges Mädchen verlernt. Verlernen müssen: Als Siebzehnjährige wurde sie an einen Pariser Lithographen verheiratet, in dessen Werkstatt sie tätig war. André Chazal, ihr Ehemann, geriet wegen seiner Spielleidenschaft in Schulden und wollte seine schöne Frau zwingen, als Prostituierte Geld ‹dazuzuverdienen›. Sie floh – mit zwei Kindern, zum drittenmal schwanger. Aline, Flora Tristans drittes Kind, kam zur Welt, als die Mutter 22 Jahre alt war. «Ich schwöre dir», schrieb Flora Tristan, «für dich zu kämpfen, dir eine bessere Welt zu bereiten. Du wirst weder Sklavin sein noch Paria.»* Ein leidenschaftlicher Schwur zu einer Zeit, als

- jede Ehefrau Besitztum ihres Mannes war
- eine Scheidung nach dem Code Napoleon nicht möglich war
- Frauen keine Schul- und Berufsausbildung hatten
- Frauen aus den Zünften ausgeschlossen waren, also nicht selbständig arbeiten und ihren Lebensunterhalt verdienen konnten.

*Paria = Ausgestoßener, Unterprivilegierter

Flora Tristan, die überdies noch mit dem Makel der unehelichen Geburt behaftet war, wußte, was sie schwor, als sie ihrer Tochter eine bessere Zukunft versprach! Sie setzte alles dafür ein. Obwohl ihr Mann sämtliche Rechte über sie und die Kinder hatte und ihr die Kinder gegen ihren Willen wegnahm. Obwohl sie immer wieder polizeilich verfolgt wurde. Obwohl ihre reichen Verwandten in Peru, die sie nach einer abenteuerlichen Reise aufsuchte, ihr die Erbschaft ihres Vaters verweigerten. Obwohl ... es gibt eigentlich nur «Obwohls» in Flora Tristans Leben, und sie muß dagegen kämpfen. Allein. Als Paria: unterdrückt, rechtlos. Weil Männer bestimmen, wie die Rechte gehen. Und Gesetze für Frauen erlassen, auch wenn sie halb verschlafen dabei sind – so wie Flora Tristan es gerade im englischen Unterhaus erlebt hat.

Erdrückt von den Ungerechtigkeiten gegenüber Frauen, die Flora Tristan auf ihren Reisen Tag für Tag zu spüren bekommt, beginnt sie, ihre Erfahrungen zu veröffentlichen. Wichtiger noch: Sie stellt Forderungen und macht Vorschläge, was zu ändern wäre.

Als erstes erscheint die Broschüre *Über die Notwendigkeit, fremden Frauen einen guten Empfang zu bereiten*. Unter dem Namen «Madame T.» regt sie darin an, Häuser bereitzustellen für Mädchen und Frauen, die vom Land kommen, die Arbeit suchen, vor ihrem Ehemann flüchten oder der Prostitution entkommen wollen. Alleinstehende Frauen sollten nicht mehr als minderwertig angesehen werden. Frauen sollten, genau wie Männer, die Möglichkeit nutzen können, sich auf Reisen weiterzubilden. Für sie müßte es in größeren Städten Aufenthaltsorte geben, mit Leseraum, Zeitungen, Hilfe für Studien und Kontakt mit den Bewohnern der Stadt.

Verschiedene Stellen ihrer Broschüre erinnern an die Aufrufe der Saint-Simonisten, der einflußreichsten frühsozialistischen Gruppe. «Die Frau wird frei werden!» erklärte diese Gruppe als ihr höchstes Ziel. Tatsächlich hat Flora Tristan immer wieder Ideen der fortschrittlichen Denker und Reformer ihrer Zeit aufgegriffen – doch sie distanziert sich ausdrücklich von den verschiedenen «Schulen»: Für sie kommt der Denkanstoß aus der Erfahrung ihres eigenen Lebens.

So auch in ihrer nächsten Buchveröffentlichung: *Wanderungen einer Paria*. Sie schildert darin ihre eigene Vergangenheit und ihre Reise nach Peru.

Im Vorwort schreibt sie: «Möchten doch die Frauen, deren Leben durch großes Unglück zur Qual wurde, über ihr Leid und was sie wegen Vorurteil und Hintansetzung erdulden, schreiben. Eine gerechte Reform der sozialen Beziehungen kann erst auf Grund von ähnlichen Enthüllungen einsetzen.» Sie weist darauf hin, daß es nach der Statistik in Frankreich mehr als dreihunderttausend von ihrem Gatten getrennt lebende, also von der Gesellschaft verachtete Frauen gibt – so wie sie eine ist.

In einem Schreiben an die Deputiertenkammer, das sie ihrem Manuskript beifügt, bittet sie um die Wiedereinführung der Scheidung.

«Ich habe das bittere Leid kennengelernt, das die Unlösbarkeit der Ehe mit sich bringt. Ich war gezwungen, ohne Vermögen, mich von meinem Gatten zu trennen. Ich mußte für mich und die Kinder aufkommen, allein. Eine solche Last übersteigt meistens die Kraft der Frauen, weil sie kaum eine geeignete Erziehung für eine Berufsausübung erhalten... Ich habe in meinem Buch, das ich mich den Kammern zu überreichen beehre, einen Teil des Leids angedeutet, dem die Frauen meiner Lage ausgesetzt sind... Das Glück einer Familie kann nur bei einem auf Freiheit beruhenden Rechtszustand gedeihen. Christus sagte: ‹Trennt nicht, was Gott zusammenfügte.› Soll man nicht ergänzen: ‹Kettet nicht zusammen, was Gott trennte›?

Ich habe die Ehre, die Kammer zu bitten, die Scheidung auf dem Prinzip der Gegenseitigkeit wieder einzuführen, auf Wunsch jeden Eheteils, wie das vor dem Code Napoleon gültige Gesetz es vorsah.»

Das Gesuch wurde abgelehnt.

Kurz nach Erscheinen ihres Buches *Wanderungen einer Paria* lauert Flora Tristans Ehemann Chazal ihr vor ihrer Haustür auf und schießt auf sie. Sie kommt mit dem Leben davon, eine Kugel bleibt jedoch unter ihrer Brust stecken und kann nicht entfernt werden.

Vier Monate nach dem Attentat beginnt die Gerichtsverhandlung wegen «Mordversuchs von André Chazal an seiner Frau». Der angeklagte Ehemann ist von seiner Unschuld überzeugt. Schließlich ist er nur um das Schicksal seiner Tochter besorgt gewesen, die hat er vor dem schlechten Einfluß der Mutter bewahren wollen. Also mußte er so handeln.

Als Beweis für Flora Tristans liederlichen Lebenswandel hat er ihr letztes Buch mitgebracht. FEHLTRITTE EINER VERHEIRATE≥ TENFRAU hat er mit großen Buchstaben auf den Titel gemalt. Und: EITELKEIT DER EITELKEITEN. Immer wieder ruft er während des Prozesses aus: «In diesem Buch sind Stellen!!! Hunderte! Man weiß nicht, wo beginnen! Mein Anwalt wird die anstößigsten bezeichnen!»

Daß Flora Tristan sich in ihrem Manuskript gegen die Unauflösbarkeit der Ehe gewandt hat, wird ihr von den Geschworenen als «schamlos und unmoralisch» vorgeworfen. Überhaupt ist der ganze Prozeß eher einer gegen Flora Tristans «Lebenswandel» als gegen den Täter. Chazal wird am Ende zu zwanzig Jahren Zwangsarbeit verurteilt, die später in zwanzig Jahre Gefängnis umgewandelt werden.

Von jetzt an darf Flora Tristan auch offiziell den Ehenamen Chazal ablegen – inoffiziell hat sie das schon längst getan.

«Sie wollte alles sehen, alles beobachten!» So charakterisiert eine Freundin, Elénore Blanc, das Typische an Flora Tristan. Zeitgenossen, die ihr weniger wohl gesonnen waren, drückten es so aus: «Die steckt ihre Nase in alles!»

Tut sie auch. Und dann schreibt sie sogar noch darüber: Die anfangs erzählte Episode im englischen Unterhaus hat sie in ihrem Buch *Spaziergänge in London* geschildert. Etliche Reportagen, in denen sie die «abscheulich wunden Stellen» Englands aufdeckt, sind in diesem Band enthalten. Sie machte Exkursionen in Fabriken, Slums, Gefängnisse und Kneipen. Sie sagt den Lesern, daß Laster, Armut und Unterdrückung nicht notwendig sind (was damals gepredigt und geglaubt wurde), sondern beseitigt werden können.

Intensiv befaßt sie sich mit den «öffentlichen Töchtern» in der englischen Hauptstadt: «Die Prostitution ist die häßlichste Plage, welche die ungleiche Verteilung der Güter der Welt nach sich zog. Wenn die Männer nicht nur den Frauen die Keuschheit als Tugend aufgezwungen hätten, ohne sie auch von ihresgleichen zu verlangen, dann könnte man die Frau nicht aus der Gesellschaft ausschließen, nur weil sie den Gefühlen des Herzens nachgab. Die verführten, ausgenutzten und sitzengelassenen Mädchen wären dann nicht gezwungen, sich von nun an für Geld zu verkaufen. Wenn die Frau die gleiche Ausbildung genießen könnte, die gleichen Berufe ausüben dürfte wie der Mann, dann wäre sie nicht mehr dem Elend, dem Vorurteil und der Erniedrigung ausgeliefert.

Die Tugend und das Laster setzen die Freiheit voraus, gut oder schlecht zu handeln. Was aber kann die Frau tun, die nichts hat, nichts tun darf, als ihr ganzes Leben lang lauern, wie sie sich mit List der Willkür oder mit Verführung dem Hunger entzieht? Bis zur Emanzipation der Frau wird die Prostitution der Frau wachsen.»

Sie entdeckte in England die Streitschrift der Mary Wollstonecraft *Verteidigung der Rechte der Frauen* wieder und berichtet auch darüber in ihrem Buch. Als Vorwort zur Volksausgabe ihrer Spaziergänge in London schreibt die Autorin: «Arbeiter, euch allen (im Original: tous et toutes) widme ich mein Buch.» Dieses «alle» beinhaltet – und das ist sehr wichtig und ganz neu – *Männer und Frauen*. Sie fährt fort: «Ihr seht, wie mißlich die Menschen dastehen, wenn zivile Freiheit weder durch politische Rechte garantiert ist noch durch soziale Institutionen im Interesse *aller Männer, aller Frauen, ohne Unterschied*. Ihr seht, wie wichtig es für euch ist, das eine wie das andere zu erhalten und ebenso wichtig, durch entsprechende Ausbildung davon Gebrauch zu machen.» Zum Schluß fordert sie ihre Leser auf, die Werke derjenigen Verfasser zu lesen, die sich für die Menschenrechte «der Männer *und* Frauen» einsetzen.

Die Erlebnisse in England beschäftigen Flora Tristan noch lange. In ihr reift die Idee, eine Schrift für die unterdrückte Klasse der Arbeiterinnen und Arbeiter zu verfassen. 1843 veröffentlicht sie *Die Union der Arbeiterschaft*. In ihrem Manifest richtet sie sich wiederum ausdrücklich an *alle*: Arbeiterinnen und Arbeiter sollen sich vereinigen, sich für bessere Arbeitsbedingungen und Löhne, Repräsentation in den Kammern und Recht auf Arbeit für alle einsetzen. In neun Punkten faßt sie ihre Lehre zusammen, die in der Feststellung gipfelt, «daß die grundsätzliche Gleichheit der Rechte von Mann und Frau der einzige Weg ist, der zur Einigkeit der Menschen führen kann». Weiter schlägt Flora Tristan vor, in jedem Departement einen sogenannten «Arbeitspalast» zu errichten – eine Stätte der Erholung, Fortbildung, Organisation – mit Schulen für Kinder (Jungen und Mädchen) und Heimen für Alte und Invalide.

In einem Appell an die Frauen aller Stände, aller Altersgruppen, aller Richtungen und aller Länder fordert sie diese auf, die *Union der Arbeiterschaft* zu unterstützen:

«Ihr alle seid unterdrückt von den Gesetzen, von den Vorurteilen; laßt uns gemeinsam kämpfen!»

Kein Verleger ist bereit, Flora Tristans Programm zu drucken. Sie läuft zu Fuß durch ganz Paris und bittet «alle opferbereiten Personen» um einen Beitrag für die Druckkosten. Ihre Tochter Aline, ihre Haushaltshilfe und ihr Wasserträger sind die ersten, die sie unterstützen. Schriftsteller wie George Sand und Eugène Sue, Maler, Politiker, Arbeiterinnen und Arbeiter lassen sich von ihr überzeugen. So erscheinen insgesamt vier Auflagen der *Union Ouvrière*.

Am 12. April 1844 begibt sich Flora Tristan auf eine Reise durch Frankreich. Tagelang verteilt sie Bücher und Prospekte, hält Vorträge, lädt zum Diskutieren ein. In manchen Orten wird sie mit Begeisterung empfangen, Gruppen und Komitees bilden sich. In anderen Städten versucht die Polizei, ihr Fallen zu stellen. Sie bekommt Briefe, in denen reiche Männer sie einladen, ihre Mätresse zu werden. Mitunter wird sie in Hotels abgewiesen: «Alleinstehende Frauen beherbergen wir nicht!» Sie ist krank, erschöpft, deprimiert.

Zum Glück findet sie Trost in einigen erfreulichen Mitteilungen. Aus Marseille und Avignon wird ihr gemeldet, daß die Arbeiter sich dort zu Gruppen für die *Union* zusammengeschlossen haben, ebenso in Lyon.

«All das beweist, daß eine große Aufgabe vor mir liegt», schreibt sie im September 1844 in ihr Tagebuch. Es ist ihre letzte Eintragung.

Total erschöpft, stirbt Flora Tristan am 15. November in Bordeaux.

«Zahlreiche Arbeiter, denen sich mehrere Literaten und Anwälte anschlossen, trugen sie zu Grab», berichtete die Bordelaiser Tageszeitung über die Beerdigung. «Die Arbeiter wollten den Sarg der Frau, die ihr Leben der Besserstellung der Arbeiterklasse opferte, selber tragen... Wenn mit Gottes Hilfe der große Tag der Vereinigung leuchtet, für alle Männer und Frauen, dann werden wir den Namen Flora Tristans für immer verehren.»

Nur wenige Jahre später tauchen Gedanken und Vorschläge der Flora Tristan in Karl Marx' und Friedrich Engels' Schriften auf. Woher diese Passagen stammen – das allerdings hielten beide Verfasser nicht für erwähnenswert.

Zum Weiterlesen:

Charles Neilson Gattey und Berta Rahm: *Flora Tristan.* Zürich 1971.

In Bibliotheken auszuleihen:

Flora Tristan: *Nécéssité de faire un bon acceuil aux femmes étrangères.*
1835.
Pérégrinations d'une Paria. 1837.
Méphis. 1838.
Promenades dans Londres. 1840.
L'Union Ouvrière. 1843.

Claudia von Alemann: *Die Reise nach Lyon* (Kinofilm, in dem das
Leben Flora Tristans recherchiert wird). 1981.

George Sand in ihrer Zeit

1805	Napoleon I. besiegt Österreich und Rußland.
1810	Napoleon I. verbietet und vernichtet das Lebenswerk der Schriftstellerin Germaine de Staël *Über Deutschland*.
1810	Der Komponist Frédéric Chopin wird geboren.
1813	Deutscher Befreiungskrieg gegen Napoleon I.
1827	Goethe prägt den Begriff «Weltliteratur».
1830	Juli-Revolution in Paris.
1830	Aufhebung der Pressezensur in Frankreich.
1832	Goethes Todesjahr. George Sands erster Roman *(Indiana)* erscheint.
1839	George Sand und Frédéric Chopin reisen nach Mallorca.
1848	Februar-Revolution in Paris – George Sand nimmt daran teil. Sie gründet die Zeitschrift *La Cause du Peuple*.
1855	Weltausstellung in Paris.
1855	1. Warenhaus in Paris.
1855	Auf die Bitte Balzacs hin schreibt George Sand das Vorwort zu seinem Buch *La Comédie Humaine*.
1857	*Madame Bovary* von Gustave Flaubert erscheint.
1863	Zwischen George Sand und Gustave Flaubert beginnt ein Briefwechsel.
1867	Erste Rohrpost in Paris.
1876	Im Todesjahr der George Sand eröffnet Deutschlands erste Ärztin ihre Praxis.

«Ihr könnt Taten verfolgen, nicht aber Überzeugungen; das Denken muß frei sein»

Aurora, die Morgenröte – welch poetischer Name für ein junges Mädchen, das zu Beginn des 19. Jahrhunderts aufwächst! Anmutig und anschmiegsam könnte diese junge Aurora sein, zart und zerbrechlich und gerade so kokett, wie es die gesellschaftlichen Spielregeln erlauben. Doch die Französin Aurore Dupin erfüllt keine dieser Eigenschaften. «Man hielt mich für sehr bizarr», beschreibt sie später ihre Jungmädchenjahre. «Meine zarten Knochen waren abgehärtet. Mein Wille hatte die Kraft erlangt, körperliche Ermattung zu besiegen. Weder die alberne Putzsucht noch der Wunsch, allen Männern zu gefallen, beherrschten meinen Sinn.» Die sechzehnjährige Aurore, die bei ihrer Großmutter auf dem Landgut Nohant im Berry, südlich von Paris, lebt, hat sich nicht ohne Grund so «bizarr» entwickelt. Als Vierjährige verlor sie ihren Vater, den Oberst Dupin. Die Großmutter Dupin, die ihre Schwiegertochter ablehnte, nahm die kleine Aurore zu sich. 1817 schickte sie ihre dreizehnjährige Enkelin in das Kloster der Englischen Augustinerinnen in Paris, damit sie sich eine angemessene Bildung und standesgemäße Umgangsformen aneigne. Knapp drei Jahre lang lebte «Zögling Aurore» nach klösterlichen Grundsätzen:
«Jeden Tag werde ich zu einer bestimmten Stunde aufstehen... dem Schlafe nur die Zeit gewähren, die zur Aufrechterhaltung meiner Gesundheit notwendig ist, und niemals aus Trägheit im Bett bleiben... Ich werde sorgfältig vermeiden, mich nutzlosen Träumereien und fruchtlosen Gedanken zu überlassen, und mich niemals an Phantasiebildern ergötzen, über die ich erröten müßte, wenn man sähe, was in meinem Herzen vor sich geht... Ich werde stets vermeiden, mit Personen des anderen

Geschlechts allein zu sein... Sollte man mir irgendeinen Antrag machen, geschehe es auch in der ehrenwertesten Absicht, so werde ich davon alsbald meine Eltern in Kenntnis setzen.»
Da die Mädchen im Internat unter strenger Aufsicht lebten, hatten sie ohnehin keine Möglichkeit, «mit Personen des anderen Geschlechts allein zu sein.» Aurore entwickelte sich unter dem Einfluß des Klosterlebens zu einem schwärmerischen jungen Mädchen, das die Bibel und das Leben der Heiligen und Märtyrer studierte und den intensiven Wunsch hatte, Nonne zu werden.

Mit solchen Auswirkungen allerdings hat Großmutter Dupin nicht gerechnet. Als sie von diesem Vorsatz Aurores hört, holt sie sie unverzüglich aus dem Kloster. Im Februar 1820 kehrt Aurore nach Nohant zurück. Das übermäßig behütete, nach strengsten Regeln erzogene Mädchen erlebt plötzlich eine Freiheit und Unabhängigkeit, die Aurore selbst «bizarr» vorgekommen sein muß. Eben noch mußte sie sich hochgeschlossen kleiden und durfte keinen Schritt allein gehen. Jetzt kümmert sich niemand mehr um sie: «In allen Dingen war ich mir selbst überlassen.» Die Großmutter kränkelt. Der Hauslehrer Dechartres, der bislang nur Knaben erzogen hat, rät Aurore, sich wie ein Mann zu kleiden. Sie zieht «Männerrock, Mütze und Gamaschen» an und begleitet ihn, wenn er auf die Jagd geht. «Was mich betrifft, so fand ich meine neue Kleidung viel angenehmer zum Herumstreifen als meine gestickten Röcke, die in Fetzen an allen Büschen hängen zu bleiben pflegten», wird sie später über diese Zeit schreiben – und sich weiterhin in Hosen zeigen, wenn ihr das Möglichkeiten erschließt, auf die sie sonst verzichten müßte. Sie wird die Großstadt Paris in Stiefeln und Männerkleidung durchstreifen, neugierig und wissensdurstig. Sie wird im Theater, in Kabaretts, Museen und Cafés im Männerkostüm sitzen – weil sie damit, ohne Aufmerksamkeit zu erregen und ohne auf Begleitung angewiesen zu sein, überall hin kann, wohin sie will. In dieser Aufmachung nämlich hält man sie für einen jungen Studenten. «Nichts wird mich daran hindern, das zu tun, was ich tun muß und tun werde», schreibt sie. «Ich pfeife auf die Vorurteile, wenn mein Herz mir Gerechtigkeit und Mut gebietet.» Und: «Ich kümmere mich wenig um die Welt.» Ja, sie hat zu schreiben begonnen. Unter ihrem Kopfkissen verbirgt sie ihre ersten Skizzen. Sie ist siebzehn Jahre alt, als sie aufschreibt: «Der

Gerechte hat im Sittlichen kein Geschlecht: er ist Mann oder Frau, gemäß dem Willen Gottes, aber sein Gesetz ist stets das gleiche, ob er nun Armeegeneral oder Familienmutter ist.» Und weiter notiert sie: «Da das innerste Gewissen der einzige Richter ist, halte ich mich für völlig befugt, es an Vorsicht fehlen zu lassen, falls es mir gefällt, allen Tadel und alle Verfolgungen zu erdulden, die gefährliche und schwierige Aufgaben nach sich ziehen.»

Als Aurores Großmutter stirbt, erbt die Siebzehnjährige das Landgut Nohant und ein Privathaus in Paris, das Hôtel Narbonne. «Du verlierst deine beste Freundin», ist der letzte Satz, den Aurores Großmutter kurz vor ihrem Tod zu der Enkelin sagt. Dechartres, der schrullige Hauslehrer, überredet Aurore zu einer merkwürdigen Zeremonie. Bevor die Großmutter beerdigt wird, soll Aurore mit ihm zum Grab ihres Vaters gehen, den Sarg öffnen und sein Skelett küssen. Sie findet das «ganz in der Ordnung» und «durchaus nicht sonderbar». Nein, Aurore fürchtet tatsächlich auch gefährliche und schwierige Aufgaben nicht. Um so erstaunlicher erscheint es, daß sie sich, noch keine achtzehn Jahre alt, ganz konventionell verheiratet und – gleichsam über Nacht – ihre geistige Arbeit aufgibt. Und zwar, das behauptet sie jedenfalls, «ohne das geringste Bedauern». Aurore heißt jetzt Madame Dudevant und wird, pünktlich neun Monate nach ihrer Hochzeit, Mutter eines Sohnes. Ist Madame Dudevant glücklich? Einige Monate lang, das sicher. Aber dann... Es stellt sich heraus, daß die Eheleute kaum gemeinsame Interessen haben. Überdies kommt die junge Frau allmählich dahinter, wie wenige Rechte sie in der Ehe hat. Es wird noch ein paar Jahre dauern, bis sie in ihren Romanen für die freie Liebe kämpfen und die Schranken einer liebesleeren Ehe verwerfen wird. Aber die Gedanken und Gefühle, die sie später zu Papier bringt, setzen sich jetzt in ihrem Kopf fest. «Überspannt und verstiegen» nennt Casimir Dudevant seine Frau Aurore. Schlimmer noch: In einem Päckchen, das er in seinem Sekretär aufbewahrt, hinterläßt er ihr als «Testament» ein dickes Bündel schlimmster Verwünschungen. Als Aurore es findet und liest, steht ihr Entschluß fest. Sie wird nicht einen Tag länger mit diesem Mann zusammenleben: «Bei Gott! Welch ein Testament! Verwünschungen, weiter nichts! Er hatte darin alle seine Anwandlungen von Mißgelauntheit und Zorn gegen mich zusammengetragen, alle seine Gedanken über *meine Perversität*, alle Gefühle der Verachtung wegen meines Charakters ... Diese Lektüre hat mich endlich aus dem Schlaf gerissen!» Eine eigene Rente von dreitausend Francs jährlich fordert Madame Dudevant von ihrem Mann. Sie will sechs Monate des Jahres in Paris verbringen, die übrige Zeit in Nohant. Das alles ab sofort und ohne jede weitere Diskussion. Sie tritt ihm so entschieden gegenüber, daß ihm gar nichts anderes übrigbleibt, als in ihre ungewöhnlichen Forderungen einzuwilligen.

Paris 1831: Nach neun erdrückenden Ehejahren findet Aurore zu sich selbst zurück. Im selbstgenähten Männerkostüm, mit festen, eisenbeschlagenen Stiefeln, läuft sie von einem Ende der Stadt zum anderen: «Mir war zumute, als könnte ich so die Reise um die Welt beginnen. Meine Kleidung hatte nun nichts mehr zu scheuen; ich konnte bei jedem Wetter, zu jeder Tageszeit ausgehen... Niemand beachtete mich oder ahnte meine Verkleidung, weil ich das Kostüm, dessen Einfachheit jeden Verdacht entfernte, mit größter Sicherheit trug.» Aurore Dudevant – noch heißt sie so – wohnt in Paris in einer Mansardenwohnung zusammen mit dem jungen Schriftsteller Jules Sandeau. Beide schreiben gemeinsam an einem Buch, das den Titel *Rose et Blanche* trägt und unter dem Namen J. Sand veröffentlicht wird. Einmal bekommt Aurore Besuch von ihrer Schwiegermutter, und es entspinnt sich folgender Dialog:

Madame Dudevant senior: «Ist's wahr, daß Sie die Absicht haben, Bücher *zu drucken*?» – «Ja, Madame.» – «Ah, das ist ja eine drollige Idee!» – «Ja, Madame.» – «Nun, das ist recht gut und schön, ich hoffe aber, daß Sie den Namen, den ich trage, nicht auf die *Deckel gedruckter Bücher* setzen!» – «Oh, gewiß nicht, Madame, besorgen Sie nichts.»

Die «Schande», den Namen Dudevant auf einem Buchdeckel lesen zu müssen, tut Aurore ihrer Schwiegermutter nicht an. Also beginnt sie ihre Laufbahn als Schriftstellerin unter einem selbstgewählten Pseudonym. Sie nennt sich *George Sand*.

Begleiten wir sie noch ein wenig bei ihren ersten Schritten in die Welt der Literatur. Was geschieht, wenn zu Beginn des vorigen Jahrhunderts eine junge Frau vom Schreiben leben will? Sie sucht Kontakte, erhofft sich Protektion. Das hätte ein junger Mann auch getan. Was Aurore Dudevant erlebt, wäre einem unbekannten Schriftsteller männlichen Geschlechts jedoch niemals passiert. George Sand berichtete später von zwei typischen Erlebnissen. Sie kommt zu einem gewissen Herrn de Kératry, einem bretonischen Edelmann und Romanschriftsteller. «Ich werde offen sein», begrüßt er sie, «eine Frau soll nicht schreiben... Nehmen Sie meinen Rat an: machen Sie keine Bücher, setzen Sie Kinder in die Welt!» Sie antwortet darauf, laut auflachend: «Aber ich bitte Sie, mein Herr, befolgen Sie selber dieses Rezept!»

Eine ähnliche Erfahrung macht sie mit dem Schriftsteller Henri de Latouche, dem sie ein Manuskript zu lesen gibt. Er guckt sich das in aller Ruhe an, um sich anschließend zu erkundigen: «Haben Sie Kinder, Madame?» – «Leider ja! Aber ich kann sie weder zu mir nehmen, noch zu ihnen zurückkehren.» – «Und Sie gedenken, in Paris zu bleiben und sich mit Ihrer Feder den Lebensunterhalt zu verdienen?» – «Ich muß es unbedingt.» – «Das ist unangenehm, denn ich sehe darin keine Erfolgsmöglichkeiten. Glauben Sie mir: Das beste ist, Sie gehen wieder zu Ihrem Manne zurück.»

Latouche übrigens, der ihr in der eben geschilderten Szene so ablehnend gegenübertritt, wird im Lauf der Zeit einer der besten Freunde und Förderer der George Sand. Er, Herausgeber der satirischen Zeitschrift *Figaro*, läßt sie in seinem Redaktionsstab mitarbeiten. Das gibt ihr die Chance, zu lernen und gleichzeitig Geld zu verdienen.

«Die Journale sprachen mit Lob von *Herrn George Sand*. Sie bemerkten, es möge hier und da eine Frau die Hand im Spiele gehabt haben, um dem Verfasser seine Züge des Herzens und Geistes zu enthüllen. Aber sie erklärten, Stil und Urteil seien viel zu männlich, um nicht von einem Mann herzurühren.»

So schildert George Sand in der *Geschichte meines Lebens* die Reaktion der Presse auf ihren ersten allein verfaßten Roman *Indiana* (1832).

Es ärgert sie übrigens nicht im geringsten, daß ihr Stil und ihr Urteil als «typisch männlich» gerühmt werden. Wichtig ist ihr allein die Tatsache, daß sie mit ihrem Buch Erfolg hat, umwerfenden Erfolg. Balzac, der sie persönlich kennt, feiert sie als ein «großes Talent», und der Schriftsteller und Kritiker Sainte-Beuve teilt ihr mit: «Man muß schon sagen, Madame, Sie sind ein wirklich seltenes und starkes Geschöpf.»

Die Frauengestalten in den ersten Romanen der George Sand erstreben die Befreiung aus den Fesseln einer bürgerlichen Ehe. Vielen ihrer Leser mag das «pikant» vorgekommen sein

– ging es doch auch darum, Vergleiche zwischen den Romanfiguren und der Autorin zu ziehen. In *Lélia* (1833) stellt George Sand sich selbst dar. Auch mit diesem Buch hat sie einen erstaunlichen Erfolg, obwohl es als «unmoralisch» gilt. George, die Autorin mit dem männlichen Pseudonym, entlarvt die Unaufrichtigkeit, die oftmals in den Beziehungen zwischen Mann und Frau herrscht. Wenn sie schreibt, gelingen ihr mühelos lange Erzählungen. Sie muß sich nicht quälen. Im Verlauf einer Nacht schreibt sie bis zu dreißig Seiten herunter. Und sobald sie ein Buch beendet hat, beginnt sie, an einem neuen Roman zu arbeiten. In einem Briefwechsel, den George Sand 1866 mit dem Schriftsteller Gustave Flaubert führt, schildert sie, wie ihr die Sätze nur so aus der Feder fließen. Und Flaubert, der nächtelang nach einem einzigen Wort sucht, stimmt ihr zu: «Die Einfälle fließen bei Ihnen reichlich und unablässig dahin wie ein Strom. Bei mir ist es ein dünnes Gerinnsel. Ich muß kunstvolle Arbeiten verrichten, um einen Wasserfall zu erlangen.»

Ohne diesen Überschuß von Energie, der ihr zeit ihres Lebens bleibt, hätte George Sand ihren vielen verschiedenen Rollen gar nicht gerecht werden können. Sie ist: Schriftstellerin, und das mit Leidenschaft. Sie ist: Geliebte und Gefährtin der berühmtesten Männer Frankreichs im 19. Jahrhundert. Und: Sie ist Mutter – eine Tatsache, die sie von den meisten anderen Schriftstellerinnen unterscheidet. Im Frühjahr 1832 hat George Sand ihr zweites Kind, die dreieinhalbjährige Solange, zu sich nach Paris geholt.

Noch ist sie mit Casimir Dudevant verheiratet; erst 1836 wurde sie von ihm geschieden. Dennoch lebte sie nicht allein. Sie – dies ist ein Zitat aus dem Neuen Brockhaus – «lebte nach ihrer Scheidung in leidenschaftlichen Liebesverhältnissen mit Alfred de Musset und Frédéric Chopin». Natürlich sind diese «Affären» (die übrigens bereits *vor* ihrer Scheidung begannen) aus George Sands Biographie nicht wegzudenken. Und es gibt wohl kaum ein Liebesverhältnis, über das so viel geschrieben wurde wie über das Paar Sand/Musset. Selbst in ganz sachlichen Literaturgeschichten tauchen die beiden Dichter als «Prototyp des romantischen Liebespaares» auf. Musset, 22 Jahre alt, Dichter des Weltschmerzes, der damals auch in Paris Mode war (angeregt durch die Übersetzungen von Goethes «Werther»), lernt die neunundzwanzigjährige George Sand kennen.

Gemeinsam reisen sie nach Venedig. Stürmische Auseinander-
setzungen schon unterwegs. Versöhnungen. Eifersuchtsszenen.
Musset erkrankt. Sand verliebt sich in den italienischen Arzt,
der ihn behandelt. Musset reist allein nach Paris zurück. Sand
folgt einige Wochen später – in Begleitung des Arztes. Neue
Versöhnungen. Dann endgültiger Bruch.

Dies Liebesdrama gab Stoff für eine Reihe von Büchern. Als
erster schildert Alfred de Musset seine unglückliche Liebe in
der *Beichte eines Kindes unserer Zeit* (1836). George Sand antwortet darauf mit dem Roman *Sie und er (Elle et lui)*. Jetzt
meldet sich auch Paul, der Bruder Alfreds, zu Wort und veröffentlicht *Er und sie (Lui et elle)*. Und dann hat auch noch Louise
Colet, Schriftstellerin und ehemalige Freundin Mussets, etwas
dazu zu sagen: *Er (Lui)* nennt sie kurz und bündig ihren
Roman.

George Sands bewegtes Leben, ihre vielfältigen Beziehungen
zu den Prominenten ihrer Zeit können in der Tat Bände füllen.
Doch eines wird dabei meistens übersehen: George Sand war
auch Mutter, und sie nahm diese Aufgabe sehr ernst. Sobald sie
als Schriftstellerin genug verdiente, nahm sie ihre kleine Tochter, später dann auch den älteren Sohn, zu sich. Da es – bis
heute – nur wenige Schriftstellerinnen gibt, die Kinder haben
und im Alltag mit ihnen zusammenleben, ist es interessant zu
hören, wie George Sand vor rund 150 Jahren mit dieser «Dop-
pelbelastung» fertig wurde. Sie berichtet, daß sie am Tag mit
ihrer kleinen Tochter im Luxembourg-Park spazieren ging und
erst abends, wenn die Kleine schlief, zum Schreiben kam. Sie
kennt auch das typische schlechte Gewissen aller berufstätigen
Mütter: «Wenn ich mit meinen Kindern zusammen war,
wünschte ich, nur für sie und mit ihnen zu leben. Und wenn
meine Freunde zu mir kamen, warf ich mir vor, daß ich sie nicht
oft genug sah und zuweilen in ihrer Mitte zerstreut war. Es
schien mir, als ob das wahre Leben an mir vorüberginge wie ein
Traum und die imaginäre Welt des Romans sich mit quälender
Wirklichkeit auf meine Seele lagerte.»

Mit ihren beiden Kindern und dem Komponisten Frédéric
Chopin verlebt George Sand den Winter 1838/39 auf der Insel
Mallorca. Sie hat später einen ausführlichen, sehr lebendigen
Bericht über diese «Familienreise» geschrieben *(Ein Winter auf
Mallorca)*, ein Text, der immer wieder neu aufgelegt wird. Auf
die strenggläubigen Mallorquiner müssen die vier Reisenden

geradezu furchterregend gewirkt haben. George und ihre Tochter trugen Hosen. Chopin, schwer lungenkrank und schon allein deswegen verdächtig, lebte vor den Augen der Kinder im Konkubinat mit George Sand. Und außerdem ging keiner der vier je in die Kirche. Stattdessen klettert George, die vierunddreißigjährige Familienmutter, tollkühn über die Felsen, schimpft über Ungeziefer im Bett, flucht über Skorpione in der Suppe – und schildert das alles später in ihrem witzigen, farbigen Reisebericht, der heute noch ebenso reizvoll zu lesen ist wie vor 150 Jahren.

Sie hat noch viele Reisen in ihrem Leben unternommen und geschrieben: «Die Kunst zu reisen, ist fast die Wissenschaft des Lebens. Ich rühme mich dieser Wissenschaft des Reisens.» Staubig, sonnenverbrannt, mit wirren Haaren erforscht sie die Gegend und amüsiert sich darüber, daß man sie für einen «Seiltänzer» hält. Eine unbändige Kraft steckt in ihr. Wie sie ihre Freiheit gegenüber ihrem Mann verteidigt hat, so verteidigt sie sie auch gegenüber ihren Geliebten. Zeitgenossen wie der Dichter Honoré de Balzac billigen ihr zu, sie habe «alle bedeutenden Charakterzüge des Mannes». Überhaupt wird sie häufig mit Männern verglichen. Das allerdings bedeutet nicht, daß ihre Leistungen auf literarischem Gebiet als gleichberechtigt anerkannt würden.

So hat sie zum Beispiel in die Académie Française keine Aufnahme gefunden, obwohl sie eine berühmte Romanschriftstellerin war. Diese Ehre wurde nur Männern zuteil. Und wie reagierte George Sand darauf? Sie habe Achtung vor dieser Einrichtung und erkenne das Talent der Mitglieder an, schrieb sie. Dennoch habe sie kein Bedürfnis, sich einer Institution anzuschließen, die sie als veraltet und nicht zeitgemäß ansehe. Natürlich war ihr klar, daß ihr kaum jemand solche Äußerungen abnahm. «Diese Trauben sind ihr zu sauer», das ahnte sie, würden viele Leute sagen. Und George darauf: «Keineswegs. Diese Trauben sind bereits überreif.» (Es ist im übrigen genau 102 Jahre nach George Sands Tod erstmalig eine Frau für die Académie Française nominiert worden: die Schriftstellerin Marguerite Yourcenar.)

George Sand stirbt mit 72 Jahren und wird in Nohant beerdigt – dort, wo sie als junges Mädchen ohne Zwänge und Konventionen «bizarr» aufgewachsen ist. Zu ihrer Trauerfeier kommen bedeutende Schriftsteller Frankreichs, Gustave Flaubert,

Ernest Renan und Alexandre Dumas; die (pompös formulierte) Grabrede hat Victor Hugo verfaßt. Gustave Flaubert, der in George Sands letzten Jahren viele Gedanken und Briefe mit ihr austauschte, ist einer der wenigen, die versuchten, ihr wirklich gerecht zu werden. «Ich habe bei ihrem Begräbnis geweint wie ein Kind», hat er an den russischen Schriftsteller Iwan Turgenjew im Juni 1876 geschrieben. «Man mußte sie so kennen, wie ich sie gekannt habe, um zu wissen, welch ungeheuer weibliches Gefühl in diesem bedeutenden Menschen war – und welch ungeheure Zärtlichkeit sich in diesem Genius befand.»

Zum Weiterlesen:

George Sand: *Geschichte meines Lebens.* Auswahl aus ihrem autobiographischen Werk von Renate Wiggershaus. Frankfurt a. M. 1978.

George Sand: *Indiana.* Roman, München 1980.

George Sand: *Lélia.* Roman. München 1981.

George Sand: *Ein Winter auf Mallorca.* München 1979.

André Maurois: *Dunkle Sehnsucht. Das Leben der George Sand.* München 1953.

Ginka Steinwachs: *George Sand, eine frau in bewegung, die frau von stand.* Berlin 1980.

George Sand: Leben und Werk im Bild. Hg. von Gisela Spies-Schlientz. Frankfurt a. M. 1982.

Renate Wiggershaus: *George Sand.* Reinbek bei Hamburg 1982.

Harriet Beecher Stowe in ihrer Zeit

1833	Aufhebung der Sklaverei im britischen Reich.
1847	Hamburg–Amerika–Linie wird gegründet.
1850	In den USA gibt es 3,2 Millionen Negersklaven (bei 23 Millionen Einwohnern).
1851	*The New York Times* wird gegründet.
1852	*Onkel Toms Hütte* von H. Beecher Stowe erscheint.
1852	Im selben Jahr schreibt Annette von Droste-Hülshoff katholisch-religiöse Gedichte *Das geistliche Jahr*, und Theodor Storm veröffentlicht *Immensee*.
1854	Gründung der Republikanischen Partei in den USA, mit Programm gegen Sklaverei.
1860	Abraham Lincoln, als Republikaner Gegner der Sklaverei, wird Präsident der USA.
1865	Ende des Bürgerkrieges in den USA mit Sieg der Nordstaaten. Abschaffung der Sklaverei. Ermordung des Präsidenten Lincoln.

«Frauen sollen jede Begabung nutzen, die ihnen von Gott und der Natur mitgegeben wurde»

Harriet ist ein «Problemkind». Sie ist unruhig, schneidet Grimassen in den unpassendsten Augenblicken, wirkt oft ganz geistesabwesend und hat eigentlich nur eine gute Eigenschaft: Sie liest gern in der Bibel und kann seitenlang Texte aus der Heiligen Schrift auswendig hersagen. Das freut ihren Vater, den Pastor und orthodoxen Calvinisten Lyman Beecher. In puritanischer Zucht will er seine große Kinderschar – Harriet hat fünf ältere und zwei jüngere Geschwister – erziehen. Die Beechers leben im nordamerikanischen New England. Harriet ist knapp fünf Jahre alt, als sie ihre Mutter verliert. Von nun an steht sie ganz unter dem Einfluß ihres Vaters, der unbedingten Gehorsam verlangt, Selbstverleugnung und Disziplin. Harriet, die schon mit sechseinhalb Jahren fließend lesen konnte, stiehlt sich oft fort in eine Traumwelt: immer dann nämlich, wenn sie Gedichte liest. «Ich schwärmte für Gedichte, und es war mein Traum, selbst zu dichten», erinnert sie sich als Erwachsene an ihre Jugendjahre. Oft muß ihr damals ihre Schwester Catherine, die elf Jahre älter ist als sie, als Vorbild hingestellt worden sein. Catherine verdient ihren Lebensunterhalt als Lehrerin und nimmt auch die kleine Schwester unter ihre Fittiche. In der «Hartford Female Academy», wo Catherine unterrichtet, lernt Harriet Latein, Italienisch und Französisch. Außerdem muß sie schon als Fünfzehnjährige an jüngere Kinder ihr gerade neu erworbenes Wissen weitergeben; unter Catherines Anleitung arbeitet sie als Hilfslehrerin. Gern? «Ich fühle mich so nutzlos, so schwach, ganz ohne Energie», schreibt die junge Harriet Beecher in einem Brief. «Am liebsten möchte ich jung sterben.» Doch sie ist strenggläubig erzogen und kann solche Gedanken nicht zulassen. Also grübelt sie weiter: «Es

kann doch nicht sein, daß ich umsonst lebe – Gott hat mir Talente gegeben, und die will ich IHM zu Füßen legen, und ich werde zufrieden sein, wenn ER sie annimmt. ER kann alle meine Kräfte verstärken. ER hat mein Wesen gemacht, und er kann mich lehren, meine Fähigkeiten zu erkennen und auszuüben.» Das sagt sie als Sechzehnjährige. Und diese Sätze bleiben für sie typisch ihr Leben lang. Mit Schönheit, davon ist sie überzeugt, hat Gott sie nicht gesegnet. Sie findet ihre Nase viel zu lang und ihren Kopf viel zu groß. Zeitgenossen berichten, daß ihre Gesichtszüge einen fast dümmlichen Ausdruck zeigten, wenn sie geistesabwesend vor sich hinstarrte. Hinzu kommt noch, daß sie als junges Mädchen zwar intensiv zuhört, aber wenig spricht. Und wenn, dann so unerwartet und scharf, daß jeder in ihrer Umgebung zusammenzuckt. Sie gilt als «homely». Und das bedeutet: Sie ist keine Schönheit, und sie hat keinen Charme. Folglich stellen sich auch keine Verehrer ein. Damit wird sie sich abfinden müssen. Immerhin kann sie ja von ihrem Einkommen als Lehrerin leben, und Zeit zum Träumen bleibt ihr dabei auch noch. Sie beginnt, Bücher für Kinder zu schreiben. Das ist sinnvoll und könnte ihr schmales Lehrerinnengehalt ein bißchen aufbessern. Aber dann diese Enttäuschung: Catherine, die große, so viel klügere und schönere Schwester, stellt Harriet Beecher bei ihrer ersten Buchveröffentlichung in den Schatten. Als Harriet am 8. März 1833 die Tageszeitung aufschlägt, findet sie darin eine Vorankündigung *ihres* Buches. Diese Ankündigung:
A New Geography For Children, by Catherine E. Beecher.
Das Erdkundebuch für Kinder, das Harriet geschrieben hat, wird als Werk ihrer Schwester angepriesen. Wie konnte es dazu kommen? Hat Catherine Beecher, die seinerzeit viel bekannter war als Harriet, den Verleger darum gebeten? Oder hat der Verleger ganz kühl überlegt, daß er ein besseres Geschäft machen würde mit dem Namen einer gestandenen Lehrerin? Wie auch immer – Harriet ist tief verletzt. Ein paar Wochen später unternimmt sie eine Reise nach Kentucky. Eine Lehrer-Kollegin, Mary Dutton, hat sie dazu überredet. Es wird eine Reise, die im wahrsten Sinne des Wortes «unvergeßlich» wird für Harriet Beecher. Noch ahnt sie davon natürlich nichts. Doch lassen wir hier die Kollegin zu Wort kommen, die fast zwei Jahrzehnte später Harriet Beecher Stowes berühmtes Buch *Onkel Toms Hütte* las und sich schlagartig dabei an jene

Fahrt nach Kentucky erinnerte: «Harriet wirkte damals so, als würde sie überhaupt nicht merken, was um sie herum geschah. Sie saß die meiste Zeit da, als wäre sie in ihre Gedanken versunken. Als die Neger uns dort komische Sachen vorführten, Luftsprünge machten, schien es so, als würde sie nicht hingucken. Später, als ich *Onkel Toms Hütte* las, habe ich eine Szene nach der anderen, die sich auf dieser Reise ereignete, wiedererkannt, so naturgetreu beschrieben, daß ich plötzlich wußte: Hier ist das Material für diese Geschichte gesammelt worden.»

Vorerst kehrt Harriet, den Kopf voller widersprüchlicher Eindrücke und Erfahrungen, in ihr ungeliebtes Lehrerinnen-Dasein zurück. Sie entdeckt im August 1833 im *Western Monthly Magazine* den Aufruf zu einem Erzählwettbewerb. Sie, die ihren Traum, «selbst zu dichten», nicht verdrängt hat, stellt sich der Jury. Sie schickt eine Erzählung ein, die *Uncle Lot* heißt. Harriet gewinnt den ersten Preis. Ihre Story wird im April 1834 in dem Magazin gedruckt – 1843, also neun Jahre später, erscheint sie in dem Band *Mayflower*.

Im Grunde könnte sie es jetzt, nach diesem Erfolg, wagen, sich auf ihre schriftstellerischen Fähigkeiten zu verlassen und aus dem Schreiben einen Beruf zu machen. Aber Harriet Beecher geht einen anderen Weg. Sie, die schon längst als alte Jungfer galt, heiratet im Januar 1836. Ihr Mann, Calvin Ellis Stowe, ist Theologe wie ihr Vater und wie ihre sechs Brüder. Sie bekommt sieben Kinder, nein: eigentlich acht, denn auch ihren Mann, der unter Depressionen leidet, «bemuttert» sie. Selten genug kommt sie in diesen Jahren zum Schreiben. «Soll ich mich literarisch betätigen, so brauche ich ein besonderes Zimmer», steht in einem Brief, den sie 1842 an ihren Mann schickt. «Im letzten Winter hatte ich in der Kinderstube keine Ruhe. Unsere Kinder kommen gerade jetzt in ein Alter, da sie meine Aufsicht nicht entbehren können. Habe ich unter solchen Umständen wohl das Recht, meine Gedanken zwischen ihnen und der Schriftstellerei zu teilen?» An einer anderen Stelle heißt es: «Im Moment gibt es keinen Platz im Haus, wo ich mich ungestört aufhalten könnte. Wenn ich mich zurückziehe und meine Tür abschließe, rüttelt mit Sicherheit in der nächsten Viertelstunde irgend jemand an der Türklinke.» Die Stowes müssen mit wenig Geld auskommen. Ermüdende Hausarbeiten, ständiges Rechnen mit dem knappen Wirtschaftsgeld, die Sorgen um die Kinder – dabei verschleißt sich Harriet allmählich. An einem «dunklen, matschigen, verregneten, trüben, scheußlichen Tag» im Jahr 1845 schreibt die Mutter und Hausfrau Mrs. Stowe: «Ich bin krank von dem Geruch nach saurer Milch und saurem Fleisch und allem Sauren, und die Kleider trocknen einfach nicht, und alle nassen Sachen trocknen nicht, und alles riecht schimmelig; überhaupt habe ich das Gefühl, als würde ich nie wieder etwas essen wollen.» Nach der Geburt ihres fünften Kindes ist sie monatelang krank. Jetzt wird ihr eine «Wasserkur» in Brattleboro, Vermont, verordnet. Sie muß Sitzbäder nehmen und Eisduschen, und als sie nach all diesen Prozeduren nach Hause zurückkehrt, wird sie zum sechstenmal schwanger. Kaum hat sie sich von dieser Geburt erholt, wütet in ihrer Stadt die Cholera. Harriet verliert ihr jüngstes Kind. Im übrigen geht es der Familie Stowe finanziell immer schlechter. 1850, in dem Jahr, als Harriets siebtes und letztes Kind zur Welt kommt, beginnt sie, trotz aller familiären Belastungen, wieder «mitzuverdienen». Sie unterrichtet englische Geschichte und schreibt Beiträge für Zeitschriften. 1850 – dieses Jahr bringt eine entscheidende Wende in ihr Leben. Gerade ist der «Fugitive Slave Act» in Kraft getreten. Nach diesem Gesetz sind die Bürger der Nordstaaten verpflichtet, entlaufene Sklaven an ihre früheren Besitzer wieder auszuliefern. Andernfalls machen sie sich strafbar. In Harriets Verwandtschaft wird heftig über dieses unmenschliche Gesetz diskutiert. Sie und ihr Mann Calvin jedenfalls richten sich nicht danach. Calvin versteckt eine Farbige, die von einer Plantage in Kentucky geflohen ist und gesucht wird. Was könnte man denn noch mehr tun? Sklaverei hat etwas mit Politik zu tun. Und Politik ist Männersache. So denkt Harriet Beecher Stowe. Bis sie eines Tages einen Brief von ihrer Schwägerin aus Boston bekommt. «Hattie!» schreibt ihr die Frau ihres Lieblingsbruders Henry Ward Beecher, «wenn ich so mit der Feder umgehen könnte wie du, dann würde ich etwas schreiben, das der ganzen Nation ins Bewußtsein bringt, was für eine schändliche Angelegenheit die Sklaverei ist.» Harriets Kinder erinnerten sich später daran, daß sie ihnen diesen Brief vorlas und sagte: «Ja. Ich werde etwas schreiben.»

Noch hat sie ihren Jüngsten, den Säugling Charles Edward, nachts bei sich im Zimmer. Noch bleibt ihr nur wenig Zeit, ihren Plan auszuführen. Aber in «Tagträumen» versenkt sie sich während ihrer Alltagspflichten mehr und mehr in ihr

Thema. Sie kennt Neger seit den Tagen ihrer Kindheit. Ihr Vater hatte unter seinen Dienstboten auch Schwarze. Einen großen Teil ihrer Jugend verbrachte sie in Cincinnati, an der Grenze des Sklavengebietes. Überdies war das Seminar ihres Vaters ein Zentrum der Opposition gegen die Negersklaverei. Und die Erinnerungen an ihre Reise nach Kentucky sind in ihr noch so lebendig, als sei das nicht schon fast zwanzig Jahre her...

«Ich werde schreiben, wie ein Maler malt. Ich werde Bilder schaffen. Bilder beeindrucken. Gegen Bilder kann man nicht argumentieren.» Mit diesem Vorsatz geht Harriet Beecher Stowe an ihr Werk. Vorerst bleibt ihr nur nachts Zeit zu schreiben. Doch sie schreibt «mit Herzblut». Sie ist davon überzeugt: «Eine Geschichte muß kommen und wachsen wie eine Blume.» Darin ähnelt sie dem englischen Dichter John Keats, der sagte: «Eine Dichtung muß so natürlich wachsen wie Blätter an einem Baum.»

Fünfundzwanzig Jahre später erinnert sie sich in einem Brief an ihren jüngsten Sohn, wie *Onkel Toms Hütte* entstand: «Mir brach fast das Herz vor Jammer über die Grausamkeit und das Unrecht, welche von unserem Volk an den Sklaven begangen wurden... Manche Nacht, während Du an meiner Seite schliefst, vergoß ich heiße Tränen, wenn ich an die armen Sklavenmütter dachte, denen ihre Kleinen entrissen wurden.»

Im Frühjahr 1851 ist das erste Kapitel ihrer Erzählung fertig. Sie liest es ihrer Familie vor und schickt es dann an die angesehene Zeitung *National Era* in Washington. Die Redaktion schlägt ihr vor, daraus einen Fortsetzungsroman zu machen, der drei Monate lang erscheinen soll.

Doch der Roman macht sich selbständig. Onkel Toms Hütte *füllt zehn Monate lang die National Era*. Die Verfasserin bekommt ganze 300 Dollar für ihre Arbeit – genau die Summe, die ihr ursprünglich für einen Drei-Monats-Vertrag zugesichert worden war. Doch das scheint sie nicht zu empören. Denn ihre Arbeit ist für sie eine «Gottesaufgabe»: «Ich betete zu Gott, daß er mir helfen solle, damit fertigzuwerden.» Immer wieder schreiben ihr Leser, sie möge noch mehr von jeder einzelnen Person des Romans erzählen – so sehr lebten sie mit den Figuren, die Harriet Beecher Stowe erschuf. Reich aber wird die Autorin vorerst noch nicht. Sie erwägt: «Ich kann wohl jährlich mit meiner Schriftstellerei 400 Dollars verdienen, aber ich möchte dies nicht als Muß betrachten. Wenn ich die Kinder unterrichtet habe, den Kleinen gewartet, Vorräte eingekauft, Kleider ausgebessert und Strümpfe gestopft, so bin ich zu müde, mich noch hinzusetzen und für eine Zeitung zu schreiben.»

Daß eine Buchveröffentlichung ihres Romans ihr noch größeren Ruhm und vor allem auch mehr Geld bringen würde, glaubte Harriet Beecher Stowe nicht. Sie erlebte, daß ein großer Verlag in Boston das Manuskript ablehnte, weil er fürchtete, das Buch könne ihm das Geschäft im Süden verderben. Schließlich fand sich ein junger Verleger bereit, das Risiko einzugehen. Immerhin war der Kampf gegen die Sklaverei sogar im Norden vielfach unpopulär. Harriet Beecher Stowe selbst meinte, ihr Buch werde wegen seiner Objektivität im Norden wenig Anklang finden und im Süden keinen Anstoß erregen. Über den sofortigen ungeheuren Erfolg – in den ersten acht Wochen waren bereits 50 000 Exemplare verkauft – war niemand erstaunter als die Verfasserin. Besonders, da sich gegen die Begeisterung des Nordens ein Sturm der Entrüstung im Süden erhob. Im Januar 1853 war die Auflage von *Onkel Toms Hütte* in den Vereinigten Staaten auf 200 000 angestiegen, und es gab Übersetzungen ins Deutsche und Französische. Das Thema «Negersklaverei» war zum dringlichsten Problem nicht nur der Vereinigten Staaten, sondern der ganzen Kulturwelt geworden.

Harriet Beecher Stowe reist im Jahr 1853 zum erstenmal nach Europa. Englische und schottische Prinzen und Herzöge laden sie als Gast auf ihre Schlösser. Sie wird umjubelt, verehrt, aber auch angegriffen, verletzt. Ihre Gegner werfen ihr vor, sie habe den Zustand der Dinge verzerrt, ihr Roman sei ein «Lügenmärchen». Jetzt veröffentlicht sie ein zweites Buch mit dem umständlichen Titel *Der Schlüssel zu ‹Onkel Toms Hütte›, der die Originaltatsachen und Dokumente vorlegt, auf die sich die Erzählung stützt, sowie ergänzende Erklärungen, die die Wahrheit des Werkes bestätigen.*

Unter den vielen Dokumenten, die sie zusammengetragen hat, sei hier ein «Verkaufsangebot» aus der *Nashville-Gazette* vom 22. Oktober 1852 zitiert:

«Zu verkaufen sind: Mehrere wohlgestaltete Mädchen von 10 bis 18 Jahren, ein Weib von 24 und eine sehr brauchbare

Frau von 25 Jahren mit 3 sehr hübschen Kindern. *Williams Glower»*

Harriet Beecher Stowe hat noch mehr als 30 weitere Werke veröffentlicht. Die Gesamtausgabe ihrer Werke umfaßt 16 Bände. Doch mit keinem ihrer übrigen Bücher hat sie so großen Erfolg gehabt wie mit *Onkel Toms Hütte.*
Vielleicht, so vermutete sie, lag das daran, daß ihr nach ihrem plötzlichen Erfolg eine gewisse Unbefangenheit verlorenging: «Anfangs erwartete niemand etwas von mir. Niemand redete mir drein, und so konnte ich frei drauflos schreiben. Was mich jetzt stört, ist, daß ich als eine Attraktion angekündigt werde – jetzt blicken alle Augen auf mich, und die Menschen erwarten etwas von mir.» Immerhin: Verkaufserfolge wurden alle ihre Bücher.
Nach dem Ende des Bürgerkrieges zwischen den Nordstaaten und den Südstaaten, der zur Aufhebung der Sklaverei führte, übersiedelte die Familie Stowe nach Florida. Harriet Beecher Stowe gehörte in jener Zeit mit zu den Frauen, die sich für das Stimmrecht der Frau einsetzten, und sie schrieb in der Zeitschrift *Hearth and Home* Leitartikel, in denen sie forderte, alle Berufe sollten Frauen offen stehen. Denn: «Frauen sollen jede Begabung nutzen, die ihnen von Gott und der Natur mitgegeben wurde.»
In ihren letzten Lebensjahren – Harriet Beecher Stowe wurde fast 85 Jahre alt – rankten sich allerlei Legenden um ihre Person. So soll der amerikanische Präsident Abraham Lincoln bei einem Treffen zu ihr gesagt haben: «Sie sind also die kleine Frau, die diesen großen Krieg verursacht hat.» Ob dieser Ausspruch stimmt oder nicht: Tatsache ist, daß die Beecher Stowe mit *Onkel Toms Hütte* ein Buch geschrieben hat, das einst Millionen mobilisierte. Wie sie ihre Aufgabe als Schriftstellerin betrachtete, steht in einem Brief, den sie an die englische Erzählerin George Eliot richtete. «Ein Buch», führt sie darin aus, «ist wie eine Hand, die ins Dunkle ausgestreckt wird – in der Hoffnung, daß ihr eine andere Hand begegnet.»

Zum Weiterlesen:

Harriet Beecher Stowe: *Onkel Toms Hütte.* Hg. und mit einem Nachwort versehen von Wieland Herzfelde, Berlin (DDR) 1952 und Frankfurt a. M. 1980.

Forrest Wilson: *Crusader in crinoline. The life of Harriet Beecher Stowe.* London/New York 1941.

Esward Wagenknecht. Harriet Beecher Stowe. The Known and the Unknown. New York 1965.

Fanny Lewald in ihrer Zeit

1789	Leibesübungen werden Schulfach (nur für Knaben).
1796	Johannes Guts Muths, Vorläufer der Turnbewegung, gibt als erster Gymnastikbücher für die Jugend heraus – aber nur für «die Söhne des Vaterlandes».
um 1810	Der Spottbegriff «Blaustrumpf» kommt von England nach Deutschland.
1826	In Berlin «Unter den Linden» gibt es die erste Gasbeleuchtung. (Für Frauen allerdings «schickt es sich nicht», ohne Begleitung auf die Straße zu gehen.)
1831	In Bremen findet die letzte öffentliche Hinrichtung durch das Schwert statt: Gesche Gottfried, Giftmischerin, wird enthauptet.
1841	In Berlin wird der Zoologische Garten eröffnet. (Für Frauen allerdings «schickt es sich nicht», ihn ohne Begleitung zu besuchen.)
1846	In Berlin wird der erste Pferde-Omnibus-Betrieb eröffnet. (Für Frauen allerdings...)
1865	In Berlin gibt es die erste deusche Pferdestraßenbahn. (Für Frauen allerdings...)
1875	In Berliner Mädchenschulen darf von nun auch Turnunterricht gegeben werden.
1889	In Fanny Lewalds Todesjahr fordert Clara Zetkin auf der II. Internationale in Paris die wirtschaftliche Unabhängigkeit der Frau.

«Meine Selbständigkeit war nächst meiner Liebe mein größtes Glück»

Alles dreht sich um den Vater. Anders kann sich die junge Fanny Lewald ein Familienleben nicht vorstellen.
«Jeder im Haus gehorchte dem Vater aufs Wort», berichtet sie in ihrer *Lebensgeschichte*, «unsere Mutter, seine Mitarbeiter im Geschäft, seine Untergebenen und die Dienstboten. Die Mutter nannte den Vater, wenn sie von ihm zu der Dienerschaft sprach, immer nur ‹der Herr!› Und ‹der Herr will es!› ‹der Vater hat es gesagt!› Das waren Aussprüche, welche für das ganze Haus die Unumstößlichkeit eines Gottesurteils hatten.» Einmal zum Beispiel will «der Herr», daß Fanny, die sich gerade bei einem Tanzvergnügen amüsiert, auf der Stelle wieder nach Hause kommt. Der Hausknecht, der sie abholen soll, hat keine Ahnung warum. «Sehr erschrocken und überzeugt, daß meiner Mutter, die damals schon viel kränkelte, etwas zugestoßen sein müsse, eilte ich fort», erzählt Fanny. «In der größten Sorge kam ich die beiden Treppen hinauf und in das Wohnzimmer. Da saß mein Vater ruhig lesend auf dem Sofa, die Mutter mit dem Strickzeug neben ihm, die Geschwister mit ihren Schularbeiten an dem Tische; und ohne mir Zeit zu einer Frage zu lassen, sagte mein Vater mit völliger Gelassenheit: Du hast, als du fortgegangen bist, wieder die Türe aufgelassen; mache die einmal zu!»
Empfindet Fanny eine solche Erziehung als streng und ungerecht?
«Das zu denken, fiel mir gar nicht ein», sagte sie später.
In ihrem «Vaterhaus» (weder sie, noch ihre Zeitgenossinnen, sprachen je von einem «Elternhaus») ist sie die Älteste. Der Vater, ein jüdischer Kaufmann, läßt sie bis zu ihrem vierzehnten Lebensjahr die Schule besuchen. «Nu! Dein Kopf hätt'

auch besser auf 'nem Jungen gesessen!» bekommt das wißbegierige Mädchen dort zu hören. «Nichts ist widerwärtiger und unbrauchbarer als ein gelehrtes, unpraktisches Frauenzimmer», predigt ihr daheim Tag für Tag die Mutter.

Trotzdem entwickelt Fanny sich zu einem «Lesewolf». Beide Eltern wissen: Diese verhängnisvolle Eigenschaft wird den Heiratswert ihrer Tochter mindern. «Ich sollte zuvorkommender, sollte naiver, gelegentlich auch verlegener sein», schreibt Fanny Lewald rückblickend, «denn so wie ich wäre, so ernsthaft und sicher und bestimmt, könne ich den Männern nicht gefallen. Und zu gefallen müsse ich suchen, da sich sonst nicht leicht jemand finden dürfte, der sich ein Mädchen mit so viel unversorgten Geschwistern aus einer nicht bemittelten Familie zur Frau wählen würde.»

Die Verheiratung seiner Töchter war in der Tat eine Notwendigkeit für Fannys Vater. Seine Einkünfte reichten nicht aus, die sechs Mädchen ein Leben lang zu versorgen. Und von einer Erwerbstätigkeit seiner Töchter konnte gar nicht erst die Rede sein – das war unzulässig, ja geradezu anrüchig, in den Moralvorstellungen des bürgerlichen Mittelstandes. Wie verbringt ein junges Mädchen die Zeit, bis der erste Freier auftaucht? Fannys Vater hat einen «Stundenzettel» für seine Älteste aufgestellt, nach dem sie sich – ohne Widerrede – zu richten hat:

Stundenzettel für Fanny Marcus,
entworfen Ende September, gültig bis zur veränderten Jahreszeit und bis andere Lehrstunden eintreten.

Allgemeine Bestimmung:

Des Morgens wird spätestens um 7 Uhr aufgestanden, damit um 7½ Uhr das Ankleiden völlig beendigt sei.

Montag

von 8–9   Klavierstunde. Übung neuer Stücke.

von 9–12   Handarbeit, gewöhnliches Nähen und Stricken.

von 12–1   Nachlesen der alten Lehrbücher, als: Französisch, Geographie, Geschichte, Deutsch, Grammatik usw.

von 1–2½   Erholung und Mittagessen.

von 2½–5   Uhr Handarbeit gleich oben.

von 5–6   Uhr Klavierstunde bei Herrn Thomas.

von 6–7   Uhr Schreibeübung.

	Dienstag				
von 8–9	Uhr Übung neuer Klavierstücke.	von 6–7	Schreibeübung wie Montag.
von 9–10	häusliche Handarbeit.		
von 10–12	Unterricht im Generalbaß.		Mittwoch
von 12–1	gleich Montag.	gleich Montag; von 5–6 Uhr Übung der alten Musikstücke am Klavier.	
von 1–2½	dito.		
von 2–5	dito.		
von 5–6	Übung alter Klavierstücke.	Donnerstag, Freitag und Sonnabend gleich den drei ersten Wochentagen.	

Niemand in der Familie ahnt, was Fanny insgeheim denkt. Eine ihrer Tanten, die eine typische «Versorgungsehe» führt, hat ihr eines Tages gestanden: «Ich wußte, daß ich mein Todesurteil unterzeichnete, als ich mich verheiratete.» Fannys Reaktion darauf: «An jenem Tage, in meinem fünfzehnten Jahre, faßte ich den festen Entschluß, mich nie zu einer Heirat überreden zu lassen, und mich nie anders als aus voller Überzeugung und Liebe zu verheiraten. An jenem Tage entwickelte sich mir zum ersten Male ganz vollständig die Vorstellung, daß das Kind auch seinen Eltern gegenüber Rechte habe. Es entwickelte sich in mir der Begriff meiner angeborenen Selbständigkeit auch meinem Vater gegenüber, den ich vorher nie zu denken gewagt haben würde, und meine Ideen richteten sich damit, wie mit einem Zauberschlage, über die Schranke des Hauses und der Familie weit hinaus in eine eigene Zukunft und in eine weite Welt.»

Eine «eigene Zukunft» also. Ein unerreichbareres Ziel hätte sich die junge Lewald kaum stecken können...

1832: Sie darf ihren Vater auf einer Geschäftsreise begleiten. Für die Einundzwanzigjährige, die noch nie aus ihrer Heimatstadt Königsberg hinausgekommen ist, ein Abenteuer! Aber: «Ich hörte, daß mein Vater mit einem Bekannten davon sprach, wie sehr lieb es ihm sein würde, für mich eine ‹passende Partie› zu finden, und wie er mich zum Teil deshalb mit sich genommen habe. Ich hätte vor Scham und Zorn aufschreien mögen in dem Augenblicke. Ich kam mir wie eine elende Ware vor, die man auf den Markt führte, weil sich zu Hause kein Käufer dafür gefunden hatte.»

Während der Vater allein nach Königsberg zurückkehrt, reist

Fanny mit Breslauer Verwandten in deren Heimatstadt und verbringt dort den Winter 1832/33. Eine Menge neuer Eindrücke stürmen auf sie ein. Zum erstenmal erlebt sie hier, daß auch Frauen sich «frei und offen aussprechen» können. Niemand weist sie zurecht, wenn sie mit ihren Ideen ankommt: «Unabhängig sein können. Mehr lernen dürfen. Nicht zum Heiraten gezwungen werden.» Im übrigen verliebt sie sich in dieser Zeit in ihren Vetter Heinrich Simon, ein führendes Mitglied der späteren liberalen Partei.

Das nimmt sie noch mehr gegen die elterliche Heiratspolitik ein. «Auch für ein gutes Auskommen verkaufe ich mich keinem Mann!» wagt sie ihrem Vater zu sagen, als ein Assessor um ihre Hand anhält. «Ich kann nicht anders! Ich kann nicht! Ich kann nicht heiraten!»

Sie ist mittlerweile fünfundzwanzig Jahre alt. Ihr Schicksal steht fest. Sie wird als alte Jungfer verkümmern.

«Leidensjahre» nennt Fanny Lewald die Zeit, die jetzt folgt. Ihren Vater hat sie enttäuscht, als sie die Heirat ausschlug. Überhaupt fällt sie ihrer Familie jetzt nur noch zur Last. Sie ist ganz einfach überflüssig – und kostet Geld. «Etwas tun» will sie um jeden Preis. Sie schreibt auf, wieviel Taschentücher sie jeden Tag gesäumt hat, wieviel Paar Strümpfe sie stopft. Sie schreibt das alles in ein «unglückliches kleines Buch». Und außerdem – ja, sie kann ihren Vetter in Breslau nicht vergessen – außerdem also schreibt sie regelmäßig Briefe an die Verwandtschaft dort. Einer ihrer Verwandten, Herausgeber der Zeitschrift *Europa*, wird auf ihr «Schreibtalent» aufmerksam. Briefwechsel – es ist wichtig, das in diesem Zusammenhang zu wissen – war damals eine der wenigen Möglichkeiten für Frauen, sich schriftlich zu äußern. Briefe waren nicht nur irgendeine Mitteilung an den Empfänger. Sie wurden vorgelesen, ausgeliehen, abgeschrieben. Beim Briefeschreiben konnte man sich erste literarische Techniken aneignen. Und damit auffallen – wie Fanny Lewald.

Sie bekommt den Auftrag, für die Zeitschrift *Europa* einen Bericht über die Huldigungsfeierlichkeiten für Friedrich Wilhelm IV. in Königsberg zu schreiben. Eine harmlose kleine Beschäftigung, könnte man denken. Für Fanny Lewald, jetzt neunundzwanzig Jahre alt, in ihrer Familie «überflüssig und unnütz wie das fünfte Rad am Wagen und obendrein hinderlich», bietet sich hier zum ersten Male die Möglichkeit, selbständig zu werden. Einen eigenen Text gedruckt sehen. Dafür Honorar bekommen:

«Mir war zu Mute, als wären mir Flügel verliehen!» erinnert sich Fanny Lewald in ihrer «Lebensgeschichte». Schriftstellerin will sie werden und sich in diesem Beruf selbständig machen – das ist ihr von nun an klar. In ihrem ersten Roman, *Clementine*, schildert Fanny Lewald ihre eigene Situation: Ein alterndes Mädchen wird zu einer unerwünschten Eheschließung gedrängt. In dieser Lage schreibt Clementine an ihre Tante: «Ich kann den Gedanken an eine gleichgültige Ehe nicht ertragen, weil sie für mich eine unglückliche wäre... Aber was hat man aus der Ehe gemacht? Ein Ding, bei dessen Nennung wohlerzogene Mädchen die Augen niederschlagen, über das Männer witzeln und Frauen sich heimlich lächelnd ansehen. Die Ehen, die ich täglich vor meinen Augen schließen sehe, sind schlimmer als Prostitution!»

Diese kühnen Sätze erregen Aufsehen. Aber noch ahnt niemand, wer sie verfaßt hat. Denn Fanny muß ihre Werke anonym veröffentlichen; das verlangt der Vater. Übrigens muß sie ihm auch jedes Manuskript, ehe es veröffentlicht wird, zu lesen geben. Und sie muß weiterhin – abwechselnd mit ihren Schwestern – den Haushalt führen.

Doch ihr Traum, endlich durch eigene Arbeit unabhängig zu werden, rückt in immer größere Nähe. Als 1843 *Clementine* erscheint, geht Fanny Lewald nach Berlin. Zum erstenmal hat sie eigenes Geld zur Verfügung: «Jedes Paar Handschuhe, das ich mir kaufte, jedes Glas Limonade, das ich bezahlte, gefielen und schmeckten mir, wie nie zuvor, denn ich kaufte und bezahlte es mit meinem eigenen, selbstverdienten Geld.»

Fast gleichzeitig mit ihrem ersten Roman veröffentlicht Fanny Lewald einen Aufsatz *Über Mädchenerziehung*. Ganz entschieden fordert sie, daß Mädchen nicht lediglich für die Ehe erzogen werden sollen. Außerdem ist sie gegen die Einzelerziehung zu Hause und für die Gemeinschaftserziehung in der Schule. Ihre trostlosen Jahre zu Hause, in denen sie zu Müßiggang verurteilt war, lassen Fanny Lewald zu einer Schriftstellerin werden, die immer wieder auf die Notwendigkeit der weiblichen Erwerbstätigkeit hinweist.

So schreibt sie 1862: «Kaum in eine Familie kann man eintreten, die nicht in ihrer Verwandtschaft alternde und unverheiratete Schwestern oder Töchter hätte, welche gelangweilt und müde, ohne eigene Freude und Hoffnung, ein leeres, nutzloses Dasein führen, und sich ohne Lust von einer Gesellschaft und Vergnügung zu der anderen hinschleppen. Sich selbst zur Last, in vielen Fällen auch den Ihren eine schwere Last, hört man die Frage: wohin mit ihnen? was soll man mit ihnen machen? Gegen dieses Elend, das nicht wegzuleugnen ist, gibt es nur ein Mittel – *Emanzipation der Frauen zu Arbeit und Erwerb.*»

Und in ihrem Aufsatz *Für und wider die Frauen* (1875) heißt es: «Und wir Frauen sitzen und sitzen von unserm siebzehnten Jahr ab, und warten und warten, und hoffen und harren in müßigem Brüten von einem Tage zum andern, ob denn der Mann noch nicht kommt, der uns genug liebt, um sich unserer Hilflosigkeit zu erbarmen...

Der noch immer herrschende Kastengeist verbietet dem Mädchen bürgerlicher Kreise die Erwerbstätigkeit. Ich brauche das Wort Kaste ganz mit Absicht, denn unsere Gesellschaft hat in der Tat noch einen Kastengeist und Kastenvorurteile, wenn sich die verschiedenen Kasten auch nicht durch ihre Kleidung oder durch sonst äußerlich in die Augen fallende Abzeichen wie in Indien unterscheiden.» In vielen Romanen schildert Fanny Lewald das Schicksal von Frauen, die den Mut haben, sich aus dem Schutz der Familie zu entfernen:

Adele (1858) beschreibt den Lebensweg einer Schriftstellerin. *Reisegefährten* (1858) ist die Geschichte einer Pianistin. *Erlöserin* (1873) handelt von einer Schauspielerin. In dem Roman *Eine Lebensfrage* (1845) macht die Autorin deutlich, daß nicht nur die Frau das Opfer der bürgerlichen Bildungsideologie ist – sondern indirekt ebenso der Mann: Der Romanheld verzweifelt an der Hausbackenheit und Unemanzipiertheit seiner Frau.

Fanny Lewald löst sich erst als über Dreißigjährige wirklich von ihrer Familie ab. Anfangs muß sie immer noch nach außen verschweigen, daß sie längst ihr eigenes Geld verdient. Ihre Schwestern bitten sie, doch so «rücksichtsvoll» zu sein und als Schriftstellerin die Anonymität zu wahren. Ihr Vater befiehlt ihr, sich einen Diener zu nehmen, der sie begleitet, weil es sich «nicht schickt», als Frau allein auf die Straße zu gehen. Sie selbst ertappt sich immer wieder dabei, wie sie sich mit sinnlosen Handarbeiten beschäftigt, statt an ihren Romanen weiterzuschreiben. Als sie nur noch von ihrem eigenen Erwerb lebt, allein und «auf Bude» in Berlin, kommen ihr manchmal «die

Tränen in die Augen». Allein ins Theater gehen. Allein ein Museum besuchen. Allein verreisen. Sie wagt das alles erst ganz allmählich.

Auf einer Reise nach Italien lernt sie 1845 den oldenburgischen Gymnasialprofessor Adolf Stahr kennen. Er ist verheiratet, Vater von fünf Kindern. Nach langen Kämpfen und Schwierigkeiten – Stahr hat sich inzwischen scheiden lassen – heiraten die beiden zehn Jahre später. Fannys Jugendwunsch hat sich erfüllt: Wenn überhaupt heiraten – dann nur aus Liebe.

Das Ehepaar Lewald-Stahr begründet in Berlin einen literarischen Salon, der um die Mitte des vorigen Jahrhunderts ein Zentrum des geistigen Lebens wurde. Fanny Lewald überlebt ihren Mann, der 1876 stirbt, um dreizehn Jahre. Sie unternimmt auch als «alte Dame» noch viele Reisen und veröffentlicht Romane, Aufsätze, Reisebeschreibungen und ihre Memoiren. Das, wonach sie sich in ihrer Jugend verzweifelt gesehnt hat, hat sie erreicht: ein voll ausgefülltes Dasein.

«Ich war, was ich war, durch meine Kraft», sagt sie über sich selbst, «durch mein Talent, durch mich selbst – und ich war frei! Frei!»

Zum Weiterlesen:
Werke von Fanny Lewald:

In Bibliotheken auszuleihen:

Romane:
Clementine. Leipzig 1843.
Jenny. Leipzig 1843, Neuauflage 1967.
Eine Lebensfrage. Leipzig 1845.
Auf rother Erde. Braunschweig 1850.
Wandlungen. Berlin 1853.
Adele, Braunschweig 1855.
Das Mädchen von Hele. Berlin 1860.
Von Geschlecht zu Geschlecht. Berlin 1866.
Die Familie Darner. Berlin 1887.

Erzählungen:
Der dritte Stand. Berlin 1845.
Ein armes Mädchen. Berlin 1846.

Reisebeschreibungen und Memoiren:
Deutsche Lebensbilder. Berlin 1856.

Italienisches Bilderbuch. Berlin 1847.
Erinnerungen aus dem Jahr 1848. Braunschweig 1850, Frankfurt 1969.
England und Schottland. Braunschweig 1851.
Zur Erinnerung an Johanna Kinkel. Nat. Zeitung, Jahrgang 1885.
Meine Lebensgeschichte. (3 Tl.) Berlin 1861.

Aufsätze:
Einige Gedanken über Mädchenerziehung. Archiv f. vaterl. Interesse,
Königsberg, Jahrgang 1843, Mai.
Andeutungen über die Lage der weiblichen Dienstboten. Ebd.
Für die Frauen. National-Zeitung, Jahrgang 1857.
Osterbriefe für die Frauen. National-Zeitung, Jahrgang 1863.
Für die Gewerbstätigkeit der Frauen. Wms. Monatshefte 1869, Bd. 26.

Schriften zu der Autorin:
Gisela Brinker-Gabler (Hg.): *Fanny Lewald – Meine Lebensgeschichte.* Fischer Taschenbuch Verlag Band 2047.

Gertrud Bäumer: *Fanny Lewald.* In Die Frau, 1910/11.

Marta Weber: *Fanny Lewald.* Dissertation. Zürich 1921.

Hildegard Gulde: *Studien zum jungdeutschen Frauenroman,* Weil-
heim 1932.

Marieluise Steinhauser: *Fanny Lewald, die deutsche George Sand.*
Berlin 1937.

Renate Möhrmann: *Die andere Frau.* Emanzipationsansätze dt.
Schriftstellerinnen im Vorfeld der 48er Revolution. Stuttgart 1977.

Renate Möhrmann: *Frauenemanzipation im deutschen Vormärz.*
Texte und Dokumente. Stuttgart 1978.

Mathilde Franziska Anneke in ihrer Zeit

1794	In Preußen tritt das «Allgemeine Landrecht» in Kraft, in dem die Scheidung einer Ehe gesetzlich verankert ist.
1797	Geburtsjahr von Annette von Droste-Hülshoff.
1833	Geburtsjahr von Auguste Schmidt, der Gründerin des ersten Lehrerinnenseminars in Leipzig.
1833	Studenten stürmen die Hauptwache in Frankfurt/Main.
1847	Mathilde Franziska Annekes Schrift *Das Weib im Conflict mit den socialen Verhältnissen* erscheint.
1847	Im selben Jahr erscheint der *Struwwelpeter*, ein Beitrag des Arztes Heinrich Hoffmann zur Kindererziehung.
1848	Februar-Revolution in Paris.
1848	März-Revolution in Deutschland.
1849	In Österreich erhalten Frauen das Gemeindewahlrecht.
um 1850	Immer mehr Europäer wandern aus politischen Gründen in die USA aus.
1852	In Deutschland wird die *Frauen-Zeitung* von Louise Otto eingestellt.
1852	In den USA gibt Mathilde F. Anneke eine *Deutsche Frauen-Zeitung* heraus.

«Die Vernunft befiehlt uns, frei zu sein»

Sie sind unzertrennlich: Mathilde, die Tochter des Domänenrats Karl Giesler, und ihr Pferd Isabella. Stundenlang ist das junge Mädchen hoch zu Roß unterwegs. Tilly – so nennt ihre Mutter sie – wächst in einer beneidenswerten Freiheit auf. Blankenstein in Westfalen ist ihre Heimat. In der näheren und weiteren Umgebung kennt sie jeden Winkel. Und umgekehrt: Jeder aus der Umgebung kennt sie, die unerschrockene junge Reiterin mit den dicken schwarzen Zöpfen.

Zu Hause wird das Mädchen von einem Privatlehrer unterrichtet. Der Beruf ihres Vaters gilt in der preußischen Gesellschaft als recht hohe Position, und ihre Eltern haben viele einflußreiche, gebildete Freunde. Mathilde wird früh zum Lesen und Nachdenken angeregt und kann trotzdem ihren Freiheitsdrang ungestört ausleben. Sie wächst unter geradezu idealen Voraussetzungen auf, und in diesen Jahren entwickelt sie Mut und Selbstvertrauen – zwei Eigenschaften, die ihre Zukunft bestimmen werden.

Die Neunzehnjährige heiratet. Oder wird sie verheiratet, weil ihr Vater in Geldschwierigkeiten geraten ist und keinen anderen Ausweg weiß, als seine Älteste «gut unterzubringen»? Es gibt keine zuverlässigen Quellen, die erklären könnten, warum Mathilde den um viele Jahre älteren Alfred von Tabouillot heiratet – und in eine Ehe rutscht, die sie tief unglücklich macht. Als ihr einziges Kind, Fanny, sechs Jahre alt ist, reicht Mathilde die Scheidung ein. Fanny wird ihr zugesprochen. Eine klare Entscheidung.

Doch der «Fall Tabouillot» erregt die Gemüter. Es ist für die damalige Gesellschaft ungeheuerlich, was da passiert ist: Eine *Frau* hat die Scheidung eingereicht und dazu noch die Familie ihres Mannes zur Zahlung einer Unterhaltssumme verklagt.

93

Peinlich. Unmöglich. Ungehörig.

Mathilde Franziska, verheiratet gewesene von Tabouillot, geborene Giesler, spürt sehr schnell, wie eine – wenn auch schuldlos geschiedene Frau geächtet wird. Sicher, sie bekommt ihr Recht (in Preußen ist seit dem 1794 in Kraft getretenen Allgemeinen Landrecht die Scheidung gesetzlich verankert). Aber alles andere soll sie, wenn sie sich schon selbständig gebärdet, auch weiterhin alleine regeln.

Mit der Hilfe ihrer Eltern kann sie nicht rechnen. Die acht Taler, die ihr Mann laut Gerichtsbeschluß monatlich zahlen muß, reichen nicht aus für eine alleinstehende Frau mit Kind. Hätte sie nicht doch lieber in der «Versorgungsehe» ausharren sollen, so wie viele Frauen ihrer Zeit das tun?

Mit Schreiben will sie ihren Lebensunterhalt verdienen. Sie gibt Gebetbüchlein heraus und Gedichtsammlungen, verfaßt Sonette, Balladen, Erzählungen und Reisebeschreibungen. In dieser Zeit, um 1840, wagen sich etliche Frauen in die literarische Öffentlichkeit. Der Dichter Joseph von Eichendorff kommentiert das so: «Die Poesie ist unter die Weiber gekommen!» Mit anderen Worten: Auf diesem Gebiet haben Frauen nichts zu suchen. Für einen Mann, wenn er ein «armer Poet» ist, ist es nichts Ungewöhnliches, vom König eine Pension zu erhalten. Aber für eine dichtende Frau gibt es keine finanzielle Unterstützung: Als die geschiedene Mathilde Franziska ein solches Gesuch stellt, wird sie dieser Gnade nicht würdig befunden. Sie zieht sich immer mehr aus der Gesellschaft zurück. Die einzigen Freunde, die zu ihr halten, gehören dem «Demokratischen Verein» an: Leute, deren Hauptinteressen den politischen und sozialen Problemen gelten.

Und dann kommt ein Tag, an dem Mathilde Franziska einen Schlußstrich unter ihr bisheriges Leben zieht. Das ist ganz wörtlich zu verstehen. Sie streicht die erste Seite im Gebetbuch, das sie selbst verfaßt hat, durch und schreibt dick darüber: «Von den Göttern, die der Mensch in seiner Not erschuf».

Die strenggläubige Biedermeier-Dichterin hat mit ihrer Vergangenheit abgeschlossen. Im Winter vor der 48er Revolution veröffentlicht die Dreißigjährige zum erstenmal eine Schrift, in der sie zur Frauenfrage Stellung nimmt: *Das Weib im Conflict mit den socialen Verhältnissen.* Sie schreibt:

«Warum sollte das Weib überhaupt die schweigsame Dulderin fortan noch sein? – Warum noch länger die demütige Magd, ‹die ihrem Herrn die Füße wäscht› – warum noch länger die christlich duldende Magd eines Herrn der zum Despoten ihres Herzens geworden ist, weil er selber ein Knecht ward?»

Sie wehrt sich gegen die Lehren der Kirche, in denen sie die Hauptursache der Unterdrückung sieht: «Mit Weihrauchduft will man Euer Sinnen umnebeln, mit glatten Worten Euch betören, in Blütenduft gehüllt, Euch Märchen für schlichte Wahrheiten darreichen. Geistvolle Sänger haben Eurem Wachen und Denken süßklingende Schlummerlieder vorzugirren, sie haben die Andacht auf der Stirn der Frauen in melodischen Klängen zu lobpreisen gewußt. – Und diese Andacht! – Ich sage Euch, es ist nichts wie Heuchelei und Lüge und Glorienschein, daran Tränen der Entsagung, des Wehs und des Unglücks, ja Tränen der Not, des Grams und des Harms, wie Diamanten zitternd funkeln!»

Und sie beschwört ihre Geschlechtsgenossinnen: «O, tut die Augen auf und seht, wie man mit Euch gespielzeugt hat; ja, tut die Augen auf, da seht Ihr's stündlich, wie Ihr betrogen seid, wie in allem Widerspruch liegt, was man Euch lehrte oder gebot.»

Anlaß zu dieser Veröffentlichung ist übrigens der sogenannte «Louise-Aston-Skandal». Louise Aston, eine geschiedene Frau, war 1846 aus Berlin verwiesen worden – unter anderem darum, weil sie bekannte, nicht gläubig zu sein.

1847 geht Mathilde Franziska ihre zweite Ehe ein; sie heiratet Fritz Anneke, den späteren Gründer und Vorsitzenden des Kölner Arbeitervereins. In Köln werden die Annekes bald zum Mittelpunkt revolutionär gesinnter Frauen und Männer. Am 3. März 1848 findet die erste revolutionäre Demonstration auf preußischem Boden in Köln statt – mit Fritz Anneke an der Spitze.

Juli 1848: Fritz Anneke wird verhaftet und ins Gefängnis gesperrt. Mathilde Anneke bringt im selben Monat ihren ersten Sohn, Fritz junior, zur Welt. Und noch etwas geschieht in diesem Monat: Im US-Staat New York, in Seneca Falls, findet ein «Frauenrechtskongreß» statt, auf dem Frauen in einer Grundsatzerklärung «die unverzügliche Zulassung zu allen Rechten und Privilegien, die ihnen als Bürgerinnen der Vereinigten Staaten gehören» fordern.

Was dieser Kongreß im weit entfernten Amerika mit Mathilde Franziska Anneke zu tun hat? Zu diesem Zeitpunkt noch nichts. Sie, gerade Mutter geworden, kann nicht ahnen, daß sie schon bald darauf Kontakt mit der amerikanischen Frauenbewegung haben wird und daß sie bis zum Ende ihres Lebens für eben diese Bewegung tätig sein wird.

Noch ist sie in Köln und beteiligt sich aktiv an der 48er Revolution. Ganz auf sich allein gestellt – ihr Mann ist immer noch im Gefängnis – gibt sie die *Neue Kölnische Zeitung* heraus, eine Zeitung, die «für das arbeitende Volk bestimmt ist, daß es ein ernstliches Wörtchen mitspricht bei den Einrichtungen in Gemeinde und Staat, Gesetze zu machen, Erwerbsverhältnisse zu ordnen...»

Als diese Zeitung wegen ihrer radikalen Richtung verboten wird, ändert Mathilde Anneke kurzerhand den Namen und führt das Blatt als *Frauen-Zeitung* weiter. Nur zwei Nummern der Kölner *Frauen-Zeitung* werden von der Zensur zum Druck zugelassen; die dritte wird schon in den Korrekturfahnen beschlagnahmt. Ungefähr ein halbes Jahr später gibt Louise Otto in Dresden ihre *Frauen-Zeitung* heraus – und kann sich immerhin drei Jahre lang darin äußern.

Mathilde Franziska Anneke arbeitet unter Hochdruck. Nicht nur die journalistische Tätigkeit verlangt von ihr vollen Einsatz – nein, sie hat ja auch noch ihren Säugling zu versorgen. «Der Junge hat diese Nacht so geschrien und mich gar nicht schlafen lassen vor lauter Tollköpfigkeit», steht in einem der Briefe, die sie ihrem Mann ins Gefängnis schickt.

Eine Frau, die eingebunden ist in familiäre Pflichten und die trotzdem aktiv am Zeitgeschehen teilnehmen will, muß doppelt so viel Kraft wie ein Mann aufbringen. Am Beispiel der Mathilde Franziska Anneke wird das besonders deutlich. Sie hat insgesamt sieben Kinder geboren und – das geht aus ihrem Briefwechsel hervor – nie die Unterstützung ihres Mannes bei der Kindererziehung gehabt. Es wird sich in den späteren Jahren immer wieder zeigen: Fritz Anneke, der Revolutionär, zog hinaus ins «feindliche Leben», wann immer er gebraucht wurde. Mathilde Anneke, ebenso revolutionär gesinnt wie ihr Mann, blieb alleinverantwortlich für die Kinder. «Fritz läßt mich dabei sehr im Stich», schreibt sie einmal, 1865, in einem Brief an ihre Schwester.

Als Fritz Anneke Ende 1848 aus dem Gefängnis entlassen wurde, schloß er sich dem pfälzischen Revolutionsheer an und nahm bald eine führende Stellung ein. Mathilde Anneke folgte ihm. Es ging ihr nicht um Heldentum, sondern darum, den Kampf um ihre Ideale mit ihrem Mann gemeinsam zu bestreiten.

«Meine Kleinen hatte ich einstweilen in guter Obhut. Ich versah mich mit Reitkleidern und blieb nun stets an der Seite meines Fritz. So bin ich denn auf dem vier Wochen langen Zug in manchen Kugelregen, insbesonders in dem heißen Gefecht bei Übstadt, gewesen, ohne von einer Kugel getroffen zu sein.» So schildert sie in einem Brief an eine Freundin ihre Teilnahme an den letzten revolutionären Erhebungen im Frühjahr 1849 in der Pfalz. Eine Frau, die ihrem Mann in den Krieg folgt, die mit Pferden umgehen kann, wie kaum sonst jemand, die weder ängstlich noch zimperlich wirkt – man könnte sie bewundern. Statt dessen wird sie zur Witzfigur gemacht, Karikaturen von ihr werden veröffentlicht, die sie hoch zu Roß mit einer Brille auf der Nase zeigen (obwohl sie nie eine Brillenträgerin war) und mit denen sie als «Mannweib» verspottet wird.

Die Annekes müssen nach der mißglückten Revolution fliehen. Sie wandern aus in die Vereinigten Staaten – wie viele Deutsche damals. Mathilde Franziska Anneke gibt bald nach ihrer Ankunft in den USA ihre *Memoiren einer Frau aus dem badisch-pfälzischen Feldzug* in Druck, in denen sie erklärt, warum sie ihren Mann auf dem Feldzug begleitete: «Viele von Euch im fremden wie im Heimatlande werden mich schmähen, daß ich, ein Weib, dem Kriegsrufe gefolgt zu sein scheine. Ihr besonders, Ihr Frauen daheim, werdet mit ästhetischer Gravität sehr viel schön reden über das, was ein Weib tun darf, tun soll! Ich habe das auch einst getan, bevor ich noch gewußt habe, was ein Weib tun muß, wenn der Augenblick vor ihm steht und ihm gebietet!»

Das tun, was der Augenblick gebietet. Mathilde Franziska Anneke hält daran fest – auch in dem fremden Land Amerika, das erst ganz allmählich für sie zur zweiten Heimat wird. In Milwaukee gibt sie 1852 eine *Deutsche Frauen-Zeitung* heraus: die erste feministische Zeitung, die von einer Frau in deutscher Sprache in den USA publiziert worden ist. Man muß dazu wissen, daß die Stadt Milwaukee damals ein Anziehungspunkt für sehr viele einwandernde Deutsche war.

Sie sind die ersten Leser der neuen Zeitung, die sich «für die Befreiung des Weibes» einsetzt. Kein Wunder, daß die Herausgeberin ziemlich bald Schwierigkeiten mit den deutschen Männern bekommt: «Es scheint beinahe, als wenn eine Verschwörung gegen dieses Blatt von Seiten der Männer eingetreten wäre», schreibt sie im Oktober 1852. «Wo ich auch anfrage, gibt man mir zur Antwort: ‹Meine Frau ist aufgeklärt genug, es ist nicht nötig, daß dieselbe noch mehr aufgeklärt werde.»

Mathilde Franziska Anneke läßt sich nicht beirren. Sie lernt Susan Brownell Anthony kennen, eine der aktivsten Mitarbeiterinnen der amerikanischen Frauenbewegung. Als 1853 in New York die allgemeine Frauenrechtsversammlung stattfindet, tritt Mathilde Anneke als erste deutsche Frau in den Vereinigten Staaten ans Rednerpult und ruft in die tobende Menge, die diese Versammlung stören will: «Bevor ich hierher kam, kannte ich die Tyrannei und Unterdrückung der Könige. Ich erfuhr sie an meiner Person, an meinen Freunden, an meinem Land. Als ich aber hierher kam, erwartete ich jene Freiheit zu finden, die uns zu Hause versagt ist. Unsere Schwestern in Deutschland haben schon lange diese Freiheit ersehnt. Dort aber wird dieser Wunsch in Frauen wie in Männern unterdrückt. Hier erwarten wir, die Freiheit der Rede zu besitzen, denn wenn nicht hier, wo sonst? Hier endlich sollte es uns gestattet sein, unsere Meinung zu allen Fragen zum Ausdruck zu bringen; und doch, es scheint, nicht einmal hier gibt es die Freiheit, Menschenrechte zu fordern. Aber die einzige Hoffnung unseres Landes ist auf diesen Staat gerichtet, der als Vorbild der Freiheit gilt!»

Am Ende der Tagung wird eine Resolution verfaßt, in der es heißt: «Diese Bewegung richtet sich gegen die Nöte nicht nur Amerikas, sondern der ganzen Welt. Es soll daher ein Komitee ernannt werden, das eine Erklärung dieser Konvention an die Frauen der Welt verfaßt, unsere Ziele darlegt und die Frauen zur Mitarbeit an denselben einlädt.»

Mathilde Franziska Anneke ist das einzige deutsche Mitglied in diesem Komitee. Sie betrachtet es von nun an als ihre wichtigste Aufgabe, die Bestrebungen der Frauenbewegung unter die Deutschen in Amerika zu tragen. Etwas Schwierigeres hätte sie sich kaum vornehmen können. Denn den Deutsch-Amerikanern war die Frauenbewegung suspekt. Sie standen ihr viel ablehnender gegenüber als die Anglo-Amerikaner. Eine «Höllenarbeit» mit «Stock-Reaktionären» nennt Mathilde Anneke das, was sie leisten mußte. Sie reiste quer durch die Vereinigten Staaten, um für die Gleichberechtigung zu sprechen, und gründete eine eigene Schule für deutsche Mädchen, die sie achtzehn Jahre lang selbst leitete. «Frau Anneke konnte unseren Enthusiasmus mit unwiderstehlicher Gewalt entzünden!» schwärmte noch Jahre nach dem Tod der verehrten Lehrerin eine ehemalige Anneke-Schülerin. Fritz Anneke lebte sich nicht so gut in die Neue Welt ein wie seine Frau. Vermutlich stand er vielen ihrer Unternehmen skeptisch gegenüber – oder verstand sie gar nicht. «Von meinem inneren Leben weißt Du nichts. Ich glaube auch nicht, daß Du Dich jemals dafür interessiert hast...», heißt es in einem Brief, den Mathilde Anneke ihrem Mann im Jahr 1865 geschrieben hat.

1869 steht sie zum zweitenmal in New York auf der Rednertribüne, als die «American Equal Rights Association» tagt. Sie erinnert sich, wie sie vor sechzehn Jahren anläßlich der ersten Tagung der Frauenrechtler ausgepfiffen und bedroht wurde: «Welch ein Umschwung seit jenen Tagen! Welch Riesenfortschritte in der öffentlichen Meinung... noch erfreulicher ist es zu sehen, wie die Geschichte der letzten Jahre beweist, daß unter der Macht der universalen Notwendigkeit Vernunft und Freiheit sich beständig entwickeln. Das ist der eiserne Schritt der Zeit, daß jedes Ereignis seiner Erfüllung zugeht.»

Und sie fährt fort: «Was in der Frau nicht länger unterdrückt werden kann, was frei sein will unter allen Umständen..., ist der natürliche Durst nach wissenschaftlicher Erkenntnis. Dieses Sehnen, diese Bemühung der Vernunft, Wissen um des Wissens willen zu suchen, ist... in keinem Menschengeschöpf so heftig unterdrückt worden als in dem Weibe. Denn es gibt keine vom Manne besonders für uns Frauen erfundene Doktrin, die wir gläubig nachzubeten haben und die unser Gesetz sein soll, noch darf die Autorität alter Traditionen unsere Richtschnur sein... Die Vernunft, die wir als unsere höchste und einzige Gesetzgeberin anerkennen, befiehlt uns, frei zu sein!»

Madam Annekes Rede ist ein großer Erfolg.

Mit wüsten Schimpfereien und empörten Zwischenrufen wurde 1853 ihr erster Vortrag in den USA unterbrochen. Nun wird sie mit Beifall überschüttet und als Pionierin für Frauenrechte gefeiert. Für ihren Staat, Wisconsin, tritt sie als Delegierte in die «National Woman Suffrage Association» ein – eine Vereinigung, die das Stimmrecht für Frauen fordert.

Fritz Anneke scheint das alles nicht zu interessieren. «Es tut mir leid, daß Du Dich über meine Betätigung, so gering sie auch war, bei der N.Y. Konvention nicht mit ein paar Worten ausgesprochen hast. Du weißt, daß mir an Deinem Urteil alles liegt...», schreibt Mathilde Anneke nach der Tagung an ihren Mann.

Aber der schweigt sich aus.

Auch bei anderen eingewanderten Deutschen stößt sie nach wie vor auf hartnäckigen Widerstand. Als Susan Brownell Anthony es 1872 wagt, trotz Verbot bei den allgemeinen Wahlen ihre Stimme abzugeben und deswegen zu einer Geldstrafe verurteilt wird, setzt Mathilde Anneke sich sofort öffentlich für sie ein – gegen die reaktionären Stimmen, die aus der deutschen Presse zu hören sind.

«Madam Anneke gebührt der erste Platz auf dem Gebiet der Frauenstimmrechtsbewegung», erklärte Susan B. Anthony 1904 bei der Gründung des «Weltbunds für Frauenstimmrecht». Damals war Mathilde Anneke schon zwanzig Jahre tot. Sie starb im November 1884 in Milwaukee. Das Gesetz, für das sie jahrzehntelang gekämpft hatte, trat erst fünfunddreißig Jahre nach ihrem Tod in Kraft: der 19. Zusatz zur amerikanischen Verfassung:

«Das Stimmrecht der Staatsbürger der Vereinigten Staaten soll weder von den Vereinigten Staaten noch von einem Einzelstaat aufgrund des Geschlechtes verweigert oder geschmälert werden.»

Zum Weiterlesen:

Maria Wagner: *Mathilde Franziska Anneke in Selbstzeugnissen und Dokumenten.* Fischer Taschenbuch Verlag, Band 2051.

Martin Henkel und Rolf Taubert: *«Das Weib im Conflict mit den socialen Verhältnissen» – Mathilde Franziska Anneke und die erste deutsche Frauenzeitung.* Bochum 1976.

Renate Möhrmann: *Frauenemanzipation im deutschen Vormärz. Texte und Dokumente.* Stuttgart 1978.

Amelia Bloomer und Susan B. Anthony in ihrer Zeit

1807	Das Wahlrecht in den USA wird auf freie weiße männliche Bürger eingeschränkt.
um 1830	gibt es in den USA 3,2 Millionen Negersklaven.
1833	In Philadelphia wird eine Antisklaverei-Gesellschaft gegründet. Frauen dürfen nicht beitreten.
1837	Frauen gründen in New York eine eigene Antisklaverei-Gesellschaft.
1840	In London findet ein Internationaler Antisklaverei-Kongreß statt. Frauen, die teilnehmen wollen, werden des Saales verwiesen.
1852	Harriet Beecher Stowe veröffentlicht *Onkel Toms Hütte* – einen Roman gegen die Negersklaverei.
1865	Nach vier Jahren endet der Bürgerkrieg in den USA – die Sklaverei wird abgeschafft.
1868	Schwarze erhalten das Stimmrecht in den USA, Frauen, gleich welcher Hautfarbe, jedoch nicht.
1872	Susan B. Anthony und eine Gruppe anderer Frauen beteiligen sich «unerlaubt» an den Wahlen – und werden bestraft.
1876	Die USA feiern ihren 100. Geburtstag. Frauen stürmen die Veranstaltung und lesen laut ihre ‹Dekleration der Frauenrechte› vor.
1920	Endgültig hat sich das Wahlrecht für Frauen bundesweit in den USA durchgesetzt.

Amelia Bloomer (1818–1894) und
Susan Brownell Anthony (1820–1906)

«Frauenfreiheit ist Bewegungsfreiheit»

Mittwoch, 19. Juli 1848, in Seneca Falls (Bundesstaat New
York): Was sich an diesem Tag in dem verschlafenen kleinen
Ort abspielt, ist ohne jede Übertreibung – eine Sensation.
Noch nie hat es, seit der Gründung von Seneca Falls um 1790,
unter den Einwohnern eine solche Aufregung gegeben. Die
Männer rüsten sich (innerlich) auf, als müßten sie die Schlacht
ihres Lebens gewinnen. Die Frauen geben sich (äußerlich)
ruhig, können aber untereinander ihre Neugier und Erregung
nicht verbergen. Was ist los?
Eine Ankündigung im *Seneca County Courier* hat den Wirbel
verursacht. Diese:

«Frauenrechtskongreß.
Ein Kongreß zur Diskussion über die gesellschaftlichen, bürgerlichen und religiösen Rechte der Frau wird am Mittwoch
und Donnerstag, 19. und 20. des laufenden Monats Juli, in
der Wesleyan-Kapelle von Seneca Falls (New York) abgehalten. Beginn 10 Uhr morgens. Während des ersten Tages
wird die Versammlung ausschließlich für Frauen abgehalten
werden, die hiermit zur Teilnahme dringlich eingeladen werden. Das allgemeine Publikum wird gebeten, am zweiten
Tag anwesend zu sein, wenn Lucretia Mott aus Philadelphia
und andere vor dem Kongreß Ansprachen halten werden.»

Schon allein die Tatsache, daß Frauen ÖFFENTLICH sprechen
wollen, ist scharf anzugreifen. Heißt es doch in der Bibel:
«Lasset eure Weiber schweigen in der Gemeinde, denn es soll
ihnen nicht zugelassen werden, daß sie reden.»
Es ist unchristlich, unfraulich, sich nicht danach zu richten.
Und es ist im höchsten Grade verwerflich, daß Frauen – wenn

103

überhaupt – sich auch noch anmaßen, AUSSCHLIESSLICH FÜR FRAUEN reden zu wollen!

Wie gesagt, Seneca Falls ist in Aufruhr.

Lucretia Mott und Elizabeth Cady Stanton, die mit ihrer Zeitungsveröffentlichung den ganzen Wirbel verursacht haben, kennen sich aus London. Dort wollten sie vor acht Jahren an einem internationalen Antisklaverei-Kongreß teilnehmen. Wohlgemerkt: «wollten». Weiter kamen sie nicht. Denn die Herren Veranstalter zogen es vor, unter sich zu sein. «Hinaus mit den Frauen!» schrien mehrere amerikanische Geistliche. «Die Anwesenheit von Frauen ist eine Verletzung der Verordnungen des allmächtigen Gottes.»

Das gab den Frauen, die immerhin von weither angereist waren und die vorher viel Kraft und Arbeit in die Antisklaverei-Bewegung gesteckt hatten, sehr zu denken. Zum erstenmal ging ihnen auf, daß die ersten Sklaven, die sie zu befreien hätten – sie selbst waren. Elizabeth Cady Stanton : «Meine Erfahrungen beim Weltkongreß gegen die Sklaverei, alles, was ich über den Rechtsstatus von Frauen gelesen hatte, und die Unterdrückung, die ich überall sah, jagten mir durch die Seele. Ich konnte noch nicht sehen, was zu tun oder wo zu beginnen war – mein einziger Gedanke war eine öffentliche Diskussion – und Protestversammlung.»

Wird es genügend Frauen geben, die Interesse haben, an einer solchen Versammlung teilzunehmen? Jetzt – mitten in der Ernte? Und ohne die Erlaubnis ihrer Männer? Befürchtungen über Befürchtungen...

Und dann geht wider Erwarten alles gut. Aus dem Umkreis von fünfzig Meilen kommen Leute in die kleine Wesleyan-Kapelle, zu Fuß, auf Heuwagen und in Kutschen. Ungefähr vierzig Männer sind dabei, obwohl der Tag eigentlich den Frauen vorbehalten sein sollte. Sie lassen sich nicht wegschicken. Nun ja, sollen sie halt zuhören...

Zuerst beschreibt Lucretia Mott die demütigende Lage der Frauen. Dann verliest Elizabeth Cady Stanton die Deklaration der Grundsätze, nach Thomas Jeffersons Formulierung der Deklaration der Unabhängigkeit. Sie fordert schließlich: «Jetzt, im Hinblick auf die gänzliche Rechtslosigkeit der einen Hälfte der Bevölkerung dieses Landes, ihre soziale und religiöse Degradierung – im Hinblick auf die ungerechten Gesetze, und weil Frauen sich wirklich zurückgesetzt, unterdrückt und auf betrügerische Weise ihrer heiligsten Rechte beraubt fühlen, bestehen wir auf der unverzüglichen Zulassung zu allen Rechten und Privilegien, die ihnen als Bürgerinnen der Vereinigten Staaten gehören.»

Ein Drittel der Anwesenden, achtundsechzig Frauen und zweiunddreißig Männer, setzen ihre Unterschrift unter die Grundsatzerklärung. Zum erstenmal in ihrer Geschichte haben es die amerikanischen Frauen gewagt, öffentlich gegen ihr Los aufzubegehren. Eine Bewegung ist in Gang gesetzt worden, die von nun an das Leben der Frauen auf der ganzen Welt prägen wird.

Eine der vielen Frauen, die an diesem Tag einen entscheidenden Denkanstoß bekommen, ist Amelia Bloomer, dreißig, verheiratet mit einem Quäker, sehr aktiv in der damals weitverbreiteten Abstinenzbewegung.

Zwar hat Amelia Bloomer – unter dem Einfluß ihres Mannes – die Deklaration nicht mit unterzeichnet. Aber sie gründet zum 1. Januar 1849 eine eigene Zeitschrift, *The Lily* (die Lilie), die zunächst als Sprachrohr der gegen Alkoholismus kämpfenden Frauen gedacht ist, die sich bald jedoch, immer kecker werdend, zu einem Kampfblatt für die Frauenbewegung entwickelt. Da greift Amelia Bloomer zum Beispiel in einem Leitartikel die Gewohnheit der Frauen an, sich mit Namen und Titel der Gatten zu schmücken: «Adams Frau hieß Eva. Sie nannte sich nicht Fau Adam», schreibt sie. «Titel und Namen des Gatten geben der Frau weder zusätzliche Würde noch Charakter. Möge der Tag bald kommen, an dem die Frauen eigene Titel tragen, erworbene und verliehene, statt nur geborgte!»

Da es in Seneca Falls Ehemänner gibt, die ihren Frauen das «Lily»-Lesen verbieten, richtet Amelia Bloomer ein kleines Zimmer ein, in dem Frauen ungestört lesen und ihre Probleme besprechen können. Ihr Blatt, in dem übrigens auch Elizabeth Stanton schreibt, wird in seinem dritten Erscheinungsjahr urplötzlich weltberühmt. Wieso das?

Eigentlich nur darum, weil Frauenkleidung seinerzeit eine Qual war. Damen mußten ihr Korsett so eng schnüren, daß sie kaum atmen konnten. Darüber trugen sie ein halbes Dutzend Röcke und Unterröcke (mit einem Gewicht bis zu zwölf Pfund), die lang genug waren, um Straßendreck und Staub vom Boden damit aufzufegen. So war es eine Sensation, als Libby Miller, eine junge Amerikanerin, von ihrer Hochzeitsreise in die Schweiz ein neuartiges Kostüm mitbrachte. Sie hatte es in einer Kuranstalt entdeckt, in der Frauen es trugen, die sich von den Nachteilen des Schnürens hier erholten: ein Paar lange Hosen aus schwarzem Tuch, darüber ein kurzer Rock bis knapp unters Knie.

Libby also kommt in diesem praktischen Kostüm, in dem sie sich schnell und leicht bewegen kann, nach Seneca Falls. Amelia Bloomer und Elizabeth Stanton sind hell begeistert und schneidern sich auf der Stelle genau so ein Kostüm. Endlich sind sie die Lasten und Mühen der langen, schweren Gewänder los! Amelia geht noch einen Schritt weiter. In der nächsten Nummer ihrer Zeitschrift stellt sie ihren Leserinnen die neue Mode vor: «Der Rock soll ein wenig unter das Knie reichen, darf aber nicht so weit sein, wie in der jetzigen Mode. Unter dem Rock trägt man ziemlich weite Hosen; bei mildem Wetter solche, die bis zu den Knöcheln reichen. Schuhe oder Sandalen nach Wahl. Für nasses und kaltes Wetter macht man die Hosen ebenfalls weit, hier gehen sie aber in drei bis vier Zoll über die Knöchel reichende Stiefel hinein.» Und Elizabeth Stanton gibt noch eine Anleitung, wie man aus «modischen» Kleidern «vernünftige» mache: «Liebe Damen, löst die Haken Eurer Kleider vor dem Kaminfeuer, laßt sie lose hängen, atmet tief ein und dehnt Euch aus, so weit Ihr könnt. Dann richtet das Gewand, schneidet die Schleppen ab bis zu den Knien, zieht ein Paar lose Hosen an und knöpft sie an den Knöcheln zu. Wir wollen unsere Kleider ändern, bis sie uns passen. Die Frau soll sich frei entwickeln und bewegen können.»

Die Dritte im Bunde, die sofort die neue Mode übernimmt, ist Susan Brownell Anthony, eine der unerschrockensten Kämpferinnen der amerikanischen Frauenbewegung. Sie wohnt zur Zeit bei Amelia Bloomer in Seneca Falls und hat genau wie ihre Freundin erkannt: «Frauenfreiheit ist Bewegungsfreiheit.»

Die Frauen von Seneca Falls setzten das Bloomer-Kostüm – so wurde es schon nach kürzester Zeit in der Öffentlichkeit genannt – ganz bewußt für den Frauenkampf ein. Amelia Bloomer in ihrem Tagebuch: «Wenn das Kleid die Menge lockte, um mich zu hören, dann war es gut. Sie hörte meine Botschaft, und das hat reichlich Früchte getragen. Bis die Presse aufhörte, Witze über mich zu machen, trug ich kein anderes Gewand...»

Spottgedichte und Karikaturen erscheinen. Bloomer-Schlager und Bloomer-Witze entstehen. Man tanzt ‹Bloomer-Walzer›,

‹Bloomer-Quadrille› und die ‹Bloomer-Polka›. In Predigten verbieten die Pastoren den Frauen das Tragen dieses «anstößigen» Kostüms. Sofort schreibt Amelia Bloomer in *The Lily*, so weit ihr bekannt sei, gebe es keine Modevorschriften in der Bibel: «Hätte Gott die Absicht gehabt, die Geschlechter durch ihre Bekleidung zu unterscheiden, so würde er genaue Anordnungen getroffen haben für den Stil eines jeden.»

1853 unternehmen Mrs. Bloomer und Miss Anthony eine Vortragsreise – beide in Hosen. Sie treffen unterwegs viele gleich gekleidete Frauen und Mädchen.

«Obwohl ich in meinen Ansprachen ziemlich frei die Rechte für die Frau erwähnte, oder besser gesagt, ihre Unrechte», schreibt Amelia in ihr Tagebuch, «schien niemand etwas dagegen zu haben. Wenn man den Aussagen der Leute Glauben schenken darf, machten meine Worte einen günstigen Eindruck und weckten neues Denken.»

Neues Denken wecken – Amelia Bloomer und ihre gleichgesinnten Freundinnen versuchen das auf allen Gebieten.

Sie kämpfen um das Recht auf materielle Unabhängigkeit, das Recht auf Arbeitslohn, das Recht auf Besitz und Erbschaft und das Sorgerecht für die Kinder im Fall einer Scheidung. Denn noch ist in all diesen Bereichen der Mann Rechtsvertreter der Ehefrau.

1853 verschickten Amerikas Frauenkämpferinnen einen Aufruf: «Tausende der besten Männer und Frauen stellen solche Fragen:

1. Warum soll die Arbeit nicht der geleisteten Qualität entsprechend bezahlt werden, statt nach dem Geschlecht der Arbeitenden?

2. Wie kann man neue industrielle Arbeitsmöglichkeiten mit anständiger Entlohnung für Frauen eröffnen?

3. Warum sollen die Gattinnen nicht, wie die Gatten, Recht auf ihren eigenen Verdienst haben?

4. Warum sollen die Witwen nicht, wie die Witwer, gesetzlich Vormund werden, da sie doch schon von Natur befähigte Hüter ihrer eigenen Kinder sind?

5. Mit welcher gerechten Begründung machen die Gesetze zwischen Männern und Frauen einen Unterschied in bezug auf Besitz von Eigentum, Erbschaft und Liegenschaftenverwaltung?

6. Warum soll die Frau, im Gegensatz zum Mann, Steuern zahlen ohne Vertretung in Behörden?
7. Warum können Frauen nicht verlangen, am Gericht durch Ebenbürtige beurteilt zu werden, mit dem gleichen Recht wie Männer es verlangen und beurteilt werden?
8. Wenn Frauen den Schutz des Gesetzes benötigen und den Strafen wie die Männer ausgesetzt sind, warum sollen sie nicht auch gleichen Einfluß haben bei der Gesetzgebung?
9. Und schließlich: Wenn die Regierungen, wie es unserer nationalen Unabhängigkeitserklärung entspricht, ihre gerechte Macht von der Zustimmung der Regierten ableiten, warum sollen die Frauen, im Gegensatz zu den Männern, ohne ihre Zustimmung regiert werden? Und warum entspricht das Recht der Frauen auf Teilnahme bei den Wahlen und Abstimmungen nicht genau demjenigen der Männer? Um Antworten auf diese und ähnliche Fragen zu finden und um passende Vorkehrungen zu treffen, das bestehende Unrecht der Frau den Gesetzgebern der nächsten Session vorzulegen, bitten wir, die Unterzeichneten, Männer und Frauen zum Konvent zu erscheinen, in der Stadt Rochester, am Mittwoch, 30. November, und Donnerstag, 1. Dezember 1853.»

Beim Konvent in Rochester wurden zwei Komitees ernannt. Eines bereitete ein Schreiben an die Industriellen im Staat New York vor; es ging um bessere Arbeits- und Verdienstmöglichkeiten für Frauen. Das andere Komitee entwarf ein Schreiben an die Gesetzgeber mit der Bitte um eine besondere Audienz, in der das ganze Thema «gerechte und gleiche Rechte für die Frau» erörtert werden sollte.
Nach diesen Kämpfen in den fünfziger Jahren des vorigen Jahrhunderts dauerte es fast noch siebzig Jahre, bis den Frauen in den Vereinigten Staaten endlich das allgemeine Wahlrecht gewährt wurde! Amelia Bloomers Freundin Susan B. Anthony, die sich 1872 «unerlaubt» an den Wahlen in Rochester beteiligte, wurde zu einer Buße von hundert Dollar verurteilt. Sie gab trotzdem weiterhin bei jeder Wahl ihre Stimme ab und forderte die Frauen Amerikas auf, ihrem Beispiel zu folgen.
Und was ist inzwischen aus dem «unanständigen» Bloomer-Kostüm geworden? Es gilt noch immer als Symbol für den Einsatz der Amerikanerinnen, Freiheit, Fortschritt und Men-

schenrechte zu erkämpfen. Der Papst läßt 1868 dieses Kostüm auf den Index setzen. Längst jedoch tragen es in Europa, besonders in England, die Frauen, die anfangen, Sport zu treiben. Die ersten Radfahrerinnen beispielsweise steigen in weiten Pluderhosen, die sie ‹Bloomers› nennen, aufs Stahlroß. Mrs. Amelia Bloomer, mittlerweile fast siebzig Jahre alt, erfährt davon und freut sich darüber. Auch für andere Sportarten wie Tennis, Turnen, Schwimmen eignet sich das praktische Bloomer-Kostüm mit seinen Pumphosen.

Amelia Bloomer allerdings und ihre Mitkämpferinnen sind in späteren Jahren wieder in lange Röcke «umgestiegen». Wir mußten», erklärt das Elizabeth Stanton, «um ständige Begaffung, Kritik, Spott und Verfolgung zu meiden, eine nach der anderen wieder in die alte Sklaverei gehen und unsere Bewegungsfreiheit der Ruhe opfern.»

Im Kampf um die Rechte der Frau aber hat sich keine der mutigen Pionierinnen zur Ruhe gesetzt. Amelia Bloomer gründet 1870 die «Gesellschaft für politische Gleichberechtigung der Frau», deren Präsidentin sie wird. Unermüdlich ist sie tätig für bessere Ausbildungsmöglichkeiten und Anstellungen. 1880 berichtet sie stolz: «Alle Kuratoren der öffentlichen Bibliothek in Council Bluffs (dort lebte sie seit 1855) sind Frauen. Alle Lehrstellen an den öffentlichen Schulen, mit einer oder zwei Ausnahmen, sind von Lehrerinnen besetzt. Und man findet auch in den Geschäften viele Frauen unter den Angestellten.»

1894, im Alter von sechsundsiebzig Jahren, stirbt A. Bloomer. «Sie war eine Pionierin in der Emanzipation der Frau», sagt der Pfarrer ihrer Gemeinde in einem Gedenkgottesdienst. «Zu ihren Lebzeiten sah sie noch vieles verwirklicht. Zahlreiche Schranken sind gefallen. Starre Rückständigkeit ist gewichen, die Mitarbeit der Frau wird möglich. Tausende von ihnen haben ein Betätigungsfeld und Verdienst gefunden. Alle, denen Amelia zum Erreichen dieser Ziele verhalf, mögen sie in dankbarer Erinnerung behalten.»

Zum Weiterlesen:

Charles Neilson Gattey: *Amelia Bloomer.* Zürich 1968.

Eleanor Flexner: *Hundert Jahre Kampf. Die Geschichte der Frauenrechtsbewegung in den Vereinigten Staaten.* Frankfurt a. M. 1978.

Louise Otto-Peters in ihrer Zeit

1817	Wartburgfest der Deutschen Burschenschaften. Unter den Farben Schwarz-Rot-Gold fordern sie die Einheit Deutschlands.
1830	Juli-Revolution in Paris. Unruhen in Braunschweig, Göttingen, Sachsen, Kurhessen.
1830	Revolutionär gesinnte deutsche Mädchen und Frauen schmücken sich mit blau-weiß-roten Schleifen und Tüchern.
1831	In Sachsen wird die Geschlechtsvormundschaft für Frauen aufgehoben.
1835	Zwischen Nürnberg und Fürth fährt die erste deutsche Eisenbahn.
1844	Aufstand der Weber in Schlesien.
1844	In den *Vaterlandsblättern* des deutschen Demokraten Robert Blum fordert Louise Otto (anonym) die Teilnahme der Frauen am Staatsleben.
1848	März-Revolution in Deutschland.
1848	Revolutionär gesinnte deutsche Mädchen und Frauen tragen schwarz-rot-goldene Bänder und Gürtel.
1850 *Dezember*	Louise Otto muß ihre *Frauen-Zeitung* in Sachsen einstellen.
1852	Louise Otto muß ihre *Frauen-Zeitung* in Thüringen einstellen.
1853 *Januar*	*Die Gartenlaube* wird in Leipzig gegründet: «Ein Blatt fürs Haus und für die Familie».

«Dem Reich der Freiheit werb' ich Bürgerinnen»

Es war einmal ... tatsächlich, Louise Ottos Kindheit läßt sich wie ein Märchen erzählen.

Es war einmal ein kleines Mädchen, die jüngste von vier Töchtern, ein verwöhntes Nesthäkchen, das in einem efeuumrankten Biedermeierhaus in Meißen im Königreich Sachsen aufwuchs. Der Vater, Justizrat von Beruf, konnte seiner Familie ein Leben bieten, das Louise Otto später selbst als «fast märchenhaft» schildert. Neben dem großen 14-Zimmer-Haus in Meißen besaßen die Ottos noch eine Sommerwohnung mit eigenem Weinberg. Die Mutter war «vom frühen Morgen an in der Wirtschaft tätig». Und es gab wahrhaftig genug zu tun im Haushalt: Seife wurde im Hause selbst hergestellt, Talglichter gegossen, Brot und Kuchen gebacken, alle Wäsche mit der Hand genäht. Und – wichtigste Aufgabe – die Vorratskammern mußten gefüllt werden.

Louise Otto berichtet: «In großen Kellern lagerten ganze Kufen vom Rhein mit den besten Sorten gefüllt, daneben friedlich der sonst so verrufene Meißner in veredelter Gestalt... Daneben ein andrer Keller, wo auf besonderen Gestellen viele Scheffel Äpfel wohlgeordnet lagen, darunter die Kartoffeln, dann zwei riesenhafte Pökelfässer, wohlgefüllt mit Rind- und Schweinefleisch, das dann später in den eigenen Räucherkammern auf dem Boden durch Holzrauch in den Essen mit vielen Würsten noch eine zweite Zubereitung erhielt. In Gewölben des Erdgeschosses Buttertöpfe von allen Größen wohlgefüllt, zum Kochen für den Winter, Fässer und Krüge mit Gurken und Gemüsen, ganze Schränke voll Büchsen mit eingemachten Früchten, ganze Horten voll gebacknes Obst, Eier in Stellagen mit Löchern zierlich aufgestellt, und dann, je nach Jahreszeit, Wild vom kleinsten bis zum größten, Geflügel und so weiter...»

Wenn man bedenkt, daß überdies noch eine «Kuchenstube» voller Backwerk zum Haushalt gehörte, fühlt man sich wahrhaftig ans «Schlaraffenland» erinnert.

Typisch für die Familie Otto – und prägend für Louises Lebensweg – ist jedoch die Tatsache, daß bei aller Wohlhabenheit hier keine satten Bürger das Zeitgeschehen verschlafen. So hält der Justizrat mehrere Zeitungen, die er ausdrücklich seinen Töchtern zur Lektüre empfiehlt: «Lest sie, damit, wenn von der Zeitgeschichte die Rede ist, ihr nicht dumm dabei sitzt und euch schämen müßt!»

Beim Bohnenschneiden und Pilzeputzen, Leinennähen und Strümpfestricken wird vorgelesen – und diskutiert. Schillers Freiheitsdramen, das sich gegen die Fremdherrschaft auflehnende Griechenland und die Unruhen in Frankreich stehen im Mittelpunkt der Gespräche. Louise und ihre Schwestern erhalten auch einen guten Schulunterricht, «von jungen Kandidaten, die sich für verpflichtet hielten, selbst die kleinen Mädchen über das aufzuklären, was um sie herum geschah». So beschreibt Louise Otto ihre Kindheit.

Mit Leidenschaft lernt die Kleine Szenen aus Schillers Dramen auswendig. Bei den Damenkränzchen ihrer Mutter erscheint sie manchmal, eingehüllt in einen großen Spitzenschal, und deklamiert Monologe aus der *Jungfrau von Orleans*. Heimlich schreibt sie Gedichte.

Eine Szene bleibt der jungen Louise für immer im Gedächtnis: Es ist der Augenblick, wie ihr Vater die Mutter umarmt und mit ihr und den Töchtern feiert, daß die Geschlechtsvormundschaft für Frauen in Sachsen aufgehoben worden ist. Ihr wird erklärt, daß bislang der Mann politischer, moralischer und ökonomischer Vertreter der Frau war, der Verwalter ihres Vermögens und zugleich ihr Vormund. Ab jetzt aber sind Frauen durch ein neues Gesetz den Männern in vermögensrechtlichen Dingen gleichgestellt. «Gott sei Dank», hört Louise ihre Mutter sagen, «das ist auch für die Mädchen gut.»

In diesem Moment ahnt Louise nicht, wie wichtig schon sehr bald die Gesetzesänderung für sie sein wird. Noch lebt sie geborgen im Elternhaus. Eins aber hat sie schon in jungen Jahren den meisten anderen Bürgertöchtern voraus – ihre Eltern haben sie zur Eigenverantwortlichkeit und Weltoffenheit erzogen.

1831 stirbt Louises älteste Schwester. 1835 verliert Louise ihre

Eltern. Die «tückische Schwindsucht», wie es in der Sprache ihrer Zeit heißt, zerstört die Märchen-Idylle.

Was Louise und ihre zwei Schwestern jetzt mit ihrem Leben anfangen, gilt bei allen Außenstehenden als «Heldentat». Sie nehmen die Verwaltung ihres Vermögens selbst in die Hände. In den Sommermonaten wohnen sie im Landhaus auf ihrem Weinberg und erledigen gemeinsam die Haus- und Gartenarbeit. Sie schaffen sich sogar ein Sprachrohr an, um einander zurufen zu können, wenn eine von ihnen Hilfe braucht.

Im Grunde genommen hat Louise Otto «Glück im Unglück». Der frühe Tod ihrer Eltern gibt ihr die Möglichkeit, Jahre mit sich selbst zu verbringen. Sie ist siebzehn, schwärmerisch, phantasievoll und sehr nachdenklich. Niemand ist da, der sie in eine bestimmte Richtung zwingen könnte. Erst noch tastend, dann immer sicherer, entwickelt sie ihre eigenen Gedanken. Ehe und Haushalt können nicht die einzige Aufgabe der Frau sein. Öffentlichkeitsarbeit ist keine rein männliche Angelegenheit, auch Frauen sollen Anteil daran nehmen. Solche Überlegungen gehen ihr durch den Kopf.

1843 äußert sie sich zum erstenmal in diesem Sinne: In den *Sächsischen Vaterlandsblättern* wird die Frage diskutiert: Haben die Frauen ein Recht zur Teilnahme an den Interessen des Staates? Louise Otto meldet sich zu Wort und schreibt: «Die Teilnahme der Frauen an den Interessen des Staates ist nicht ein Recht, sondern eine *Pflicht.*»

Frauen zu Bürgerinnen zu erziehen und sie in das gesellschaftspolitische Leben einzugliedern – für dieses Ziel wird Louise Otto von nun an ihr Leben lang arbeiten.

Ihre zwei Schwestern heiraten. Eine zieht mit ihrem Mann ins Erzgebirge und lädt Louise zu einem längeren Besuch ein. Noch nie hat die junge Frau eine so «große Reise» gemacht. Alles ist ein Abenteuer für sie – die Fahrt in der Postkutsche, die fremdartige Gebirgslandschaft und die erste Begegnung mit ... «Feenpalästen», denkt die junge Reisende, als sie an großen mehrstöckigen Gebäuden mit hell erleuchteten Fenstern vorbeikommt. «Das sind Spinnereien», wird sie belehrt. Fabriken. Arbeiter und Arbeiterinnen, die kaum das Lebensnotwendige verdienen. Und nebenan Fabrikherren, die ihren Luxus genießen.

Louise Ottos erste Begegnung mit dem industriellen Frauenproletariat öffnet ihr die Augen. Ihre Eindrücke und Erfahrungen schildert sie in einem Roman: *Schloß und Fabrik.* Sofort nach Erscheinen wird das Buch verboten. Eine «sehr gefährliche Demokratin» scheint da am Werk zu sein! Eine, die sich ganz und gar nicht einschüchtern läßt. «Exzellenz, ich bin eine prinzipielle Gegnerin der Zensur!» entgegnet sie kurz und knapp dem Minister, der ihr Buch eingezogen hat. Das ist 1847. 1848, während der deutschen März-Revolution, geht Louise Otto noch eine Schritt weiter.

In Sachsen hat sich eine «Arbeiterkommission» gebildet, die aus Sachverständigen und den demokratisch gewählten Vertretern der Gewerbezweige zusammengesetzt ist, eine Kommission, die die Grundlagen für eine neue Gewerbeordnung schaffen soll. Mit Sicherheit, so mag Louise Otto gedacht haben, wird keiner der maßgeblichen Herren auf die Idee kommen, sich der wehrlosen Arbeiter*innen* anzunehmen, man wird, wie üblich, nur über die Probleme der Männer diskutieren. Darum schreibt sie einen Aufruf, den sie *Adresse eines deutschen Mädchens* nennt. Darin heißt es: «Glauben Sie nicht, meine Herren, daß Sie die Arbeit genügend organisieren können, wenn Sie nur die Arbeit der Männer und nicht auch die der Frauen mit organisieren – und wenn alle an sie zu denken vergessen: ich werde es nicht vergessen!»

Ihre *Adresse* wird von allen deutschen Blättern abgedruckt und als eine politische Tat behandelt.

1849: Die Revolution ist gescheitert: die Reaktion hat die Oberhand gewonnen. Louise Otto, die 1848 mitten in der Bewegung stand – soweit ihr das als Fau möglich war –, sucht sich eine neue Aufgabe. Sie gründet eine eigene *Frauen-Zeitung*, die unter dem Motto erscheint: «Dem Reich der Freiheit werb' ich Bürgerinnen.» Eine Frauen-Zeitung also – harmlos hört sich das an. Warum aber muß die Herausgeberin in den nächsten Jahren Haussuchungen, Paßverweigerungen und polizeiliche Verhöre über sich ergehen lassen? Warum wird sie 1850 gezwungen, ihr Wochenblatt einzustellen? Warum wird sogar von nun an Frauen in Sachsen die Redaktion von Zeitschriften untersagt? Louise Otto läßt ihre Zeitung von 1850 bis 1852 in Thüringen erscheinen – dann wird auch dort Frauen das Redigieren von Zeitungen verboten.

Tatsache ist, daß es zwar seit der Reformationszeit Zeitungen und Zeitschriften für Frauen gab. Doch diese Journale dienten in erster Linie der Unterhaltung, und sie belehrten ihre Leserinnen darüber, wie sie ihre Aufgaben in der Familie zu bewältigen hätten.

Während der 48er Revolution nun erscheinen politische Frauenzeitschriften. In Köln zum Beispiel gibt Mathilde Franziska Anneke ein Wochenblatt mit dem gleichen Titel heraus wie Louise Otto in Meißen. Louise Ottos *Frauen-Zeitung* hält sich am längsten von allen. Zahlreiche Beiträge schreibt sie selbst, einige anonym. Neben typischen «Frauenthemen» veröffentlicht Louise Otto Solidaritätsbekundungen mit den Achtundvierziger-Idealisten, Berichte über die Lage der politischen Gefangenen und Proteste gegen die Behandlung der Opfer.

Das macht ihre Zeitung so außerordentlich «verdächtig». Und überdies arbeitet Louise Otto mit einem Trick: Artikel, die sich mit Literatur und Kunst befassen, das weiß sie, sind weiblichen Lesern vertraut, «so etwas» zu lesen, ist gesellschaftlich anerkannt. Darum schleust sie in all diese Themen politisches Gedankengut ein. Wieviel sie damit erreicht, zeigt am besten ein empörter Leserbrief aus dem Jahr 1850. Da schreibt eine Karoline Muffler, daß ihre Freundinnen «ganz verdreht» sind, seit sie dieses Blatt lesen: «Woher kommt es, daß sogar die Frauen keine Ehrfurcht mehr haben vor den Vornehmen und Gewaltigen?... Woher es kommt? Weil die Frauen Zeitungen lesen, und ich sage: Frauenzeitungen. Gehört sich das für Hausmütter? Was soll aus die Kinderzucht werden, was soll mit das Haus werden? Was soll aus Treu und Respekt werden vor dem Landesherrn?... Ich muß nun schließen, denn ich höre meinen Schweinsbraten in der Küche zischen! Wie mag es wohl in Ihrer Küche stehen? Da wird wohl nicht viel zischen!» Vermutlich wird bei Louise Otto manch ein Braten in der Küche «gezischt haben». Denn gegen gutes Essen und ein angenehmes Zuhause hat sie wahrhaftig nicht gekämpft. Auch nicht gegen die Ehe «an sich». Sie ist seit 1849 verlobt mit dem Schriftsteller und Freiheitskämpfer August Peters, der bis 1856 als politischer Gefangener im Zuchthaus sitzt. Jahrelang kann Louise Otto ihren Verlobten nur während der kurzen erlaubten Besuchszeiten im Gefängnis sehen. Und ihm nicht einmal die Hand geben. Denn zwei weit auseinanderstehende Gitter machen jede Berührung unmöglich.

1858 kann Louise Otto den Mann, den sie liebt, heiraten. Er gründet in Leipzig die demokratische *Mitteldeutsche Volkszei-*

tung, an der Louise Otto-Peters bis 1865, ein Jahr nach seinem Tod, das Feuilleton leitete.

1865 taucht in Leipzig ein gewisser Herr Korn auf, der Vorträge über «Frauenfrage und Volkserziehung» halten will. Louise Ottos Freundin Auguste Schmidt (sie ist übrigens Lehrerin an der ersten Fortbildungsschule für Frauen und unterrichtet dort Clara Zetkin) schildert diesen Herrn Korn als einen «wunderlichen Mann, der gewiß die besten Absichten hatte, sich aber in planlose und ziellose Phantastereien verirrte». Eine von Korns Ideen: Er will einen Frauenbildungsverein gründen. Offensichtlich sind seine Vorstellungen, wie das Ganze aussehen soll, ziemlich wirr. Aber dieser merkwürdige Typ löst etwas aus. Er, der längere Zeit in Amerika gelebt und dort Kontakt mit der Frauenbewegung gewonnen hat, bringt Louise Otto-Peters und Auguste Schmidt dazu, am 18. Oktober 1865 in Leipzig eine Frauenkonferenz einzuberufen. So etwas hat es bis dahin in Deutschland noch nie gegeben.

Auguste Schmidt berichtet: «Zum erstenmal sollte Louise Otto in einer großen, sehr verschiedenartig zusammengesetzten Versammlung den Vorsitz führen. Sie schrak vor dieser Aufgabe zurück.» Doch ihre Angst, nicht öffentlich auftreten zu können, erweist sich als unbegründet.

Auguste Schmidt: «Sie zeigte eine solche Kenntnis der parlamentarischen Formen, daß diejenigen, welche sich mit der Absicht eingefunden hatten, die ganze Sache zu verspotten und die Verhandlungen zu stören, verstummten.»

Das von Louise Otto-Peters entworfene Programm wird angenommen:

«§ 1: Wir erklären nach dem Beschluß der ersten deutschen Frauenkonferenz: die Arbeit, welche die Grundlage der ganzen neuen Gesellschaft sein soll, für eine Pflicht und Ehre des weiblichen Geschlechts, nehmen dagegen das Recht der Arbeit in Anspruch und halten es für notwendig, daß alle der weiblichen Arbeit im Wege stehenden Hindernisse entfernt werden.

§ 2: Wir halten es für ein unabweisbares Bedürfnis, die weibliche Arbeit von den Fesseln des Vorurteils, die sich von den verschiedensten Seiten gegen sie geltend machen, zu befreien. Wir halten in dieser Hinsicht neben der Agitation durch Frauenbildungsvereine und die Presse die Begründung von Produktiv-Assoziationen, welche den Frauen vorzugsweise empfohlen werden, die Errichtung von Industrie-Ausstellungen für Mädchen, die Errichtung von Mädchenherbergen, endlich aber auch die Pflege höherer wissenschaftlicher Bildung für geeignete Mittel, dem Ziele näher zu kommen.

§ 3: Sich mit diesen Punkten eingehend zu beschäftigen und sie zu verwirklichen, sobald die nötigen Mittel dazu vorhanden sind, ist der Zweck des Allgemeinen Deutschen Frauenvereins.»

Diesem Programm entsprachen die Statuten, die anschließend von neunzehn Frauen unterzeichnet wurden. Männer, so hatte Louise Otto es bestimmt, waren von der Mitgliedschaft ausgeschlossen. Denn: «Nur wenn wir Frauen lernen, uns aus eigener Kraft zu helfen, können wir selbständig werden und in späteren Jahren als Gleichgestellte mit den Männern arbeiten.»

Bis zu ihrem Tod – dreißig Jahre später – blieb Louise Otto-Peters neben Auguste Schmidt Vorsitzende im Allgemeinen Deutschen Frauenverein, der ersten organisierten Frauenvereinigung Deutschlands. *Neue Bahnen* hieß das Vereinsorgan, das sie herausgab.

Jährlich fand eine Generalversammlung statt, jeweils in einer anderen Stadt Deutschlands, und überall wurden Frauenbildungsvereine gegründet, die das «Recht auf Erwerb» (so heißt auch eine 1866 von Louise Otto-Peters veröffentlichte Schrift) forderten. Für die bürgerliche Frauenbewegung in Deutschland ist Louise Otto-Peters *die* Bahnbrecherin. «Die Lerche der deutschen Frauenbewegung» haben ihre Nachfolgerinnen sie genannt. Zugegeben, das klingt heutzutage zu poetisch. Sie selbst aber hätte diese Bezeichnung sicher gern gehört. Denn der Frühling mit seinen Symbolen wie Lerchenschlag und Birkengrün bedeutete für Louise Otto Zukunft.

«Ich glaube an eine bessere Zukunft, und kommt der Frühling nicht heute, so kommt er doch sicher.»

Das schrieb die Dreiundzwanzigjährige. Und daran hielt sie fest bis zu ihrem Tod als Sechsundsiebzigjährige.

Zum Weiterlesen:

Werke von Louise Otto *(Auswahl):*

In Bibliotheken auszuleihen:

Ludwig der Kellner. Leipzig 1843. *Kathinka.* Leipzig 1844. *Die Freunde.* Leipzig 1845. *Schloß und Fabrik.* Leipzig 1847. *Römisch und Deutsch.* Leipzig 1847. *Lieder eines deutschen Mädchens.* Leipzig 1847. *Die Teilnahme der weiblichen Welt am Staatsleben.* Leipzig 1847. *Das Recht der Frauen auf Erwerb.* Hamburg 1866. *Der Genius des Hauses.* Wien 1868. *Der Genius der Menschheit.* Wien 1869. *Der Genius der Natur.* Wien 1870.

Das erste Vierteljahrhundert des Allgemeinen Deutschen Frauenvereins. Leipzig 1890.

‹*Dem Reich der Freiheit werb' ich Bürgerinnen*›. *Die Frauen-Zeitung von Louise Otto-Peters.* (Reprint der ersten beiden Jahrgänge) Hg. von Ute Gerhard, Elisabeth Hannover und Romina Schmitter. Frankfurt 1979.

Schriften zu der Autorin:

Auguste Schmidt und Hugo Rösch: *Louise Otto-Peters, die Dichterin und Vorkämpferin für Frauenrecht.* Leipzig 1898.

Ludwig Fränkel: *Louise Otto.* Allg. Dt. Biogr. Bd. 52. Leipzig 1906.

Helene Lange: *Louise Otto-Peters.* Gedenkblatt zum 100. Geburtstag. *Die Frau,* 26. Jahrgang 1918/19.

Anna Blos: *Frauen der Deutschen Revolution 1848.* Dresden 1928.

Clara Zetkin: *Zur Geschichte der proletarischen Frauenbewegung Deutschlands.* Moskau 1933, Frankfurt/M. 1971.

Alice Salomon: *Heroische Frauen.* Zürich und Leipzig 1936.

Gertrud Bäumer: *Gestalt und Wandel.* Berlin 1939.

Marie Juchacz: *Sie lebten für eine bessere Welt.* Berlin 1953.

Margit Twellmann: *Die deutsche Frauenbewegung,* ihre Anfänge und ihre erste Entwicklung 1843–1889. Meisenheim 1972.

Jutta Menschik: *Grundlagentexte zur Emanzipation der Frau.* Köln 1976.

Jutta Menschik: *Feminismus. Geschichte, Theorie, Praxis.* Köln 1977.

Renate Möhrmann: *Frauenemanzipation im deutschen Vormärz.* Stuttgart 1978.

Ruth-Esther Geiger und Sigrid Weigel: *Sind das noch Damen?* München 1981.

120

Florence Nightingale in ihrer Zeit

1785	In England wird die *Times* gegründet.
1836	Theodor Fliedner gründet das erste evangelische Diakonissen-Mutterhaus in Kaiserwerth.
1837	Charles Dickens schreibt *Oliver Twist*.
1837	Victoria wird Königin von Großbritannien: das «Victorianische Zeitalter» des Bürgertums beginnt.
1853	Beginn des Krieges Rußland gegen die Türkei, Frankreich und Großbritannien («Krimkrieg»).
1854	Im «Krimkrieg» macht Roger Benton die ersten Kriegsfotos.
1854	Seit diesem Jahr gibt es das katholische Dogma der Unbefleckten Empfängnis Mariä.
1855	Florence Nightingale wird von ihren Landsleuten als «Lady mit der Lampe» verehrt.
1856	Ende des «Krimkriegs».
1857	Großbritannien wirft den Aufstand in Indien nieder.
1876	Königin Victoria von Großbritannien nimmt den Titel Kaiserin von Indien an.
1907	Eduard II., Nachfolger der Königin Victoria, verleiht Florence Nightingale den «Orden für hohe Verdienste um das Britische Reich und die Menschheit».

«Wer helfen will, darf kein sentimentaler Schwärmer sein»

Tagträume – welches junge Mädchen hätte die nicht manchmal? Bei Flo aber nimmt das neuerdings bedenkliche Formen an. Flo, so wird die siebzehnjährige Engländerin Florence Nightingale genannt, zieht sich oft stundenlang in ihr Zimmer zurück, legt sich aufs Bett und versinkt in Träumereien. Spricht man sie darauf an, reagiert sie mürrisch, schlecht gelaunt, gereizt. Sie sollte sich ein Beispiel an ihrer Schwester Parthe nehmen. Parthe, ein Jahr älter als Flo, weiß zu würdigen, was die Eltern Nightingale ihren Töchtern bieten: Handarbeits- und Zeichenunterricht, Klavierstunden, Bälle, Jagdgesellschaften und Reisen, in die Schweiz, nach Italien und Frankreich. Alles in allem eine erstklassige Erziehung. Sicher werden bald die ersten Verehrer auftauchen, und man kann damit rechnen, daß Flo und Parthe eine gute Partie machen werden. Das ist schließlich das wichtigste im Leben einer Frau, oder?

«Zeitverschwendung!» nennt Flo geringschätzig all diese Tätigkeiten, die sie zu Hause lernen muß. Sie langweilt sich bei den unendlich langen Gesprächen darüber, wohin man in den Ferien reisen will und ob man überhaupt reisen soll und welchen neuen Teppich man anzuschaffen gedenkt und ob die Köchin entlassen werden müßte oder vielleicht eher der Kutscher. Lieber träumt sie von künftigen Heldentaten, die sie irgendwann einmal vollbringen will. Ihre Gedanken und Gefühle kann sie niemand mitteilen. Also schreibt sie sie auf. Sie beschreibt alles, was ihr gerade in die Hände fällt. Alte Stücke Löschpapier, Kalenderblätter, Briefumschläge und Aktenbögen. «Meine persönlichen Aufzeichnungen» nennt sie das. Natürlich darf niemand wissen, was sie da notiert, genau wie niemand wissen darf, was sie träumt. Am 7. Februar 1837 hat sie einen Satz aufgeschieben, der für sie der wichtigste in ihrem ganzen Leben sein wird: «Gott sprach zu mir und berief mich in Seinen Dienst.»

Sie hat tatsächlich eine «Stimme» gehört. Fast vierzig Jahre später, in einer Aufzeichnung aus dem Jahr 1847, bestätigt sie, die «Stimme» viermal in ihrem Leben gehört zu haben.

Flo fühlt sich also «berufen». Aber wozu? Acht lange Jahre vergehen, bis sie allmählich dahinterkommt, zu was sie sich «berufen» fühlt. Es sind qualvolle Jahre für die junge Florence Nightingale.

«Mein Tageslauf war nicht mühselig, aber langweilig», schilderte sie später diese Zeit. Ihr Vater hatte es gern, wenn seine beiden Töchter nach dem Frühstück bei ihm in der Bibliothek saßen, während er in der *Times* blätterte und vorlas: «Kleine, zusammenhanglose Stücke aus einem Buch oder einer Zeitung anhören müssen! Nun, Parthe machte dieses morgendliche Vorlesen weiter nichts aus, sie zeichnete ruhig weiter, aber für mich, die ich keine solche Deckung hatte, war die Sache verzweifelt langweilig!» Ihren «persönlichen Aufzeichnungen» vertraute sie damals an: «Was ist meine Aufgabe in dieser Welt, und was habe ich die letzten vierzehn Tage getan? Ich habe Vater ein Buch und zwei Kapitel vorgelesen und Mama zwei Bände. Sieben Tonleitern auswendig gelernt. Verschiedene Briefe geschrieben, mit Papa ausgeritten. Acht Besuche gemacht, Gesellschaft geleistet. Das ist alles.» Und ein andermal, auch in jenen Jahren: «Ich sehe so viele meiner Art, die verrückt geworden sind, weil sie nichts zu tun hatten. Leute, die so glücklich sein könnten...»

Flos Eltern allerdings waren davon überzeugt, daß sie für ihre Töchter nur das Beste taten. Immerhin war mittlerweile ja auch schon ein Freier für Florence in Sicht: Richard Monckton Milnes, Erbe eines großen Besitzes in Yorkshire. Während er um Florence warb, hatte das junge Mädchen völlig andere Gedanken im Kopf. Ihr wurde allmählich zur Gewißheit, daß ihre Berufung den Kranken in den Spitälern galt.

Nein, es ist absolut nicht «passend» und «statthaft» für eine junge Engländerin aus guter Familie, sich in Krankenhäusern «herumzutreiben». Als junge Dame aus besseren Kreisen ist man barmherzig und großzügig, das schon. Man verteilt warme Suppen und Geldstücke an die Armen in Arbeitshäuser, Spitälern und Gefängnissen. Damit hat man hinreichend bewiesen, daß man Anteil nimmt am Schicksal anderer, denen es nicht so gut geht wie einem selbst. Und was hat sich Flo in den Kopf gesetzt? Sie will «Krankenpflege lernen»? Erstens gibt es da überhaupt nichts zu lernen, man braucht nur eine Frau zu sein, dann kann man auch Kranke versorgen, das liegt in der Natur der Frau. Und zweitens: Welch furchtbare Dinge können passieren, wenn ein Mädchen aus gutem Haus in eine solche Umgebung kommt...

«Mama war entsetzt,», schrieb Florence Nightingale Jahre später in einem Brief, «wegen der Dinge, die sich zwischen Ärzten und Pflegerinnen abspielen sollen. Ich könnte Unanständigkeiten hören. Dabei hörte ich viel unanständigere Dinge von den Töchtern ihrer besonders guten evangelischen Freunde, die im Kinderzimmer meine Gäste waren.»

Um das Entsetzen der Nightingales zu verstehen, muß man wissen, wie es in der Mitte des vorigen Jahrhunderts in den Krankenhäusern aussah. Die Patienten kamen aus den Slums, den sogenannten «Krähenlöchern»; zumeist waren sie an der Cholera erkrankt. Branntwein und Schnaps wurden in die Krankensäle eingeschmuggelt, und die Pflegerinnen tranken mindestens ebensoviel wie ihre Patienten. Die Kranken kamen voller Schmutz ins Spital und blieben schmutzig. Auch die Krankensäle wurden nur äußerst selten gereinigt. Pflegerin war ein durch und durch «dreckiger Beruf», der zum großen Teil von «gefallenen Mädchen» ausgeübt wurde. Viele verdienten ihr Geld zur Hälfte als Pflegerin, die andere Hälfte als Prostituierte.

Kein Wunder, daß Florence Nightingale mit ihrer Idee auf taube Ohren stieß. Kein Wunder auch, daß es noch Jahre dauern sollte, bis sie endlich ihre Wünsche verwirklichen konnte.

Vorerst bleibt ihr nur eine Möglichkeit. Sie sammelt Material über das öffentliche Gesundheitswesen und die Spitäler und wird so – zumindest in der Theorie – zu einer Expertin auf diesem Gebiet. Daheim aber gibt es immer noch Ärger mit der aufsässigen Tochter. Richards Heiratsantrag hat sie abgelehnt. Mit ihrer Schwester Parthe, die sich willig in das Leben als höhere Tochter fügt, gibt es täglich Streit: «Ich kann kaum meinen Mund auftun, ohne die liebe Parthe zu ärgern; alles, was ich sage oder tue, macht ihr Verdruß.» Und ebenso heftig zankt sie sich mit ihrer «Mama», über die sie schreibt: «Wie sehr ich sie enttäusche, macht mich ganz verrückt... Bin ich nicht ein Mörder, ihr Glück so zu zerstören?»

Erst als Frau von Anfang dreißig löst Florence Nightingale sich vom Elternhaus. 1851 schreibt sie über ihre Familie in einer ganz neuen Tonart: «Ich darf von ihnen kein Verständnis und keine Hilfe erwarten. Manches muß ich mir einfach *nehmen*. Ich muß es mir *nehmen*, denn es wird mir nicht gegeben.»

Aus der schuldbewußten Tochter ist eine selbständige junge Frau geworden, die zupackt. In der Diakonissenanstalt in Kaiserswerth am Rhein verbringt sie 1851 einige Monate. Sie bewundert die Hingabe, mit der die Diakonissen die Kranken pflegen. Aber die Hygiene findet sie «grauenhaft». Immer stärker wird ihre Überzeugung, daß die Krankenpflege von Grund auf reformiert werden muß. «Endlich weiß ich, was es heißt, zu leben und das Leben zu lieben», bekennt sie ihren Eltern in einem Brief. «Träume» braucht sie nicht mehr. «Ich habe mich selbst in die Hand bekommen», heißt es in einer persönlichen Aufzeichnung des Jahres 1852.

Hingabe und Aufopferung – ja. Aber das allein reicht nicht. Die Krankenpflege muß man erlernen wie jeden richtigen Beruf. Und die äußeren Umstände in den Spitälern müssen sich ganz entschieden ändern. Als Florence Nightingale nach London zurückkehrt, erregt sie Aufsehen mit solchen Gedanken. Ein neuer Typ von Pflegerinnen soll ausgebildet werden? Wie das? «Ich will keinen religiösen Orden gründen, sondern möchte eine hochbezahlte Karriere eröffnen. Mein Prinzip ist immer gewesen, daß wir jeder Frau, von welcher Klasse oder Sekte sie auch sei, die bestmögliche Ausbildung geben müssen, wenn sie sittlich, geistig, körperlich die notwendigen Voraussetzungen für den Beruf der Pflegerin hat... Wer Kranken helfen will, darf kein sentimentaler Schwärmer, sondern muß ein aufrechter Mensch sein, der harte Arbeit liebt.» Das sind typische Nightingale-Sätze. Und damit rennt sie gegen eine Wand von Vorurteilen. Jahrzehntelang.

März 1854: England und Frankreich haben Rußland den Krieg erklärt. Im September landen die alliierten Truppen auf der Krim. In der *Times* erscheinen Kriegsberichte, Schilderungen über die entsetzlichen Zustände in den britischen Lazaretten. Die verwundeten Männer müssen auf dem Boden liegen und sich in schmutzige Decken einwickeln. Es gibt keine Küche, nicht einmal Tassen oder Becher, um ihnen etwas zu trinken zu reichen. Sie werden nicht behandelt, weil nicht genügend Ärzte da sind. Sogar an Verbandsmaterial fehlt es. «Warum haben wir keine Barmherzigen Schwestern?» wird der amtierende Kriegsminister Sidney Herbert, der auch für das Gesundheitswesen in der Armee zuständig ist, anklagend gefragt. «Hierin sind uns die Franzosen weit überlegen!» Sidney Herbert handelt blitzschnell:

«Sehr geehrte Miss Nightingale,

Sie werden in den Zeitungen gelesen haben, daß in unserem Lazarett in Skutari ein großer Bedarf an Pflegerinnen herrscht. Ich erhalte zahlreiche Angebote von Damen, die hinausgehen möchten, aber es sind Damen, die keinen Begriff davon haben, was ein Lazarett ist, noch welcher Natur ihre Pflichten dort sein werden; und sie würden im Ernstfall entweder vor der Arbeit zurückschrecken oder völlig nutzlos sein und deshalb – was schlimmer ist – durchaus im Wege. Ich kenne in England nur eine Person, die in der Lage ist, ein solches Vorhaben zu organisieren und zu überwachen. Die Auswahl und Einteilung der Pflegerinnen wird in jeder Hinsicht nicht leicht sein. Läßt man einen Haufen begeisterter, sentimentaler Damen auf das Lazarett los, wo würden sie wahrscheinlich schon nach ein paar Tagen von denen vor die Tür gesetzt, deren Arbeit sie unterbrechen und deren Autorität sie anfechten würden. Meine einfache Frage ist also: Würden Sie Ihr Ohr der Aufforderung nicht verschließen, dieses Unternehmen zu leiten?»

Sein Schreiben kreuzt sich mit einem Brief, in dem Florence Nightingale der Regierung ihre Hilfe anbot.

Während Florence Nightingale die geeigneten Frauen für ein solches Unternehmen aussucht, wird ihr wieder einmal klar, wie wichtig es ist, aus dem «Krankenpflegen» einen richtigen Beruf zu machen. Denn entweder melden sich bei ihr Frauen, wie sie sie aus Londoner Spitälern schon kennt, «fette, trunksüchtige». Oder Ordensangehörige – Schwestern und Nonnen –, die sich mehr mit den Seelen als mit den Leibern der Patienten befassen wollen. «Ausgezeichnete, aufopfernde Frauen», sagt Florence Nightingale, «aber sie passen besser in den Himmel als ins Spital. Sie schweben wie Engel ohne Hände zwischen den Patienten umher.»

Die Zustände, die Florence Nightingale mit ihrer kleinen Truppe in den englischen Lazaretts von Skutari und Balaklawa vorfindet, sind noch schlimmer, als man nach den *Times-*

Berichten hatte annehmen können. So müssen zum Beispiel die vierzig Frauen in sechs Räumen hausen, von denen einer eine Küche und ein anderer ein winziges Kämmerchen ist. Schmutz und Verwahrlosung in den Unterkünften der Kranken und Verwundeten sind unbeschreiblich. «Verwöhnen Sie doch diese Bestien nicht!» bekommt Florence Nightingale zu hören. Sauberes Bettzeug und Krankenkost gelten als «unerhörter Luxus». Mit einer Zähigkeit, die man ihr als junges Mädchen niemals zugetraut hätte, setzt die «junge Frau aus gutem Haus» ihre Vorstellungen von Hygiene und Krankenbetreuung durch. Erfolg: Schon mit der Einführung der primitivsten Hygienemaßnahmen sinkt die Sterblichkeitsziffer. Innerhalb von wenigen Monaten verwandeln Florence Nightingale und ihre Pflegerinnen die Kasernen in menschenwürdige Unterkünfte und eröffnen neue Lazarette. Die Soldaten vergöttern «ihre» Miß Nightingale. Sie ist ein «Himmelsgeschenk», ein «Engel mit süßermunterndem Lächeln» und «die Lady mit der Lampe», die bis in die späte Nacht hinein Dienst bei den Schwerkranken und Verwundeten tut. Als sie im Jahr 1855 selbst am berüchtigten «Krimfieber» erkrankt, «drehten die Verwundeten sich zur Wand und weinten. Auf sie allein hatten sie ihre ganze Hoffnung gesetzt», schreibt ein Sergeant nach Hause.

Sie übersteht die Krankheit. Im Sommer 1856 verläßt der letzte Patient das Lazarett. Miß Nightingales Aufgabe ist erfüllt. Sie kann in ihre Heimat zurückkehren.

Inzwischen war in England eine Legende entstanden. Als die Überlebenden der britischen Armee heimgekommen waren, hatten sie im Nu die Geschichte der «himmlischen» Miß Nightingale verbreitet. Unzählige Lieder wurden über sie gedichtet. Schiffe nach ihr benannt, Porträts von ihr verkauft, und sie hielt Einzug in Madame Tussauds berühmtes Wachsfigurenkabinett... Ihr selbst ist der Wirbel, der um ihre Person gemacht wird, äußerst lästig. Eines aber macht sie stolz und glücklich: Sie hat es geschafft, daß Pflegerinnen von jetzt an Achtung und Ansehen genießen. Sie hat diesem Beruf ihr eigenes Bild aufgeprägt.

Mit einem «Nightingale-Fonds», der für sie gesammelt wurde, errichtet sie die erste Ausbildungsschule für Krankenpflegerinnen. Die Bewerberinnen werden nach strengen Richtlinien ausgesucht. Sie haben täglich Vorlesungen und müssen als

Hilfspflegerinnen praktisch arbeiten. Außerdem wird über jede ein «moralisches Protokoll» geführt. Denn nie wieder sollen Krankenpflegerinnen in den Ruf kommen, sie seien trunksüchtig, unwissend und unsittlich.

Florence Nightingale gibt in den nächsten Jahren statistisches Material über die britische Armee heraus, sie wird zur engagierten Beraterin, wenn es um den Bau neuer, den Erfordernissen der Hygiene entsprechender Krankenhäuser und Lazarette geht. Ihre Forderungen sind dem Kriegsministerium oft unbequem. Sie schreibt mehrere Bücher über ihre Erfahrungen. Am bekanntesten wird der Band *Bemerkungen über Krankenpflege,* ein praktisches Handbuch für die Familie. Es klingt so selbstverständlich, was sie darin verlangt: «Frische Luft, Licht, Reinlichkeit und angemessene Ernährung.» Doch für ihre Zeit waren das überraschende Neuerungen. Ja, Florence Nightingale wagt sogar, davon zu sprechen, junge Mädchen sollten mehr über ihren eigenen Körper wissen. Solche Sätze erregen die Gemüter! Wie reagiert eigentlich Florences Familie auf den plötzlichen Ruhm der einst so mißratenen Tochter?

Es gibt eine typische Szene, die Florence in einem Brief an eine Freundin schildert. Ihre Mutter und ihre Schwester liegen auf dem Sofa: «Ihre ganze Beschäftigung bestand darin, einander zu bitten, sich doch ja nicht beim Blumenordnen zu überanstrengen. Zu mir sagten sie: ‹Du führst ein sehr amüsantes Leben›... Zwei Leute in vollkommener Gesundheit, die den ganzen Tag auf dem Sofa liegen, reden sich und anderen ein, daß sie die Opfer ihrer Hingabe für jemand anders seien, der selbst an Überarbeitung stirbt!»

Vielleicht erklären solche Erfahrungen mit Frauen ihrer Gesellschaftsschicht, warum Florence Nightingale zeit ihres Lebens die Frauenbewegung skeptisch beurteilte. Sie lehnte es zum Beispiel ab, Frauen zu unterstützen, die unter den gleichen Bedingungen wie Männer den Arztberuf erlernen wollten. Ihrer Meinung nach hatten Frauen bereits mehr Möglichkeiten, als sie im Augenblick ausnutzen konnten. Auch vom Stimmrecht für Frauen hielt sie nichts. «Ich habe mein Stimmrecht nie vermißt», war ihr einziger Kommentar dazu.

In den letzten Jahren ihres Lebens – Florence Nightingale wurde neunzig – konnte sie ihre Wohnung nicht mehr verlassen. Sie wurde blind. Drei Jahre vor ihrem Tod erhielt sie als erste Frau vom englischen König den Orden für hohe Verdienste um das Britische Reich und die Menschheit. Als sie starb, gab es über tausend Nightingale-Schulen allein in den Vereinigten Staaten. Ihr Ziel, Krankenpflege zu einem anerkannten Beruf zu machen, war erreicht. Bis auf einen Punkt: Eine «hochbezahlte Karriere» – wie Florence Nightingale sich das vorgestellt hatte – ist bis heute nicht daraus geworden...

Zum Weiterlesen:
Cecil Woodham-Smith: *Florence Nightingale.* München 1952.

Hedwig Dohm in ihrer Zeit

1838	Die erste preußische Eisenbahn verbindet Berlin mit Potsdam.
1839	In Preußen wird die Kinderarbeit eingeschränkt.
1848	März-Revolution in Deutschland.
1848	Das politisch-satirische Witzblatt *Kladderadatsch* erscheint.
1865	Louise Otto-Peters und Auguste Schmidt gründen in Leipzig den Allgemeinen Deutschen Frauenverein.
1865/66	In Berlin wird der ‹Lette›-Verein gegründet (Verein zur Förderung der Erwerbsfähigkeit des weiblichen Geschlechts).
1875	Berlin wird Millionenstadt.
1876	Franziska Tiburtius, Deutschlands erste Ärztin, kommt nach Berlin.
1876	In Peußen gibt es fünf staatliche Lehrerinnenseminare.
1878	Das Bismarcksche Sozialistengesetz verbietet die sozialdemokratische Presse sowie alle Äußerungen des Sozialismus in Deutschland (bis 1890).
1879	August Bebels *Die Frau und der Sozialismus* erscheint (in der Schweiz).
1880	In Berlin entsteht die erste deutsche Poliklinik für Frauen (gegründet von Franziska Tiburtius).
1903	Otto Weininger beweist in seinem Buch *Geschlecht und Charakter* die Unterlegenheit der Frau.
1909	Die Berliner Universität öffnet sich offiziell den Frauen.
1919 *Januar*	Deutschlands Frauen dürfen zum erstenmal wählen.

«Mehr Stolz – ihr Frauen!
Der Stolze kann mißfallen, aber man verachtet ihn nicht»

Alles ist für immer festgelegt. So, wie's jetzt ist, so soll's ewig bleiben. Denn: Haben wir es nicht gut?
Hedwig Schleh aus Berlin, Fabrikantentochter, wächst in einer Zeit und in einer Familie auf, die solche Grundsätze predigt. «Eine Zeit für alte Leute.» So empfindet sie das als Kind, und so beschreibt sie es später. «Ein auswendig gelerntes Menschentum. Weltanschauungen, Meinungen, Lebenseinrichtungen waren fix und fertig zu beziehen. Die Naturgesetze vom Fließen aller Dinge schienen aufgehoben.»
Da läuft alles nach seinem festen Plan. Jahr für Jahr bringt Hedwigs Mutter ein Kind zur Welt – Hedwig ist das elfte von achtzehn Geschwistern. Sonntag für Sonntag wird zu Hause die «gute Stube» geheizt, weil dann Besuch kommt. Montags gibt's immer Bouletten und jeden Donnerstag Erbsen; das ist alles genau geregelt: «Und die Kinder mußten essen, was die Kelle gab, ob es ihnen schmeckte oder nicht. Das war Erziehung.»
Erziehung war auch, daß Hedwigs acht Brüder im Sommer schwimmen und rudern gingen, die Mädchen der Familie durften das nicht. «Knaben und Mädchen lebten in getrennten Welten. Meine acht Brüder schlitterten auf dem zugefrorenen Rinnstein, schneeballten sich, keilten sich untereinander, waren faul in der Schule und wuschen sich am liebsten gar nicht.»
Und die Töchter der Familie Schleh, Hedwig eingeschlossen? «Die saßen möglichst still, sittsam, machten Handarbeiten in den Feierstunden, von der mühsamen Petit-point-Strickerei bis zum ekligen Strumpfstopfen herunter.»
Die Mutter: «Eine erstklassige Hausfrau von stupender Lei-

stungsfähigkeit. Ich fürchtete mich vor meiner Mutter, vor ihren Gewaltsamkeiten. Herzhaft und mit gutem Gewissen wurde damals geprügelt. Die Kindermädchen knufften mit. Prügel und Erziehung waren beinah identisch.»

Und der Vater: «Mein Vater, der gab uns nie einen Schlag. Ein stiller ergebener Herr. Wir wußten nichts von ihm, er wußte nichts von uns. Tagsüber war er in seiner Fabrik; da sie weit hinten in der Königstadt lag und wir in der Nähe des Halleschen Tores wohnten, kam er mittags nicht nach Hause, erst gegen acht Uhr abends, wenn wir Kinder schon im Bett lagen. Ein Sonntagspapa nur.»

Wie sieht sie rückblickend ihre Kindheit in dieser großen und doch immerhin recht wohlhabenden Familie?

«Ich war ein leidenschaftlich unglückliches Kind... einsam unter siebzehn Geschwistern.»

Die Fünfzehnjährige muß die Schule verlassen und fortan ihre Tage so verbringen wie unzählige junge Mädchen im vorigen Jahrhundert: «Noch sehe ich den häßlichen Teppich vor mir, an dem ich Tag für Tag, Stunde für Stunde, arbeiten mußte», heißt es in ihren *Selbsterzählten Jugenderinnerungen*. «Ich sehe die großen knalligen Blumen, die nach einem Muster abgestickt wurden. Der Füllgrund war weiße Wolle. Und während ich Stich für Stich zählte, sah ich immer nach der Uhr, horchte auf die Korridorglocke, ob nicht plötzlich jemand eintreten würde, mich fortzuholen – fort, weit fort aus diesem Haus in der Friedrichstraße, aus dieser grünen Plüschstube... Und ich fing an, über mein Schicksal zu grübeln. Mußte denn das alles so sein, wie es war?... Warum mußte ich heimlich, als wär's ein Verbrechen, lesen? Warum durfte ich nichts lernen? Meine Brüder wollten und mochten nichts lernen und wurden dazu gezwungen...»

Wie sich die Schilderungen gleichen: Die Schriftstellerin Fanny Lewald, zwanzig Jahre älter als Hedwig, berichtet in ihrer *Lebensgeschichte*, wie sie sich Stunde um Stunde mit Taschentuchsäumen quälen mußte, als sie ein junges Mädchen war. Und die Schriftstellerin Lily Braun, dreißig Jahre jünger als Hedwig, wurde in ihrer Jugend mit Deckchensticken «stillgesetzt». Kein Wunder, daß alle drei Frauen sich – jede auf ihre Art – später für eine andere Form der Mädchenerziehung einsetzten.

Berlin, am 18. März 1848:
In der Stadt sind Unruhen ausgebrochen. «Revolution» – dieses Wort bedeutet für die junge Hedwig Schleh ein «scheußliches Verbrechen». So hat sie es in der Schule gelernt. Die Eltern verbieten ihr, auf die Straße oder gar in die Stadt zu gehen. Hedwig, noch keine fünfzehn Jahre alt, gehorcht nicht. Sie läuft einfach los. Unterwegs hört sie Gesang und sieht eine Gruppe von Studenten, unbewaffnet, aber mit schwarz-rotgoldenen Schärpen und mit Kränzen aus Eichenlaub. Sie singen patriotische Lieder. Kurz darauf kommen von der anderen Seite her berittene und bewaffnete Truppen. Als die Studenten auf ihr «Halt!»-Gebot nicht sofort reagieren, wird Feuer auf die Studenten eröffnet. Ein junger Mann fällt, tödlich getroffen, zu Boden, direkt vor Hedwigs Füße. Das junge Mädchen bricht in Tränen aus. «Ist das Ihr Bruder?» fragt jemand. Sie kann nicht antworten. «Aber», so schildert sie die Szene später, «in diesem Augenblick war er mein Bruder, der tote Jüngling da, der Held mit offener Brust, der für die Freiheit gefallen war... Man schob mich in die vorderste Reihe. Ich fürchtete mich sonst vor jedem Gedränge. Hier wäre mir Furcht lächerlich vorgekommen... Seit jener Stunde, wo ich den Adel im Volk geschaut und wo zwei tote Augen mein Innerstes durchschauert, war ich – man nannte es damals Demokratin. Von der Sozialdemokratie war, soviel ich mich erinnere, noch gar nicht die Rede. Ja, ich wurde eine blutrote Revolutionärin.»
Noch im hohen Alter – so erinnert sich die Dohm-Enkelin Hedda Korsch – betrachtete Hedwig Dohm dieses Erlebnis als *den* Wendepunkt in ihrem Leben.
Äußerlich ist in ihrem Lebenslauf davon vorerst nichts zu merken. Sie quält sich weiter mit Handarbeiten, besucht ein Lehrerinnenseminar, bricht die Ausbildung ab und heiratet 1852 den Schriftsteller Ernst Dohm. Dohm ist seit 1849 Redakteur des *Kladderadatsch,* einer satirischen Zeitschrift. Ist sie glücklich in dieser Ehe? Die Enkelin Hedda Korsch sagt, ihre Großmutter habe oft von einem Gefühl der «Befreiung» gesprochen, sich sonst aber wenig über ihre Ehe geäußert. Immerhin – im Hause Dohm tifft sich die geistige Elite der damaligen Zeit, und Hedwig Dohm wird viele wichtige Begegnungen und Anregungen gehabt haben. Fünf Kinder bringt sie als «Frau Dohm» zur Welt. In ihrer Schrift *Die Antifeministen* (erschienen 1902) sagt sie, wie ihr als werdende Mutter zumute war:

«Während meiner fünf Schwangerschaften litt ich, ganz im Gegensatz zu meiner Mutter, ein Martyrium, das mich zu Selbstmordgedanken brachte. Solange ich ruhelos und beschäftigungslos umherlief, war es am ärgsten. Da verfiel ich, um der Qual zu entgehen, darauf, spanische Verse (ich trieb damals gerade Spanisch) ins Deutsche zu übersetzen. Und das waren die einzigen erträglichen Stunden am Tage, wo ich in erregter geistiger Spannung, nach Worten und Reimen suchend, mich selbst und mein Leiden vergaß.»

Die Beschäftigung mit der spanischen Literatur wird für Hedwig Dohm so etwas wie ein Sprungbrett in die Öffentlichkeit. Denn der Verleger Gustav Hempel, ein Freund ihres Mannes überträgt ihr die Herausgabe des Bandes *Die spanische National-Literatur in ihrer geschichtlichen Entwicklung.* Hedwig Dohm, die zeitlebens ihre sehr mäßige Mädchen-Schulbildung beklagte, bekommt durch diese erste selbständige Arbeit Selbstbewußtsein. Ab 1872 veröffentlicht sie das, worum es ihr eigentlich geht: Streitschriften für Frauenrechte. Sie greift von nun an alle geheiligten Institutionen an. Die Pastoren. Die Philosophen. Und die Frauenärzte.

«Seit Hedwig, die Banditenbraut, Aufsehen in der Literatur machte, ist noch keine zweite Hedwig mit so abenteuerlichem Eclat in die Öffentlichkeit getreten.»

So wird Hedwig Dohm im *Leipziger Tageblatt* von einem Kritiker namens Wistling streng gerügt.

Ein besseres Kompliment hätte er nicht formulieren können. Sie ist, von ihrer ersten Streitschrift an, nicht nur «abenteuerlich», sie ist «radikal». Und das sieht sie selbst so: «Radikal heißt ‹wurzelhaft› und bezeichnet am besten das Wollen und Handeln jener streitbaren Frauen, die die Axt an die Wurzel der Übel legen.»

Ein Beispiel, wie Hedwig Dohm von nun an «die Axt anlegt»: Das «heiße Thema» der siebziger Jahre des vorigen Jahrhunderts ist die Diskussion um das Frauenstudium.

In erster Linie geht es den besorgten Wissenschaftlern um das Studium der Medizin, das für Frauen, die nach neuesten Erkenntnissen ein geringeres Gehirngewicht haben als Männer, ganz besonders schädlich ist. Hedwig Dohm äußert sich dazu: «Die Herren der Wissenschaft verlangen im Interesse des Frauengehirns: Ausschließung der Frau von wissenschaftlichen Studien. Ich schlage Ihnen als Pendant, zum Schutz des weiblichen Gehirns, folgende, ebenso berechtigte Bestimmungen vor, mit denen man jedenfalls durchschlagendere Resultate erzielen würde: Jeder Mann, der seine Frau schlecht behandelt, wird – wegen Gehirnschwächung des Weibes – des Landes verwiesen.»

Und dann knöpft sie sich den Anatomieprofessor Theodor von Bischoff vor, der außerordentlich interessante Beobachtungen über den «Körperbau des Weibes» gemacht hat:

«‹Der Mann hat längere Beine als die Frau›, bemerkt sehr richtig Herr von Bischoff.

Ein Schlußsüchtiger könnte allenfalls daraus schließen, daß der Mann sich mehr zum Briefträger eigne als die Frau, ihr aber aus diesem Grunde die Fähigkeiten zum Erlernen des Griechischen und Lateinischen absprechen zu wollen, ist mehr kühn als logisch gedacht. Dazu helfen lange Beine ein für allemal nichts.

‹Die Stimmritze der Frau ist enger und ihr Kehlkopf kleiner›, belehrt uns Herr von Bischoff. Ich würde daraus die Tatsache erklären, daß bei vorkommenden Duetten er Tenor und sie Sopran singt. Der Zusammenhang aber zwischen der Stimmritze und dem Stimmrecht erhellt sich daraus für mich nicht.»

Weiter hat Professor von Bischoff in seinen Argumenten gegen ein Medizinstudium der Frauen das «typisch weibliche Zartgefühl» ins Feld geführt. Hedwig Dohm fragt ihn:

«Hand aufs Herz, Herr von Bischoff, was würden Sie mit Ihrer Köchin tun, die den Aal, den Sie so gern essen, abzuschlachten sich weigerte und sich bei Ihnen mit ihrem Zartgefühl entschuldigen wollte? Würden Sie nicht vielleicht diese Köchin gerade ihres Zartgefühls wegen entlassen, um sie durch eine andere, frisch darauf losschlachtende, zu ersetzen?»

Ja, und dann natürlich das Frauenproblem mit «den Tagen». Da Frauen – Professor von Bischoff umschreibt es vornehm – «alle vier Wochen den ihrem Geschlecht schuldigen Tribut zahlen müssen», kann man ihnen «natürlich» nicht zumuten, ins Berufsleben der Männer einzutreten.

«Und warum ist es dann nicht empörend und verletzend, an ‹diesen Tagen› Arbeiterinnen und Dienstmädchen arbeiten zu sehen?» erkundigt sich Hedwig Dohm bei dem mitfühlenden Frauenkenner von Bischoff. Seiner Köchin und Waschfrau, vermutet sie, würde er mit Sicherheit immer an «diesen Tagen» frei geben. Oder – etwa nicht?

«Solange nicht jeder Arbeitgeber seine Arbeiterin während dieser drei bis vier Tage bezahlt, während er ihre Arbeit anzunehmen sich hartnäckig weigert, solange nicht der Staat allen Witwen und Unverheirateten eine ihren sonstigen Einnahmen entsprechende Geldsumme gewährt, so lange können wir diese Frage unerörtert lassen; sie erledigt sich von selbst.»

Diese Zitate der Hedwig Dohm sollen als Beispiel dafür stehen, wie sie die Gelehrten ihrer Zeit verunsicherte. In dem Jahr übrigens, als sie die hier angeführten Argumente für eine «wissenschaftliche Emanzipation der Frau» schrieb (1874), bereitete sich in Zürich eine Deutsche auf ihr Doktorexamen als Medizinerin vor: Franziska Tiburtius wird zwei Jahre später in Berlin, wo Hedwig Dohm lebt, gemeinsam mit einer Freundin eine Arztpraxis eröffnen.

Hedwig Dohm veröffentlicht 1876 (in dem Jahr, als Dr. Franziska Tiburtius nach Berlin kommt) *Der Frauen Natur und Recht*. Hierin erklärt sie das Frauenstimmrecht zum Ziel aller politischen Frauenkämpfe.

Tritt diese Frau, die blendend formuliert, auch als Rednerin für ihre Ideen ein?

Nein.

So radikal Hedwig Dohm die Frauenfrage auch anpackt – sie will sich nur schriftlich dazu äußern. Sie meidet Podiumsdiskussionen, Versammlungen, überhaupt die Begegnung mit großen Menschenmengen.

«Sicher hat sie dadurch manche Gesinnungsgenossen enttäuscht», vermutet ihre Enkelin Hedda Korsch, die mit ihrer Großmutter «Mimchen» (so wurde Hedwig Dohm von den Enkeln genannt) oft darüber gesprochen hat. In dem Buch «Erinnerungen an Hedwig Dohm» versucht Hedda Korsch zu erklären, warum ihre Großmutter eine Frau des Wortes, aber nicht eine Frau der Tat war: «Die einzige Begründung, die sie gab, war ihre Schüchternheit. Hedwig Dohm fühlte ihren Mangel an formaler Bildung, und sie war außerordentlich empfindsam gegenüber Lärm und Menschenmengen, von denen sie sich überwältigt fühlen würde. Sie war ein mutiger Angreifer auf dem Papier, und sie konnte gelegentlich auch ganz scharfe Bemerkungen im Gespräch machen, aber ihre Attacken waren nie ohne Unter- und Obertöne von Ironie, Selbstironie, einer gewissen Resignation und einem Anflug fast spielfreudigen Humors. Sie war voll Bewunderung und Wohlwollen gegenüber den Organisationen, die die Sache der Frauen sozusagen im offenen Frontkampf verfochten, aber sie konnte sich ihnen nicht einreihen.»

Hedwig Dohm streitet: ja.

Aber sie streitet ohne «Vereinsmeierei». Weil ihr das nicht liegt. Weil sie es nicht kann. In der Frauenbewegung wird sie «praktisch» nicht aktiv. Aber zu Hause. Ihre vier Töchter erzieht sie so, daß alle vier einen Beruf ergreifen.

Und ihre Waffe – der Stift, mit dem sie schreibt – legt sie nie mehr aus der Hand.

1902, sie ist zu diesem Zeitpunkt schon fast zwanzig Jahre Witwe und bald siebzig Jahre alt, erscheint eine ihrer brillantesten Streitschriften: *Die Antifeministen.*

Darin steht: «Mehr Stolz, ihr Frauen! Wie ist es nur möglich, daß ihr euch nicht aufbäumt gegen die Verachtung, die euch noch immer trifft.

Auch heute noch? Ja, auch heute noch...

Selbst die Sozialisten, die die völlige Gleichberechtigung der Geschlechter proklamieren, stehen dieser Emanzipation nicht sympathisch gegenüber... Bebel ist der erste, der die Emanzipation der Frau in sein Programm aufgenommen hat. Für Marx, Engels, Lassalle existierte die Frauenfrage nicht.

Mehr Stolz – ihr Frauen! Der Stolze kann mißfallen, aber man verachtet ihn nicht. Nur auf den Nacken, der sich beugt, tritt der Fuß des vermeintlichen Herrn.

Es ist die Majorität, die auch heute noch in der Frauenbewegung kaum etwas anderes sieht und von ihr erwartet als die Entlastung der Gesellschaft von den weiblichen Parasiten, die keinen männlichen Versorger finden. ‹Alte Jungfern aller Länder vereinigt euch›, ist das Motto, das ein witziger Gegner der Frauen für ihr Freiheitsmanifest empfiehlt.

Revolutionen werden nicht mit Rosenwasser gemacht. Es braucht aber nicht gerade Blut zu sein. Die Zeit ist die größte Revolutionärin; nur schreitet ihr eherner Schritt langsam, langsam aufwärts.

Und das ist die tiefe Tragik der Vorausdenkenden, daß sie ihre Zeit nie erleben, das heißt, sie kommt erst, wenn sie gegangen sind.»

Es gibt vier Männer-Typen, die gegen die Frauenbewegung Sturm laufen, hat Hedwig Dohm erkannt, und sie stellt diese «vier Kategorien der Antifeministen» vor.

Da sind die «Altgläubigen», die grundsätzlich gegen jede Veränderung sind.

Dann die «Herrenrechtler», mit denen die Autorin so manche Erfahrung im Laufe ihres Lebens machen mußte. Von einem erzählt sie, der in der Silvesternacht Punkt zwölf mit seinem Punschbrauen noch nicht fertig war. Als seine Frau «Prost Neujahr!» rief, herrschte er sie an: «Ich bestimme hier, wann Mitternacht ist!»

Ein anderer vertraute Hedwig Dohm an, er würde sich nie mit einer Ärztin verheiraten, «aus Angst, sie könnte eines Tages seinen Gänsebraten mit einem Skalpell tranchieren». Hedwig: «Ich riet ihm, Vegetarier zu werden.»

In «Kategorie drei» ordnet Hedwig Dohm die «praktischen Egoisten» ein – jene, die Frauen im Berufsleben als Konkurrenz betrachten und überdies fürchten, eine «Erwerbsfrau» würde ihre häusliche Behaglichkeit zerstören.

Die vierte Kategorie der Antifeministen nennt Hedwig Dohm «Ritter der mater dolorosa»! Es sind die ach-so-verständnisvollen, fürsorglichen, ritterlichen Schutzengel, die unter dem Deckmantel der Galanterie das sogenannte schwache Geschlecht beherrschen...

Hedwig Dohm wurde sechsundachtzig Jahre alt. Sie erlebte es noch mit, daß Frauen zum Studium zugelassen wurden und das Stimmrecht bekamen. Ihre Schriften hatten großen Einfluß auf die damalige Frauenbewegung.

Bis heute haben sie nichts von ihrem Witz, ihrer Bissigkeit und Scharfsinnigkeit eingebüßt.

«Alles, was ich je über die Frauen geschrieben habe, ist in tiefster Seele Erlebtes», hat Hedwig Dohm einmal gesagt. Und: «Selbsterlebte Wahrheiten sind unanfechtbar.»

Zum Weiterlesen:

Texte von Hedwig Dohm, die neu verlegt worden sind:

Hedwig Dohm: *Emanzipation* (mehrere Schriften von und über Hedwig Dohm). Zürich 1977.

Hedwig Dohm: *Was die Pastoren von den Frauen denken.* Zürich 1977.

Hedda Korsch und Hedwig Dohm: *Erinnerungen.* Zürich 1980.

Hedwig Dohms Werke

In Bibliotheken auszuleihen:

Abhandlungen:
Die spanische Nationalliteratur in ihrer geschichtlichen Entwicklung.
Berlin, Leipzig 1867.
Was die Pastoren von den Frauen denken. Berlin, Leipzig 1872.
Der Jesuitismus im Hausstande. Berlin 1873.
Die wissenschaftliche Emanzipation der Frau. Berlin 1874.
Der Frauen Natur und Recht. Berlin 1876 und 1893.
Die Antifeministen. Berlin 1902.
Die Mütter. Berlin 1903.
Erziehung zum Stimmrecht der Frau. In: *Schriften des Preußischen Landesvereins für das Frauenstimmrecht.* Berlin 1910.
Zur sexuellen Moral der Frau. In: *Ehe? Zur Reform der sexuellen Moral. Berlin 1911.*
Der Mißbrauch des Todes. Berlin 1917.

Romane:
Plein air. Stuttgart 1891.
Sibilla Dalmar. Berlin 1897.
Schicksale einer Seele. Berlin 1899.
Christa Ruland. Berlin 1902.

Novellen:
Frau Tannhäuser. Breslau 1890.
Wie Frauen werden. Werde, die Du bist. Breslau 1894.
Schwanenlieder. Berlin 1906.
Sommerlieben. Berlin 1909.

Lyrik:
Lust und Leid im Liede. Neuere deutsche Lyrik, ausgewählt von H.
Dohm und F. Brunold. Leipzig und Berlin 1879.

Lustspiele:

Der Seelenretter. Wien 1876.
Vom Stamm der Asra. Berlin 1876.
Ein Schuß ins Schwarze. Erfurt 1878.
Die Ritter vom goldenen Kalb. Berlin 1879.

Biographien:
Schreiber, Adele: *Hedwig Dohm als Vorkämpferin und Vordenkerin neuer Frauenideale.* Berlin 1914.

Plothow, Anna: *Die Begründerinnen der deutschen Frauenbewegung.*
Leipzig 1917.

Zepler, Wally: *Hedwig Dohm.* In: *Sozialistische Monatshefte* Jahrgang
1913 Nr. 21.

Die Pankhursts in ihrer Zeit

1857	Ehescheidung wird in England gesetzlich erlaubt.
1864	Gründung der I. Internationale unter Beteiligung von Karl Marx in London.
1893	Keir Hardie wird Präsident einer neu gegründeten unabhängigen Arbeiterpartei, der «Independent Labour Party».
1894	Richard Pankhurst wird Kandidat der «Independent Labour Party».
1903	Emmeline Pankhurst gründet in Manchester die der «Independent Labour Party» nahestehende «Women's Social and Political Union» (WSPU), die das Frauenwahlrecht zur Parteifrage machen will.
1905	Die WSPU beginnt eine unabhängige Wahlkampagne, weil keine der etablierten Parteien ihre Ziele ernst nimmt.
1906	Zusammentritt des Parlaments. Keine Aussicht auf Frauenstimmrecht. Protestversammlungen der Frauen. Erste Störaktionen der Frauen bei Wahlversammlungen.
1906	Die erste Londoner «Underground» fährt zwischen Baker Street und Waterloo Station.
1912	Die Konferenz der Labour Party verpflichtet die Partei, sich für das Wahlrecht einzusetzen. Nichts geschieht.
1913	Fast 200 Suffragetten sitzen im Gefängnis. Die WSPU ist jetzt eine Untergrundorganisation, die die «Propaganda der Tat» ausübt.
1928	Mit der «Equal Franchise Act» (der völligen rechtlichen Gleichstellung von Mann und Frau) erhalten in Emmeline Pankhursts Todesjahr die englischen Frauen das allgemeine Wahlrecht.

Emmeline Pankhurst (1858–1928) und
Sylvia Pankhurst (1882–1960)

«Wären Frauen frei, müßten sie keine Gesetze brechen!»

Jeden Abend bittet die kleine Emmeline Gouldon aus Manchester ihre Mutter um eine Gute-Nacht-Geschichte. Fast alle
Kinder tun das; nichts Besonderes also. Aber: Was dem kleinen Mädchen da vorgelesen wird, das ist ziemlich ungewöhnlich. Emmelines Mutter hat nämlich den neuesten Bestseller im
Haus: *Onkel Toms Hütte*, geschrieben von der Amerikanerin
Harriet Beecher Stowe, ein aufrüttelndes Buch gegen die
Negersklaverei. Emmeline wird sich zeitlebens an diese abend-
lichen Vorlesestunden erinnern. «Sklaverei» und «Emanzipation» sind für sie schon als Kind feststehende Begriffe. Mit beiden Eltern kann sie darüber diskutieren.
Sie ist die Älteste. Fünf Brüder und fünf Schwestern kommen
nach ihr zur Welt. Die Eltern sind, wie wir heute sagen würden,
«aufgeschlossen für alle Zeitfragen». Seit sich in England 1865
der erste Frauenstimmrechtsverein gegründet hat, bezieht
Emmelines Mutter regelmäßig das «Women's Suffrage
Journal» (suffrage = Stimmrecht). Emmelines Vater ist mit
einem entschiedenen Kämpfer für das Frauenwahlrecht –
Richard Pankhurst heißt er – befreundet. Im übrigen liebt er
Emmeline, seine älteste Tochter, über alles.
Und trotzdem: Einmal erlebt Emmeline – sie hat sich schlafend
gestellt –, wie ihr Vater sich über ihr Bett beugt und traurig sagt:
«Wie schade, daß die nicht als Junge auf die Welt gekommen
ist!»
Am liebsten wäre das Mädchen in diesem Augenblick aus dem
Bett gesprungen und hätte ihm gesagt, daß sie gar kein Junge
sein will. Doch sie stellt sich weiterhin schlafend. «Zum
erstenmal», kommentiert sie später diese Erinnerung, «ist mir
damals klar geworden, wie überlegen sich Männer vorkommen
– und daß Frauen sie in diesem Glauben unterstützen.»

Mit vierzehn nimmt Emmeline an einem «suffrage meeting» teil, einer Versammlung des Frauenstimmrechtsvereins in Manchester. Ihre Mutter hat sie mitgenommen. «Als überzeugte Suffragette kam ich zurück», berichtet sie.

Daß der Begriff «Suffragette» einst ins Lächerliche gezogen und sogar als Schimpfwort benutzt werden würde – die junge Emmeline hätte eine solche Vorstellung weit von sich gewiesen...

Das Wahlrecht für Frauen war «eine unbedingte Notwendigkeit, die einzige Möglichkeit, die ausschließlich von Männern gemachten Gesetze zu verändern». So argumentierten die Suffragetten. Was sollte daran komisch sein?

Als Fünfzehnjährige wird Emmeline in die Ecole Normale nach Paris geschickt; eine sehr fortschrittliche Schule, in der Mädchen sogar Unterricht in Chemie und anderen Naturwissenschaften bekommen. Mit achtzehn kehrt sie nach Hause zurück. Ob sie je an eine Berufsausbildung gedacht hat, erwähnt sie in ihrer Autobiographie nicht. Wohl aber, daß sie in den nächsten Jahren viel mit Dr. Richard Pankhurst zusammenarbeitete, der nicht nachließ, sich für – unpopuläre – Frauenrechtsbewegung einzusetzen. «Ohne Begeisterung ist das Leben nichts wert», war sein Wahlspruch.

Als Emmeline Dr. Richard Pankhurst 1879 heiratet, weiß sie, daß dies keine Ehe sein wird, in der sie nichts weiter als eine «Haushaltsmaschine» (wörtliches Zitat ihres Mannes) sein soll. Er gibt ihr die Schriften von Mary Wollstonecraft, die bereits 1792 «die Verteidigung der Rechte der Frauen» forderte, zu lesen.

«Nie habe ich mich von Haushalt und Kindern verschlucken lassen», schreibt Emmeline Pankhurst (sie zog vier Kinder, drei Mädchen und einen Jungen, groß). «Aber mein Familienleben war so ideal, wie es in dieser unvollkommenen Welt nur möglich ist. Oft habe ich diese Witzeleien gehört, daß Suffragetten Frauen sind, die nicht wissen, wohin mit ihren unbefriedigten Gefühlen und die deswegen enttäuscht und verbittert reagieren. Das trifft wahrscheinlich auf keine einzige Suffragette zu, und auf mich ganz bestimmt nicht.»

Enttäuscht und verbittert sind die Suffragetten eher deswegen, weil die Regierung ihre Forderungen absolut nicht ernst nimmt. Bei jeder Wahlrechtsreform werden sie übergangen. 1889 bildet sich eine neue Gruppe: The Women's Franchise

League*. Diese Frauen, angeführt von Emmeline Pankhurst, wollen mit radikaleren Mitteln als die ersten Führerinnen der Wahlrechtsbewegung kämpfen: «Es müssen andere Saiten aufgezogen werden.»

Richard Pankhurst unterstützt seine Frau.

Beide Pankhursts entwickeln sich wie viele andere Radikale der Mittelklasse in den achtziger und neunziger Jahren des vorigen Jahrhunderts zu Sozialisten. 1894 treten sie der Independent Labour Party bei.

Die Pankhurst-Töchter, vor allem die beiden ältesten, Christabel und Sylvia, nehmen an allen politischen Aktivitäten ihrer Mutter teil. Sylvia erzählt, wie stolz sie waren, wenn sie bei den Vorbereitungen zu einer Versammlung mithelfen durften: Stühle aufstellen, Schilder und Plakate malen, Flugblätter verteilen, für einen Imbiß der Gäste sorgen – dafür waren sie schon als kleine Mädchen zuständig. Als Richard Pankhurst stirbt, beschließt Sylvia (sie ist fünfzehn), für immer bei ihrer Mutter zu bleiben und mit ihr gemeinsam zu kämpfen. Sie wird das auch jahrelang tun – bis es wegen unterschiedlicher politischer Anschauungen zu einem endgültigen Bruch kommen wird...

Aber noch arbeiten Emmeline Pankhurst und ihre Töchter ohne Meinungsverschiedenheiten für ein gemeinsames Ziel. 1903 trifft sich eine kleine Gruppe von Frauen aus der Independent Labour Party bei Emmeline Pankhurst; sie beschließen, eine neue Vereinigung zu gründen, die sie Women's Social and Political Union nennen (WSPU): die erste militante feministische Bewegung Englands.

Vielleicht hätten sich die Frauen noch länger von leeren Versprechungen der Politiker vertrösten lassen, wenn nicht im Sommer 1902 Susan B. Anthony, die mutige amerikanische Kämpferin für das Frauenwahlrecht, in Manchester zu Besuch gewesen wäre. Susan B. Anthony hat sich schon vor zwanzig Jahren in den Vereinigten Staaten an den Wahlen beteiligt und verhaften lassen, weil sie gegen das Gesetz verstieß. Trotzdem handelte sie bei der nächsten Wahl wieder gegen das Gesetz. Diese Frau imponiert den Pankhurst-Töchtern. «Wir dürfen jetzt keine Zeit mehr verlieren», sagt Christabel zu ihrer Mutter, «wir müssen jetzt zur Tat schreiten!»

Die WSPU beginnt ihre Arbeit mit einem Slogan, der sich tref-

---

* Frauen-Wahlrechts-Liga.

fender und einfacher gar nicht denken läßt: «Votes for Women!» («Wahlrecht für Frauen!»).

Diesen Schlachtruf werden die Mitglieder der WSPU allen, ob sie ihn hören oder nicht hören wollen, einhämmern. Denn artige Petitionen, das haben die Frauen schließlich jahrzehntelang erfahren müssen, die bringen sie keinen Schritt weiter. Statt dessen also Aktionen: Sie beginnen, in Wahlversammlungen aufzutauchen und wohlgesetzte Männerreden mit ihrem Schlachtruf zu unterbrechen. Sie brennen ihren Slogan mit Säure in den Rasen eines Golfplatzes (ein männliches Heiligtum...). Sie verstecken sich unter Rednertribünen und springen im passenden Augenblick hervor, um ihre Forderung laut auszurufen.

Keines der geheiligten männlichen Privilegien ist vor dem Angriff der WSPU sicher. Die Frauen wissen, daß sie mit Gefängnisstrafen rechnen müssen. Christabel Pankhurst ist eine der ersten, die «eingelocht» wird. Das heißt – sie hätte auch statt des Gefängnisaufenthaltes mit einer Geldstrafe davonkommen können. Doch Christabel wehrt ab, als ihre Mutter ihr das vorschlägt. «Ihr ungebrochener Mut hat mich beeindruckt», sagt Emmeline Pankhurst. Als Sylvia Pankhurst ins Gefängnis muß, schreibt sie Gedichte über die anderen inhaftierten Frauen, die sie kennenlernt. «Wir alle sind Opfer eines Staates, in dem wir nichts zu sagen haben», stellt sie fest.

Man muß sich tatsächlich immer wieder klarmachen, was in jenen Jahren zu Anfang unseres Jahrhunderts geschah: Männer verhörten Frauen. Männer richteten über sie. An der Gesetzgebung jedoch hatten die Frauen keinen Anteil.

«Wären Frauen frei, müßten sie keine Gesetze brechen!» Das hat Emmeline Pankhurst immer wieder betont.

1908 wird sie selbst zum ersten Mal zu einer Haftstrafe verurteilt. Ihr Vergehen: Als sie gemeinsam mit anderen Frauen unterwegs zum House of Commons ist, wird sie festgenommen, weil sie nicht – wie vorgeschrieben – «im Gänsemarsch» hinter den anderen hertrottet. Emmeline hat nämlich einen geschwollenen Knöchel und wird deswegen von zwei anderen Frauen gestützt. Aber das ist «gegen das Gesetz». Mit äußerstem Erstaunen hören die Frauen außerdem, daß sie «laut grölend» durch die Straßen gerannt seien und den Polizisten an die Helme geschlagen hätten. Als Emmeline den wahren Sachverhalt schildern will, wird sie abrupt unterbrochen: sechs

Wochen Gefängnis für Emmeline Pankhurst. Und – im Spätsommer 1908 – nochmals drei Monate. Diesmal, weil sie mit Riesenplakaten dazu aufgerufen hat, das Unterhaus zu besetzen.

In den kommenden Jahren greifen die Frauen zu immer resoluteren Mitteln, um sich durchzusetzen. Unter dem Motto «Empörung über Unrecht ist die höchste Sittlichkeit» erklären sie der weiblichen Wehrlosigkeit den Kampf und erinnern daran, daß Männer in der Geschichte neue Rechte nie ohne Gewalt erreichten.

«Dies ist nicht länger eine Bewegung, dies ist ein Wirbelwind», schreibt die *Daily News*.

Sylvia Pankhurst gehörte zu den ersten Frauen, die mit Steinen Schaufensterscheiben zertrümmerten. Im Gefängnis tritt sie in den Hungerstreik. Sie berichtet: «Als ich allein in meiner Zelle war, kletterte ich ans Fenster und schrie: ‹Sind hier noch andere Suffragetten?› Keine Antwort. Ich klopfte an die Wände, wie Gefangene das tun; immer noch keine Antwort. Meine Mitstreiterinnen waren also in einen anderen Teil des Gefängnisses verlegt worden. Dabei wollte ich sie so gern in meiner Nähe haben, um ihnen in ihrem Kampf zu helfen.»

Sie bekommt gutes Essen, Hähnchen und Früchte, und versteckt die Speisen unter dem Tisch, vor den sie einen Stuhl stellt. Denn sie hat Angst, nachts, im Halbschlaf, «schwach zu werden» und ihren Hungerstreik abzubrechen. Sie wird zwangsernährt mit einem Gummischlauch – eine qualvolle Prozedur, gegen die sie sich verzweifelt wehrt. Sie hört den Arzt sagen: «Das ist aber eine außergewöhnliche Kämpferin!» Sylvia: «Er hat bestimmt nicht geahnt, wie dieser Satz mich beruhigt hat...»

Als «schwarzer Freitag» geht der 18. November 1910 in die Geschichte des Frauenkampfes in England ein. An diesem Tag wollen die Frauen ihr neuntes «Women's Parliament» abhalten. Es kommt zu Szenen «unvergleichlicher Brutalität». So schildert es Sylvia Pankhurst, die für die Zeitschrift *Votes for Women* eine Reportage schreibt.

Vor ihren Augen werden Frauen von der Polizei zu Boden geworfen und getreten. 115 Frauen und zwei Männer, berichtet sie, seien an diesem «Black Friday» verhaftet worden. Am 4. Juni 1913 wirft sich Emily Wilding Davinson, eine Militante der WSPU, beim großen Derby vor das Pferd des Königs. Sie wird so schlimm verletzt, daß sie vier Tage später stirbt. Die Bewegung hat ihre erste Märtyrerin. «Sie war davon überzeugt, daß sie, wenn sie ihr Leben opferte, die Menschen aufrütteln würde», schreibt Sylvia Pankhurst. Und: «In ihr Kleid hatte sie innen unsere Farben (Purpur, Weiß und Grün) eingenäht.» Sylvia verfaßt einen Nachruf auf diese Frau, der im *Daily Mail* erscheinen soll. Er wird nicht veröffentlicht...

Der Erste Weltkrieg spaltet die feministischen Organisationen in England. Emmeline und Christabel Pankhurst sprechen sich für den Krieg aus. Daraufhin trennt sich eine Gruppe von der WSPU.

Sylvia Pankhurst gehört dazu. Sie verurteilt «diesen kapitalistischen Krieg». Sie versucht, die Frauenbewegung mit dem Sozialismus und der Labourbewegung zusammenzubringen. Sie gibt eine eigene Zeitung heraus, die *The Dreadnought* (hat im Deutschen eine Doppelbedeutung: «verwegener Mensch» und «Schlachtschiff») heißt und in der sie über die Arbeitsbedingungen der Frauen im Krieg berichtet und sich für eine bessere Bezahlung der Heimarbeiter einsetzt. Und sie arbeitet mit an einem der ersten Montessori-Kinderhäuser Englands. Emmeline und Christabel Pankhurst und ihre Anhängerinnen dagegen gehören zu den Frauen, die Männer in Zivilkleidern «Feiglinge» schimpfen und Frauen dazu aufrufen, in Munitionsfabriken zu arbeiten.

Der Bruch zwischen Mutter und Tochter ist endgültig, und daran ändert sich auch bei Kriegsende nichts.

Emmeline sieht ihre Zukunft in der konservativen Partei, für die sie fortan arbeitet, Sylvia im revolutionären Sozialismus. Es gibt sogar (1916) eine «Mitteilung» in der Zeitschrift *Britannia* (unter diesem Namen wurde im Krieg die ehemalige Zeitschrift *The Suffragette* weitergeführt), in der es heißt: «Mrs. Pankhurst, die zur Zeit in den Vereinigten Staaten weilt, erfuhr soeben, daß am Trafalgar Square eine Demonstration stattgefunden hat. Sie schickte uns folgende Depesche: Verurteile zutiefst Sylvias albernes und unpatriotisches Benehmen. Schade, daß ich ihr die Benutzung meines Namens nicht verbieten kann. Bitte, dies zu veröffentlichen!»

Die Demonstration übrigens, die Emmeline Pankhurst hier erwähnt, richtet sich gegen die Wehrpflicht.

«Ohne Begeisterung ist das Leben nichts wert» – nach diesem Wahlspruch von Richard Pankhurst haben sowohl Emmeline als auch ihre Tochter Sylvia Pankhurst gelebt. Daß sich irgendwann ihre Wege trennten, macht ihren Einsatz und ihre Tapferkeit im Kampf um die Menschenrechte nicht geringer. Beide konnten auch noch zu Lebzeiten *einen gemeinsamen* Erfolg feiern: 1928 wurde in England das allgemeine Wahlrecht für Frauen eingeführt!

Eine deutsche Frauenkämpferin und Zeitgenossin der Suffragetten – Käthe Schirmacher – gab, während der Kampf auf seinem Höhepunkt war (1913), eine deutsche Dokumentation dieser Bewegung heraus: *Die Suffragettes.* Sie machte – schon damals – klar:

«Die bahnbrechende Rolle der Suffragettes besteht darin: sie hatten erkannt, daß es nicht genügt, nach Gerechtigkeit zu rufen, sondern, daß man auch Macht besitzen muß, um Gerechtigkeit, wenn nötig mit Gewalt, zum Recht zu machen. Der Kampf der Suffragettes ist der erste große, organisierte, moderne Versuch der Frauen, ihr gutes Recht mit Gewalt durchzusetzen.

Bleibt den Frauen, wenn sie ihr Recht im Guten nicht erreichen, wirklich nichts als Beiseitestehen, Resignation, hoffnungslose Unterordnung?

Nein, sagen die Suffragettes, dann schlagen wir los; lieber den Tod als eine solche hoffnungslose Hörigkeit. Der Kampf der Suffragettes ist so schwer, weil er gegen eine ganze Welt, eine überkommene Welt und ihre überkommenen Maßstäbe und Einrichtungen geführt wird. Ein stählernes Netz, liegt er über dem Geschlecht und muß zerhauen werden. Oh, es war klug, den Frauen die Friedfertigkeit als erste Tugend zu preisen; das machte sie wehrlos.

Votes for women *:

‹Eines haben uns die Männer vorenthalten, sie haben uns um die Kampfesfreude gebracht. Sie sagen, Frauen können nicht kämpfen... Nun, wer an unserer Schlacht in Downingstreet teilnahm, weiß, daß in diesem Kampf etwas sehr Stärkendes, Erhebendes liegt. Und ich glaube, es ist gut für ein Volk, daß auch seine Mütter den Kampf der Freiheit kämpfen.›»

* das Vereinsorgan der WSPU.

Zum Weiterlesen:

Emmeline Pankhurst: *My own story.* (Reprint). London 1979.

Sylvia Pankhurst: *The Suffragette Movement.* (Reprint). London 1977.

Käthe Schirmacher: *Die Suffragettes.* (Reprint). Berlin 1977.

Sheila Rowbothan: *Im Dunkel der Geschichte – Frauenbewegung in England vom 17. bis 20. Jahrhundert.* Frankfurt a. M./New York 1980.

Franziska Tiburtius in ihrer Zeit

1849	Elizabeth Blackwell ist die erste Ärztin in den Vereinigten Staaten.
1864	Die Universität Zürich läßt «einige Damen» aus Petersburg zum Studium der Medizin zu.
1867	Die erste Frau promoviert in Zürich zum Dr. med: die Russin Nadeschda Suslowa.
1872	Der deutsche Anatomieprofessor von Bischoff spricht Frauen alle geistigen und körperlichen Fähigkeiten für ein Medizinstudium ab.
1873	An der Universität Leipzig promoviert – als «Gasthörerin» – die Russin Johanna von Evreinov zum Dr. iur.
1876	Anna Oliver ist die erste (examinierte) Theologin der Vereinigten Staaten.
1888	Der Allgemeine Deutsche Frauenverein wendet sich mit der Bitte um Zulassung der Frauen zum Medizinstudium an die bestehenden Universitäten. Vergeblich.
1908	Die Schulreform in Preußen gibt Frauen das Recht zum akademischen Studium.
1909	Die Berliner Universität öffnet sich offiziell den Frauen.
bis 1933	10595 Frauen promovieren an deutschen Universitäten.
1933	Das «Reichsgesetz gegen die Überfüllung der Schulen und Hochschulen» tritt in Kraft: Von nun an darf der Anteil der Studentinnen an der gesamten Studentenschaft 10% nicht überschreiten.

«Ein Sprung ins absolut Dunkle»

Zürich, im Oktober 1871.

Wie immer zu Beginn eines neuen Semesters wimmelt es in den Gassen und Straßen der Schweizer Universitätsstadt von Studenten, die auf Wohnungssuche sind. An fast jedem Haus im Univiertel hängt ein Zettel: «Zimmer zu vermieten.» Allzu schwierig dürfte es also nicht sein, eine passende Bude zu finden. Es sei denn...

«Bedaure», erfährt die junge Frau im Reisekostüm jedesmal, wenn sie irgendwo klingelt, «wir vermieten zwar. Aber nur an Herren.» Ein mißtrauischer Blick (was wird das wohl für eine sein?), und die Tür wird ihr vor der Nase zugeschlagen. Mal wieder! Franziska Tiburtius heißt die junge Frau; sie ist Deutsche, achtundzwanzig Jahre alt, von Beruf Lehrerin. Und das, was sie jetzt vorhat, gilt als ganz und gar ungewöhnlich: Sie will an der Universität Zürich studieren und Ärztin werden.

Eine Frau als Medizinerin? Undenkbar! Zwar hat schon 1744 Dorothea Erxleben, Pastorengattin aus Quedlinburg, als erste Frau in Deutschland an der medizinischen Fakultät der Universität Halle mit Erlaubnis des preußischen Königs den Doktortitel erworben. Doch das ist in Vergessenheit geraten. Frauen, so beweist der neueste Stand der Wissenschaft, haben ein geringeres Gehirngewicht als Männer. Also sind sie für ein Studium ungeeignet. Falls sie doch in die Hörsäle drängen, werden sie dort das Niveau der wissenschaftlichen Leistungen herabsetzen.

Vor allem in der Medizin werden sie einen nicht wiedergutzumachenden Schaden anrichten: «Die Überladung des ärztlichen Standes mit unfähigen halbgebildeten weiblichen Handwerkern, wie sie allein von dem weiblichen Geschlechte zu erzielen sind, hemmt und stört die Fortbildung der ärztlichen

Wissenschaft und Kunst auf das schädlichste.» So kämpfte Theodor von Bischoff, Professor der Anatomie, gegen weibliche Ärzte. Er sieht «das sanitätliche Wohl des Staates» gefährdet, fürchtet «eine schamlose Preisgebung alles weiblichen Zartgefühls» und einen groben Verstoß «gegen Anstand und gute Sitte», wenn weibliche Studenten zusammen mit männlichen unterrichtet werden. Kein Wunder, daß Franziska Tiburtius, die zukünftige Medizinstudentin, sich in Zürich die Füße wundläuft, bis sie endlich – in der Hintergasse 3 bei Jungfer Kägi – ein Zimmer findet. Wie ist sie überhaupt auf die Idee gekommen, sich einen «typisch männlichen» Beruf auszusuchen?

«Lütt Fanny», so wurde sie als Kind genannt, wuchs auf einem Gutshof auf der Insel Rügen auf – als Jüngste von neun Geschwistern. Sie war ein lebhaftes kleines Mädchen, das schon mit vier hinter den «Großen» hertrabte, wenn die zur Schule gingen. Als Sechsjährige verschlang sie – heimlich – Bücher, die zu Hause «unbewacht» im Wohnzimmer lagen. *Der Graf von Monte Christo* war damals ihre Lieblingslektüre. Ihre Zukunftspläne: Eine Höhle wollte sie finden, eine, wo Diamanten, Perlen und Rubine haufenweise auf dem Erdboden lagen. Mit zwölf, als sie eigentlich ein «liebenswürdiger Backfisch» sein sollte, sah sie aus wie eine «dürre Hopfenstange». In ihren *Lebenserinnerungen* erzählt sie: «Es war gräßlich, bei jeder Begegnung mit älteren Bekannten zu hören: aber wie bist du wieder gewachsen! Alle Gliedmaßen waren viel zu lang und maßlos unbequem; dabei das peinigende Gefühl der eigenen Ungeschicklichkeit. So wurde ich immer linkischer und auch wohl unfreundlicher. Was mir eigentlich innerlich fehlte, ahnte niemand, und ich hätte es auch nicht in Worten ausdrücken können. Es war damals Grundsatz in der Erziehung, daß junge Mädchen vor allen Dingen bescheiden sein, gern zurücktreten, nicht Ansprüche machen dürften; vielleicht tat meine gute Mutter in allerbester Meinung ein wenig zu viel nach dieser Richtung hin.»

Mit sechzehn verließ Fanny die Schule, lernte – wie sich das so gehörte – ein Jahr daheim Haushalt und Wirtschaft. Aber schon ein Jahr später hielt sie nichts mehr zu Hause. «Ich war», so drückt sie selbst das aus, «wie ein Schiff, das zur Abfahrt bereit im Hafen liegt und auf den Windstoß wartet, der es hinaus und in die Welt führt!»

Franziska Tiburtius als Siebzehnjähre, die «in die Welt» will: Welche Möglichkeiten hat sie denn überhaupt? Der einzige Beruf, der ihr als Mädchen aus einer bürgerlichen Familie offensteht, ist: Hauslehrerin. Gut, versucht sie das also. Durch Vermittlung eines Verwandten bekommt sie eine Stelle als Erzieherin bei den sechs Kindern eines Barons in Vorpommern. Dann unterrichtet sie die vier Töchter eines Geistlichen in England. Sie ist nicht unglücklich in diesem Beruf, das nicht. Aber immer wieder geht ihr durch den Kopf, was ihr Lieblingsbruder ihr einmal geraten hat: «Du solltest eigentlich Ärztin werden. Du hast die Befähigung dazu.» Noch zögert sie, ist unsicher. Als ihr Bruder im Krieg 1871 an Typhus erkrankt, kehrt sie aus England zurück, um ihn zu pflegen. In dieser Zeit führen die beiden Geschwister lange Gespräche über Franziskas berufliche Zukunft. Schließlich wird aus dem «phantastischen Hirngespinst» Wirklichkeit. Franziskas Bruder, er ist selbst Arzt, verhilft ihr zu einem Studienplatz in Zürich. An einer deutschen Universität hätte sie ohnehin als Frau keine Chance gehabt. In Zürich dagegen sind seit 1864 «einige Damen» zum Studium der Medizin zugelassen worden. Zwei von ihnen, eine Russin und eine Engländerin, haben bereits den Doktortitel erworben, als Franziska im Herbst 1871 in Zürich eintrifft: Vorbilder, die Mut machen. Dennoch sagt sie: «Für mich war das ein Sprung ins absolut Dunkle.» Außer ihrer Mutter und ihrem Bruder darf niemand wissen, was sie vorhat: «Wenn es bekannt gewesen wäre, daß ich in der Anatomie und in medizinischen Vorlesungen gewesen, wäre mir mein früherer Beruf für immer verschlossen. Welche Eltern hätten wohl einem ‹emanzipierten Frauenzimmer›, das im Präpariersaal und in medizinischen Vorlesungen gewesen, ihre Töchter anvertraut! Das war doch ganz außer Frage!»

Das «emanzipierte Frauenzimmer», als das Franziska Tiburtius fortan gilt, spukt natürlich auch in den Köpfen der männlichen Mitstudenten herum. Weiber, die studieren, sind allesamt häßlich, haben keinen Busen, tragen dicke Brillen und haben kurzgeschorene Haare. Außerdem rauchen sie ununterbrochen Zigaretten. So jedenfalls werden sie in zeitgenössischen Karikaturen und bei Fastnachtsumzügen in Zürich dargestellt. Man muß sich wehren gegen diese «unweiblichen» Typen. Als Franziska Tiburtius zum erstenmal in den Präpariersaal kommt, wird sie mit «wüstem Lärm, Schreien, Johlen und Pfeifen» empfangen. Anschließend denken die empörten Studenten sich noch einen besonders «witzigen» Trick aus: Sie sperren Franziska und die anderen «Frauenzimmer» im Raum neben dem großen Saal ein. Einschüchtern lassen die jungen Frauen sich trotzdem nicht. «Ruhiges Blut behalten!» gibt Franziska als Devise aus. Sie verzieht auch keine Miene, wenn sie Arbeiten ausführen muß, die ihr anfangs sehr unangenehm sind: «Leicht war es nicht, als ich einen feuchtkalten Frosch ergreifen mußte, um ihm mit fester Hand den Kopf abzuschneiden. Aber es ging doch! Welch ein Vergnügen wäre es für die Studenten gewesen, wenn man versagt hätte!»

Natürlich genügt es nicht, «ruhig Blut» zu haben, um als Medizinstudentin durchzukommen. Franziska Tiburtius bringt auf vielen Gebieten ganz einfach nicht die richtige Vorbildung mit. Sie hat ja nicht, wie ihre männlichen Kommilitonen, das Abitur machen können. Darum fehlen ihr zum Beispiel Kenntnisse in Latein und Mathematik. «So etwas Kurioses!» sagt der Professor, den sie um Nachhilfeunterricht auf diesen Gebieten bittet. Noch «kurioser» findet er es, daß seine Schülerin sogar versteht, was er ihr beibringt. Schließlich tröstet er sich mit einem Spruch, den Franziska in ihren Studienjahren immer wieder zu hören bekommt: «Solche Frauenzimmer haben ja auch nichts weiter zu tun als zu lernen!»

Franziska Tiburtius muß in dieser Zeit in einen schlimmen Zwiespalt geraten sein. Einerseits war es ihr ungemein wichtig, ihr Studium zu schaffen. Anderseits wollte sie auf gar keinen Fall als «emanzipiertes Frauenzimmer» lächerlich gemacht werden. Wie schwierig es für sie gewesen sein muß, damit fertigzuwerden, geht aus den Briefen hervor, die sie nach Hause geschrieben hat. So schildert sie zum Beispiel einen Abend, an dem sie zu einer «Teegesellschaft» eingeladen war: «Begreift Ihr, daß es unsereinem komisch vorkommt, gefragt zu werden, ob Studieren sehr schwer ist, ob Einem das Lernen gar nicht über würde usw., und sich dann nachher mehr oder weniger verblümt sagen zu lassen, daß man doch eigentlich auch wie ein anderer Mensch sei? Ich finde es schon so natürlich, daß ich Medizinerin bin, daß es mir sehr komisch vorkam, und es wahr wohl etwas Bosheit dabei, daß ich sprach wie ein Kochbuch. Mich will man kaum als Studentin anerkennen, weil ich keine kurzen Haare und ein leidlich anständiges Kleid trage. Schließlich wurde ich auch noch aufgefordert, Musik zu spielen, und ich riskierte – der Sache wegen – auch einen von den leichteren Chopinschen Walzern; es ging noch leidlich, obwohl die Finger schon außer Übung sind.»

Die ersten Patienten, die Franziska Tiburtius behandeln muß, reagieren übrigens ganz selbstverständlich darauf, daß ein «Weibsbild» sie verarztet. «Grüezi, Jungfer Doktor!» wird sie begrüßt, wenn sie in die Familien kommt. In jenen Jahren hat sich das verträumte Zürich zu einer Fabrikstadt entwickelt. Zahllose Familien leben seit der Erfindung des mechanischen Webstuhls von Heimindustrie – oft unter elenden Bedingungen. Hier sammelt Franziska Tiburtius ihre ersten Praxiserfahrungen. Sie spürt: Die Leute haben zu ihr Vertrauen. Typisch für sie ist, daß sie sich selbst in einer Art «Blitzkursus» Schweizerdeutsch beibringt. «Unser nordisches Hochdeutsch ist den Leuten eine fremde Sprache», schreibt sie nach Hause. «Und wenn mir jemand sagen soll, was ihm fehlt, muß er seine eigene Sprache sprechen.»

Damals muß in ihr der Entschluß gereift sein, später in Deutschland in einem Arbeiterviertel eine Praxis zu eröffnen. Sie erkannte: «Meine Begabung liegt auf dem praktischen Gebiet.» Und sie erlebte es ja auch immer wieder, wenn sie zu ihrer Mutter nach Hause fuhr. Niemand lachte sie aus (wie sie befürchtet hatte), statt dessen hieß es: «Dei Doktor Fräuln is wedder dor!» Und dann kamen sie von weit und breit und schilderten ihr ihre Beschwerden, und als Dank brachten sie einen Korb Eier mit oder pflanzten ihr heimlich in den Vorgarten einen Rosenstock...

Franziska Tiburtius besteht in Zürich ihr Examen mit der Erfolgsnote «sehr gut». Anschließend arbeitet sie als Volontärärztin in Dresden. Eigentlich könnte sie jetzt ihren Traum von der eigenen Praxis in die Tat umsetzen.

Aber: Nach den Bestimmungen der deutschen Reichsgewerbeordnung sind die nicht in Deutschland approbierten Ärzte den Kurpfuschern gleichgestellt. Also wird ihre Ausbildung nicht anerkannt. Frau Dr. Tiburtius erklärt sich bereit, nachträglich alle notwendigen Prüfungen in Deutschland zu wiederholen. Mit allergrößter Liebenswürdigkeit und tiefstem Bedauern teilt ihr die zuständige Behörde, das Reichskanzleramt, mit: «Das geht nicht!»

Also war alles umsonst? Oder soll sie weiterkämpfen?

«Mir ist nie so recht zum Bewußtsein gekommen, daß ich

kämpfte», erinnerte sie sich später an diese Zeit. «Ich meinte immer nur das zunächst Notwendige tun zu müssen.»

Sie steckt zurück: Wenn sie schon das medizinische Staatsexamen nicht machen darf, könnte sie dann nicht wenigstens das Hebammenexamen machen? Auch abgelehnt – obwohl sie schon längere Zeit selbst Hebammenschülerinnen unterrichtet hat.

«Ja, sehen Sie», bekommt sie zu hören, «Sie haben ein sehr großes Unrecht begangen, Sie sind eben um dreißig Jahre zu früh geboren, das tut nicht gut. Immer die Mittelstraße halten, stets mit dem Strom schwimmen und sich tragen lassen!»

«Und so», kommentiert Franziska Tiburtius diese Ermahnungen, «blieb mir nichts anderes übrig, als ein Schild mit Namen und dem Zusatz Dr. med. anzuschlagen und ruhig abzuwarten, wie das Publikum die Sache aufnehmen würde.»

Sie geht dies Wagnis übrigens nicht allein ein. Emilie Lehmus, die einzige Deutsche, die mit ihr in Zürich das Medizinexamen bestand, will mit ihr zusammen eine Praxis aufmachen. Zu zweit, das ist den ersten beiden weiblichen Ärzten klar, werden sie sich gegen alle drohenden Widerstände viel besser behaupten können als allein. Und noch etwas: Mit Hilfeleistungen von männlichen Kollegen können sie nicht rechnen. Darum wollen sie sich gegenseitig unterstützen.

Ihr Ziel ist es, eine Poliklinik in einem Arbeiterviertel in Berlin einzurichten. Auch hier folgt Franziska Tiburtius ihrer Devise «Immer nur das zunächst Notwendige tun». Und das heißt in diesem Fall, erst mal die geeigneten Räumlichkeiten finden. Henriette Tiburtius, die Frau ihres Lieblingsbruders, kommt ihr zu Hilfe. Jene Henriette hat in Amerika studiert und arbeitet jetzt als Zahnärztin, natürlich auch nicht voll anerkannt. Es sind ausschließlich Frauen und Kinder, die sich von ihr behandeln lassen. Bis sich eines Tages ein reicher Industrieller, von heftigen Schmerzen geplagt, in ihre Praxis verirrt. Wie die Geschichte weitergeht, erzählt Franziska Tiburtius: «Als der Herr kam, wurde er sehr freundlich empfangen. Frau Henny verstand sich gut darauf, mit Gewandtheit und scheinbarer Unabsichtlichkeit ein Gespräch dahin zu lenken, wo sie es haben wollte, und als der Herr den Gummiknebel im Mund, die Vorderzähne in Gummi eingespannt, vollständig unfähig zu einem Wort der Widerrede unter ihren Händen dasaß, wurde ihm der Plan dargelegt und vorgestellt, wieviel

Gutes für die Frauen jenes Stadtteils aus einer solchen Anstalt hervorgehen würde, und welch großes Verdienst er sich erwerben könne... Als Ergebnis der Unterredung stellte er eine kleine halbdunkle, im Erdgeschoß liegende Hofwohnung eines seiner Häuser für die Zwecke einer Poliklinik zur Verfügung! Er hat uns eine lange Reihe von Jahren das Lokal frei überlassen.»

Als Unkostenbeitrag nahmen die beiden Ärztinnen von jeder Patientin – zehn Pfennig. Aus der bescheidenen Praxis ging später die erste Klinik «Weiblicher Ärzte» hervor.

Für die Presse war das ganze Unternehmen ein «riesiger Ulk». Kaum waren Dr. Tiburtius und Dr. Lehmus in Berlin bekanntgeworden, freuten sich die Witzblätter. Der *Kladderadatsch* stellte die beiden weiblichen Ärzte als Dr. Romulus und Dr. Remus vor, die sich natürlich beide in den gleichen Patienten verlieben und in bittere Feindschaft zueinander geraten. Franziskas Reaktion darauf: «Eine vorzügliche Reklame.» Anschließend aber knöpft sie sich den Herausgeber des *Kladderadatsch* vor und verlangt von ihm das feierliche Versprechen, sie künftig in Ruhe zu lassen. Er hat es gehalten! Mit «ruhigem Blut», wie einstens als Studentin, reagiert sie, als sie wegen «unbefugter Führung des Doktortitels» verklagt wird. Fortan nennt sie sich «Dr. med. der Universität Zürich». Und hat damit ungeahnten Erfolg – denn ihre Patientinnen beglückwünschen sie: «Jetzt sind Sie sicher was Besonderes – wo Sie so 'nen langen Titel haben!»

Eins soll allerdings nicht vergessen werden: Ohne Unterstützung ihres Bruders hätte Franziska Tiburtius viele Probleme nicht meistern können. Mit Sicherheit ist er ihr beigesprungen, wenn es um die Erledigung amtlicher Dokumente ging. Denn Behörden und männliche Kollegen versuchten, weibliche Ärzte auf allen nur möglichen Gebieten zu schikanieren. Auch für Franziskas Privatleben war ihr Bruder sehr wichtig. Sie lebte mit ihm und seiner Frau Henriette in einem Haushalt, über fünfundzwanzig Jahre lang. «Das Zusammenleben mit Bruder und Schwägerin und auch der Eintritt in ihre Geselligkeit war für mich von großem Nutzen», sagt sie selbst. «So kam auch in der Häuslichkeit das Gemütsleben zu seinem Recht.»

Einmal allerdings gerät sie aus der Fassung. Sie hat eine unheilbar an Krebs erkrankte Frau zu betreuen. Ein zweiter Arzt soll ihre Diagnose bestätigen. Doch der guckt sich nur flüchtig den «Fall» an und zieht die junge Ärztin dann in ein

Nebenzimmer: «Lassen Sie doch, die Kranke hat nicht mehr lange zu leben; aber sagen Sie mal – warum haben Sie nicht geheiratet?»

Fast 20 Jahre ist Franziska Tiburtius schon mit viel Erfolg als erste Ärztin Deutschlands tätig, da erst werden Frauen an allen deutschen Universitäten als Gasthörerinnen zugelassen. Vier Jahre später – 1898 – schließlich wird ihnen gestattet, das deutsche Staatsexamen abzulegen. Aber noch viele Jahre lang finden sich gerade unter den Medizinern die schärfsten Gegner des Frauenstudiums. Da macht sich zum Beispiel im Jahre 1907 Dr. Fritz Wittels, Mitglied der Wiener Psychoanalytischen Vereinigung, ernsthaft solche Sorgen um studierende Weiber: «Die armen Geschöpfe hasten frühmorgens durch Sturm und Nebel zum Borne der Weisheit, sie bekommen rote Nasen davon und breite Füße, sie verwelken gleich einer Verlobten in lange währendem Brautstand.» Er ahnt gar noch Schlimmeres: «Hinter Retorten und Gasometern läßt sichs kosen als wie im grünen Tann, auch im Seziersaal kann man sich duftende Märchen ins Ohr flüstern... Das Eindringen des Weibes ins Laboratorium fühlt auch der schüchterne Liebhaber als Angebot, und einmal im Netz, zappelt er lange... Möchten doch die Ärzte soviel asiatische Weibauffassung bewahrt haben, um das Auftreten der Kollegin als die tiefste Erniedrigung ihres Standes zu empfinden!»

Währenddessen haben Dr. Franziska Tiburtius und ihre Nachfolgerinnen schon längst bewiesen, daß weibliche Ärzte weder diesen Stand erniedrigen, noch die gute Sitte in Hörsaal und Labor verletzen...

Als Vierundachtzigjährige stirbt die erste Ärztin Deutschlands 1927 in Berlin. «Nein, die Welt hat nicht auf mich gewartet», sagt sie kurz vor ihrem Tod. «Ich mußte erst Beweise liefern, bevor man mir traute; und das war berechtigt. Wer der Welt etwas Neues bringen will, muß erst beweisen, daß es etwas Richtiges ist, daß die Welt es braucht. Und daß er selbst dazu steht.»

Zum Weiterlesen:

Franziska Tiburtius: *Erinnerungen einer Achtzigjährigen.* Berlin 1923.

Maxie Freimann: *Über den physiologischen Stumpfsinn des Mannes.* München 1978.

Bertha von Suttner in ihrer Zeit

1849	Österreich unterwirft mit Hilfe Rußlands Ungarn.
1853	Der «Krimkrieg» beginnt (Rußland gegen Türkei, Frankreich und Großbritannien).
1856	Ende des «Krimkrieges».
1859	Österreich verliert die Lombardei im Krieg gegen Italien und Frankreich.
1864	Bismarck veranlaßt Krieg Preußens und Österreichs gegen Dänemark um Schleswig-Holstein; Dänemark verliert.
1866	Bismarck veranlaßt den Krieg Preußens gegen Österreich und den Deutschen Bund.
1866	Österreich trennt sich von Deutschland.
1870	Bismarck löst durch Kürzung der «Emser Depesche» frz. Kriegserklärung aus.
1871	Deutsche Armeen nehmen Paris. Im «Frieden zu Frankfurt/Main» kommt Elsaß-Lothringen als Reichsland zu Deutschland.
1880	In England entsteht eine Friedensbewegung: «International Arbitration and Peace Association».
1891	Bertha von Suttner gründet die «Österreichische Gesellschaft der Friedensfreunde».
1892	In Berlin wird die «Deutsche Friedensgesellschaft» gegründet.
1896	Todesjahr Alfred Nobels, der den Nobelpreis stiftete.
1901	Der Friedensnobelpreis wird zum erstenmal verliehen: an Henri Dunant (Schweiz) und Frédéric Passy (Frankreich).

«Die Waffen nieder!»

«Herumliegende Soldaten und Pferde, zerbrochene Kanonen oder wirre Raufereien, wie ich deren in den Geschichtsunterrichtsbüchern gar viele gesehen, das gibt doch keine hübschen Bilder ab...» Die Komteß Kinsky, 16 Jahre alt, schüttelt sich, wenn sie im Lesesaal der Kurstadt Wiesbaden – hier liegen die Zeitungen aus – Illustrierte mit Bildern «vom Kriegsschauplatz» sieht. Man schreibt das Jahr 1859: Piemont-Sardinien und Frankreich sind im Krieg gegen Österreich. Bertha von Kinsky, Österreicherin, weilt mit Mutter, Tante und Kusine im mondänen Badeort Wiesbaden.

Man amüsiert sich bei Réunions* und Kurkonzerten und versucht sein Glück im Spielkasino. Bertha und ihre gleichaltrige Kusine vergnügen sich außerdem mit einem selbsterfundenen Spiel, das sie «Puff» nennen – sie denken sich Szenen aus, die in ihrer Zukunft spielen und führen diese dann mit verteilten Rollen vor. Immer geht es dabei um eine sehr bewegende Liebesgeschichte. Ein amerikanischer Cowboy, ein europäischer Gesandtschaftsattaché oder ein indischer Maharadscha hält um die Hand von Bertha oder Elvira an – und schon beginnt wieder ein neues Drama. Eines ist beiden jungen Mädchen klar: Nicht nur in ihren Phantasien, auch in der Wirklichkeit wird sie eine ganz außergewöhnliche Zukunft erwarten. Berthas Kusine Elvira wird eine sehr berühmte Dichterin werden. Und Bertha selbst wird eine glänzende Partie machen, vorher aber als begnadete Opernsängerin die Menschheit beglücken. Nein, Bilder und Berichte von Kriegsereignissen passen nicht zu solchen Zukunftsvorstellungen. Krieg ist nicht «hübsch». Aber – unvermeidlich.

* Gesellschaftsball

«Von der Idee eines Schattens einer Möglichkeit, daß Kriege überhaupt von der Welt weggedacht werden könnten, focht mich nichts an», erinnert sich Bertha später an ihre Jungmädchenjahre. «Ebensogut könnte man die Blätter von den Bäumen oder die Wellen vom Meer wegdenken – Krieg ist ja die Form, in der die Menschheitsgeschichte sich vollzieht: die Gründung der Reiche, die Schlichtung der Streitigkeiten, das alles besorgt der Krieg.»

Es ist kein Wunder, daß die junge Bertha von Kinsky so denkt. Sie wird Jahre später – 1889 – in ihrem Roman *Die Waffen nieder!* deutlich machen, warum sie und ihre Zeitgenossen eine solche Überzeugung haben mußten: «Das geht alles klar und einhellig aus allen Lehr- und Lesebüchern ‹für den Schulgebrauch› hervor, wo nebst der eigentlichen Geschichte, die nur als eine lange Kette von Kriegsereignissen dargestellt wird, auch die verschiedenen Erzählungen und Gedichte immer nur von heldenmütigen Waffentaten zu berichten wissen. Das gehört so zum patriotischen Erziehungssystem. Da aus jedem Schüler ein Vaterlandsverteidiger herangebildet werden soll, so muß doch schon des Kindes Begeisterung für diese seine erste Bürgerpflicht geweckt werden; man muß seinen Geist abhärten gegen den natürlichen Abscheu, den die Schrecken des Krieges hervorrufen könnten, indem man von den furchtbarsten Blutbädern und Metzeleien wie von etwas ganz Gewöhnlichem, Notwendigem so unbefangen als möglich erzählt...

Die Mädchen – welche zwar nicht ins Feld ziehen sollen – werden aus denselben Büchern unterrichtet, die auf die Soldatenzüchtung der Knaben angelegt sind, und so entsteht bei der weiblichen Jugend dieselbe Auffassung, die sich in Neid, nicht mittun zu dürfen, und in Bewunderung für den Militärstand auflöst. Was uns zarten Jungfräulein, die wir doch in allem übrigen zu Sanftmut und Milde ermahnt werden, für Schauderbilder aus allen Schlachten der Erde, von den biblischen und makedonischen und punischen bis zu den dreißigjährigen und napoleonischen Kriegen vorgeführt werden, wie wir da die Städte brennen und die Einwohner ‹über die Klinge springen› und die Besiegten schinden sehen – das ist in wahres Vergnügen... Es *muß* sein – es ist die Quelle der höchsten Würden und Ehren –, das sehen die Mädchen ganz gut ein: haben sie doch die kriegsverherrlichenden Gedichte und Tiraden auch aus-

wendig lernen müssen. Und so entstehen die spartanischen
Mütter, die ‹Fahnenmütter!› und die zahlreichen, dem Offi-
zierkorps gespendeten Kotillonorden während der Damen-
wahl...»

Daß Komteß Kinsky einst als Friedenskämpferin Bertha von
Suttner solche Sätze äußern wird, ist für sie und ihre Umwelt
in ihrer Jugendzeit unvorstellbar. «Eitel und oberflächlich» – so
stellt sie sich selbst als junges Mädchen in ihren *Memoiren* dar.
Immer wieder kokettiert sie mit einer neuen Eroberung –
natürlich einer standesgemäßen –, sieht sich «als Stern erster
Größe am musikalischen Himmel», und außerdem verlobt sie
sich insgesamt dreimal. Dreimal sehr dramatisch, wie sie sich
das schon mit Kusine Elvira zusammen ausgedacht hatte: dem
ersten (sehr viel älteren) Verlobten läuft sie davon, als er sie
küssen will. Der zweite erweist sich als Betrüger. Der dritte
stirbt auf einer Schiffsreise.

Sommer 1873: Bertha von Kinsky ist dreißig. «Draußen nützen
und glänzen» will sie. Wo «draußen»? An eine Karriere als
Opernsängerin glaubt sie nicht mehr. Ihre Bemühungen in dieser Richtung sind kläglich gescheitert. Aber sie beherrscht
mehrere Fremdsprachen und bringt das mit, was man eine
«gute Erziehung» zu nennen pflegt. Damit läßt sich etwas
anfangen. Die junge Frau kommt in das Haus des österreichischen Freiherrn von Suttner, eines reichen Mannes der Grün-
derzeit, und wird Erzieherin seiner vier Töchter. Wer in ihren
Memoiren liest, wird feststellen, wie sie auf einmal den Ton in
ihrer Lebensbeschreibung ändert. Nichts mehr mit Träumen
vom außergewöhnlichen Glück und der Idee vom schönsten
Mann, der gerade gut genug für sie ist. Satt dessen, wahrscheinlich zum ersten Male, empfindet die Komteß mit den hochflie-
genden Plänen so etwas wie ein ehrliches Gefühl.

Die Dreißigjährige ist in den um sieben Jahre jüngeren Sohn
des Hauses, Arthur Gundaccar, verliebt. Er erwidert ihre
Zuneigung. Als die Eltern erfahren, was sich da in ihrem hoch-
anständigen Hause abspielt, kündigen sie der verführerischen
Erzieherin. Bertha von Kinsky muß sich eine neue Stelle
suchen. Durch eine Zeitungsannonce kommt sie in Kontakt mit
einem reichen Sonderling aus Schweden, der in Paris lebt und
eine Hausdame und Sekretärin sucht.

«Nobel, Alfred, schwed. Chemiker, erfand Dynamit und
Sprenggelatine, errichtete die Nobelstiftung (Nobelpreis).»

So wird dieser merkwürdige Typ, zu dem Bertha von Kinsky jetzt nach Paris abreist, später in Lexika bezeichnet werden. Wie gesagt: später. Noch ahnt Bertha nicht, welch bedeutenden Mann sie kennenlernen wird. Einen, der einen «Stoff oder eine Maschine schaffen will, von so fürchterlicher verheerender Wirkung, daß dadurch Kriege überhaupt unmöglich werden». Sie interessiert das kaum. Sie hat andere Sorgen.

Wer je in seinem Leben auch nur entfernt unter «Liebeskummer» gelitten hat, wird verstehen, warum Bertha in Paris «steinunglücklich» war.

Genau acht Tage hielt sie es dort aus. Dann: «Ich besaß ein wertvolles Diamantkreuz... Dieses ging ich veräußern, und der Erlös genügte, um die Hotelrechnung zu begleichen, eine Fahrkarte für den nächsten Schnellzug nach Wien zu lösen und noch eine Barsumme zu erübrigen. Ich handelte wie im Traum, wie unter unwiderstehlichem Zwang. Daß es Torheit sei, daß ich vielleicht von einem Glücke davon und einem Unglück in die Arme renne, das blitzte mir wohl durch das Bewußtsein, aber ich konnte, konnte nicht anders...»

Die Konsequenz, mit der sie in diesem Augenblick handelt, ist schon beeindruckend. Auch Alfred Nobel, dem sie einen Brief hinterläßt, muß so gefühlt haben. Denn er blieb sein Leben lang einer ihrer besten Freunde, obwohl er nach ihrer plötzlichen Flucht aus Paris doch hätte ganz anders reagieren können.

Bertha zurück in Wien: heimliches Wiedersehen mit Arthur von Suttner. Noch heimlichere Trauung. Flucht des jungen Ehepaares nach Rußland in den Kaukasus, wo die beiden neun Jahre lang bleiben und sich hauptsächlich mit Schriftstellerei ihren Lebensunterhalt verdienen.

Während ihrer Emigrantenzeit erlebt Bertha von Suttner 1877/78 den russisch-türkischen Krieg. Immer noch ist sie ganz beherrscht von den Idealen, die ihr in ihrer Jugend eingeimpft wurden. Krieg ist ein Elementarereignis von besonderer historischer Wichtigkeit: «Mitten drin zu stehen, das gibt einem selber einen Abglanz von dieser Wichtigkeit.»

Im Mai 1885 kehrt das Ehepaar von Suttner nach Österreich zurück; die Familie hat sich mit den «Ausreißern» versöhnt. Arthur und Bertha von Suttner leben nun auf dem Gut Harmannsdorf in Niederösterreich und arbeiten beide weiter als Schriftsteller. Den Winter 1886/87 verbringen sie in Paris, besuchen Alfred Nobel, lernen Literaten, Journalisten und

Politiker kennen und diskutieren nächtelang. Gesprächsthema Nummer eins: Ist wieder Krieg in Sicht? Zwischen Deutschland und Frankreich bestehen in jenen Monaten starke Spannungen. Mitten in diesen Gesprächen erfährt Bertha von Suttner «eine Nachricht, die sie elektrisiert»: Ein Bekannter erzählt ihr, daß es in London seit 1880 eine «International Arbitration und Peace Association» gäbe – eine Friedensbewegung also. Sofort beschafft sich Bertha von Suttner alle Unterlagen, die es über diese Friedensliga gibt. Sie ist fasziniert. Diese Ideen will sie weiterverbreiten. Und so beginnt sie, einen Roman zu schreiben, der das Schicksal einer Frau erzählt, die vier Kriege erlebt (1859, 1864, 1866 und 1870/71), und zwar so grauenhaft erlebt, daß sie zur überzeugten Friedenskämpferin wird:

Die Waffen nieder!

Nach Emile Zolas Vorbild hat die Autorin genaue Vorstudien betrieben, um echte Milieuschilderungen zu liefern. Ein literarisches Meisterwerk ist es nicht, was Bertha von Suttner geschrieben hat. Aber ein Tendenzroman, der sofort nach Erscheinen ungeheuren Wirbel verursacht.

Der Name Bertha von Suttner wird zum Begriff für eine Auflehnung gegen die alte Ordnung, die den Krieg als eine unvermeidbare Erscheinung in der Geschichte der Völker ansah.

Alfred Nobel schreibt ihr: «Ich habe die Lektüre Ihres bewundernswerten Meisterwerks vollendet. Man sagt, es gäbe zweitausend Sprachen – es scheinen mir 1999 zuviel –, aber sicherlich gibt es nicht eine, in die Ihr herrliches Werk nicht übersetzt, in der es nicht gelesen und besprochen werden sollte.»

Das war nicht übertrieben, denn im Jahre 1905 – als Bertha von Suttner den Friedensnobelpreis erhielt – war ihr Buch bereits in der 37. Auflage erschienen und in fast alle europäischen Sprachen übersetzt.

«Ein epochemachendes Werk» nannte der österreichische Schriftsteller Peter Rosegger den Roman.

«Gott möge es so fügen, daß die Abschaffung des Krieges Ihrem Werke folge!» schrieb ihr der Schriftsteller Leo Tolstoj.

Natürlich gab es Gegner, die sich über die «Friedensbertha» und ihre Ideen lustig machten. So dichtete Felix Dahn:

«Die Waffen hoch! Das Schwert ist Mannes eigen,
Wo Männer fechten, hat das Weib zu schweigen,
Doch freilich, Männer gibt's in diesen Tagen,
die sollten lieber Unterröcke tragen.»

Das Bekenntnis zum Frieden, die Entlarvung des großtönenden Heldentums – Vokabeln in einer Zeit, in der riesige Summen für Rüstungszwecke ausgegeben und alle Propagandamittel zur Verherrlichung des Krieges eingesetzt wurden –, das verlangte Mut, und den bewies Bertha von Suttner. Mehr noch. Sie setzte sich konsequent weiter für die Friedensidee ein: «Die Beziehungen und Erfahrungen, die mir aus dem Buch erwachsen sind, haben mich in die Bewegung immer mehr hineingerissen, so sehr, daß ich schließlich nicht nur, wie ich anfangs gewollt, mit meiner Feder, sondern mit meiner ganzen Person dafür eintreten mußte.»

1891 gründet die Baronin in Wien eine österreichische Sektion der «Friedensgesellschaft». 1892 bildet sich in Berlin die deutsche «Friedensgesellschaft» – zum ersten Male organisieren sich Pazifisten in Deutschland. Als 1899 die «Haager Friedenskonferenz» einberufen wird, nimmt Bertha von Suttner als einzige Frau daran teil und gibt später eine Reportage in Buchform über die Konferenz heraus.

Sie reist, übrigens fast immer begleitet von ihrem Mann, zu allen wichtigen Kongressen und Konferenzen der Friedensbewegung, hält Vorträge und veröffentlicht «Randglossen zur Zeitgeschichte», die 1917, nach ihrem Tod, in zwei Bänden zusammengefaßt, unter dem Titel *Der Kampf um die Vermeidung des Weltkrieges* herausgegeben werden. Im Grunde genommen sind in diesem Werk die Anfänge unserer heutigen «Friedensforschung» begründet.

Die Glossen beginnen 1891; die Probleme des Flottenaufbaus werden ebenso behandelt wie die verschiedenen Kriege, die Wirren auf dem Balkan und der Kampf ums Frauenwahlrecht. So verfolgt sie alle Krisen in Europa und betont immer wieder, daß nur Einigkeit diesen Kontinent retten könne.

Als Österreicherin interessiert sie natürlich die Innenpolitik der Monarchie. Als 1912 trotz vieler Proteste der Schießunterricht in den Mittelschulen eingeführt wird, schreibt sie: «Ritter von Hussarek legte der Jugend ans Herz, die Schießübungen nicht nur als eine Art Sport zur Steigerung der körperlichen Geschicklichkeit, sondern im Dienst *höherer* Gedanken zu betrachten: also Liebe zum allerhöchsten Kaiserhause und Erhöhung der Wehrkraft. Und nochmals betonte er: Darauf komme es ja im Leben des einzelnen wie in der Gesellschaft hauptsächlich an, daß jeder seinen Beruf wie sein sonstiges Tun im Lichte höherer Gedanken aufzufassen lerne. Das sind sehr wichtige Worte; ob sie aber auf die Einübung der Kunst, auf Nebenmenschen zu zielen, sehr richtig angewendet erscheinen – darüber ließe sich streiten.» Und über eine Aktion der österreichischen Arbeiterinnenbewegung (1911):

«In Wien haben die Arbeiterinnen eine *Riesendemonstration zugunsten des Frauenstimmrechts* veranstaltet. Zu Tausenden, aber in größter Ordnung und Ruhe, zogen sie durch die Straßen. Im Gartenbausaal wurden Reden gehalten. Adelheid Popp sagte u.a.: ‹Wir wollen aber auch dagegen kämpfen, daß Millionen verschwendet werden für Mordzwecke und Bruderkrieg. Wir wollen, daß die Mordrüstungen ihr Ende nehmen und diese Millionen verwendet werden für die Bedürfnisse des Volkes!› Feminine Politik? Nein: humane Politik!»

Die «gefühlsduselige Friedensbertha», als die sie bis heute ihre Gegner abwerten wollen, hat sich zu einer kritischen Journalistin entwickelt. Ihr langjähriger Freund Alfred Hermann Fried, Vorsitzender der Deutschen Friedensgesellschaft, faßt zusammen: «Die Bewegung entwickelte sich zur Wissenschaft und die Romanschriftstellerin zur Zeitkritikerin.»

Als der schwedische Großindustrielle und Dynamit-Erfinder Alfred Nobel 1896 stirbt, hinterläßt er ein Testament, in dem er einen Teil seines Vermögens für einen Friedensnobelpreis stiftet. Bertha von Suttner ist die erste Frau der Welt, der dieser Preis 1905 zugesprochen wird.

Sie ist jetzt zweiundsechzig Jahre alt und trotz vieler Rückschläge und Enttäuschungen unermüdlich tätig in der Friedensbewegung.

Erst in den letzten Monaten ihres Lebens zwang sie eine schwere Krankheit, ihre Arbeit aufzugeben. Ihre letzten Worte – das berichtet Alfred Hermann Fried, der bei ihr war – sollen gewesen sein: «Die Waffen nieder! Sagt's vielen – vielen...»

Das war am 21. Juni 1914. Sieben Tage später wurde in Sarajewo der österreichisch-ungarische Thronfolger Franz Ferdinand mit seiner Frau ermordet. Eine Kettenreaktion der militärischen Bündnisse setzte ein: Der Erste Weltkrieg begann.

Zum Weiterlesen:
Beatrix Kempf: *Bertha von Suttner. Eine Frau kämpft für den Frieden.* Freiburg 1979.

Bertha von Suttner: *Memoiren* (erscheint als kommentierte Neuausgabe im Fischer Taschenbuch Verlag als Band 2053).

Bertha von Suttner: *Die Waffen nieder!* Ausgewählte Texte. Hg. von Klaus Mannhardt und Winfried Schwaneborn. Köln 1978.

Gisela Brinker-Gabler (Hg.): *Frauen gegen den Krieg.* Fischer Taschenbuch Verlag Band, 2048.

Wera Figner in ihrer Zeit

1855	Alexander II. wird Zar.
1860	Bauernaufstand in Rußland.
1861	Die Leibeigenschaft der Bauern wird aufgehoben.
1862	In Turgenjews Roman *Väter und Söhne* taucht der Begriff «Nihilismus» auf.
ab 1865	Nihilistische Strömungen in Rußland (nihil = nichts: Die Nihilisten wollen nichts bestehen lassen – keine überlieferte Ordnung, keine Bindung an irgendein System).
1879 *April*	Ein Attentat auf Zar Alexander II. mißlingt.
1879 *August*	Der Geheimbund «Narodnaja Wolja» verurteilt den Zaren in aller Form zum Tode.
1881 *März*	Das Attentat auf den Zaren gelingt; Alexander III. wird Zar von Rußland.
1881 *April*	Die am Attentat direkt Beteiligten – vier Männer und eine Frau – werden öffentlich gehenkt.
1884	Wera Figner wird verhaftet und ist in den nächsten 20 Jahren Gefangene in der Festung Schlüsselburg.
1894	Nikolaus II. wird Nachfolger von Alexander III.
1905	Revolution in Rußland; hat nur Teilerfolge: Nikolaus III. gibt Rußland konstitutionelle Verfassung.
1917	Nikolaus III. wird gestürzt.
1917	Russische Frauen erhalten das Wahlrecht.

«Nur im Handeln erkennst du deine Kraft!»

«Sie ist nur eine schöne Puppe – innerlich ist sie aber hohl!» Die junge Russin Wera Figner belauscht eines Abends ein Gespräch von Verwandten, in dem so über sie geurteilt wird. Das trifft sie tief. Ist sie das wirklich: «nur eine schöne Puppe»? Stimmt, sie zieht sich gern modisch an, und sie zeigt kein Interesse für soziale und politische Ideen; solchen Themen weicht sie aus. Aber – wie sollte sie auch anders?

Im «Institut» in Kasan, wo sie zur Schule geht, dürfen die Mädchen keine «ernsten» Bücher lesen. Und daheim – sie kommt nur in den Sommerferien nach Hause auf das elterliche Gut – lebt sie in einer «weltverlorenen Einsamkeit». Ihr Vater, Förster von Beruf, ist der absolute Herrscher in der Familie. Er erzieht seine sechs Kinder zu eiserner Disziplin und zu blindem Gehorsam: «Nichts durften wir ohne Erlaubnis anrühren, besonders ja nicht Vaters Sachen; wenn das Unglück geschah, daß man etwas zerschlug oder auch nur an den unrichtigen Platz stellte, dann erstreckte sich der väterliche Zorn über das ganze Haus. Und dann setzte die Strafe ein: man mußte im Winkel stehen, wurde an den Ohren gezogen oder bekam Schläge mit dem Lederriemen, der immer dazu in Vaters Arbeitszimmer hing. Er strafte grausam, unbarmherzig.»

Die kleine Wera flüchtet sich in Phantasien. Vielleicht, so träumt sie vor sich hin, wird sie eines Tages nach Moskau kommen, und der Zar wird auf sie aufmerksam werden und um ihre Hand anhalten. Er wird sie mit Brillanten und Rubinen schmücken und ihr sein Reich zu Füßen legen.

«Übrigens hat das spätere Leben auf ganz eigenartige Weise die kindlichen Träume erfüllt», schreibt Wera Figner in ihren Lebenserinnerungen *Nacht über Rußland*. «Ich erhielt, wenn auch kein Zarentum, so doch einen ‹Königsthron›. In Schlüsselburg, wo unter all den Männern nur zwei Frauen waren, nannten uns die Kameraden, um die Armut unseres Lebens etwas zu verschönern, ‹Königinnen›.»

Diese «Schlüsselburg», von der Wera Figner hier spricht, ist eine Festung. Ein Kerker, in dem sie zwanzig Jahre ihres Lebens verbringen mußte. Zwanzig Jahre Angst, Einsamkeit, Schmerzen, Hunger, Verzweiflung. Inhaftiert wegen ihrer «revolutionären Arbeit».

Wieso das? Wera Figner ist doch ein gehorsames Mädchen. Eine, die aus der Oberschicht stammt, und die sogar davon träumt, den Zaren zu heiraten – was muß in ihr vorgehen, daß sie zur Revolutionärin wird?

Zunächst dies: Ihr fällt ein Buch in die Hände, das sie atemlos verschlingt und von dem sie später sagen wird, es habe «das Fundament zu ihrer Persönlichkeit gelegt». *Sascha* heißt dieses Buch des russischen Dichters Nikolai Nekrassow. Sein Inhalt, mit Wera Figners Worten wiedergegeben: «Der kluge, gebildete und welterfahrene Agarin gerät aus der Hauptstadt in ein entlegenes Dorf. Dort, in der einfachen, patriarchalischen Familie seines Gutsnachbarn lernt er ein junges Mädchen kennen, das von keinerlei geistigen Ideen berührt ist.»

Natürlich wird Wera Figner sich sofort mit diesem jungen Mädchen identifiziert haben... Aber weiter in der Handlung: «Er beginnt sie geistig zu entwickeln; spricht viel und schön von den sozialen Pflichten, von der Arbeit zum Wohle des Volkes. Unter dem Einfluß dieser Predigten erwachsen in Sascha ideale Bestrebungen und Bedürfnisse. Als sie aber nach einem Jahr ihrem Lehrer wieder begegnet, ist sie von ihm furchtbar enttäuscht. Sascha ist mittlerweile geistig und moralisch gereift, und sie sieht das wahre Antlitz Agarins als das eines hohlen Schwätzers der sich darauf beschränkt, mit schönen Worten um sich zu werfen, und außerstande ist, im wirklichen Leben etwas zu leisten. Sascha überzeugt sich, daß bei diesem Helden die Worte mit den Taten nicht im Einklang stehen...»

Und Wera Figner fährt fort: «Dieser Roman beschäftigte mich lebhaft, und ich grübelte lange über ihn nach. Er lehrte, wie man leben und wonach man streben müsse, er lehrte: keine Phrasen machen, sondern seinen Prinzipien getreu leben. Dieses von mir selbst ebenso wie von anderen zu fordern – das wurde zur Losung meines Lebens.»

Jetzt muß die junge Wera nur noch IHREN LEHRMEISTER finden

– irgend jemand, der ihr, genau wie der Romanheldin Sascha, geistige Impulse gibt.

Und das passiert auch. Nach Abschluß ihrer Schuljahre entschließt sie sich, in die Schweiz zu gehen, an der Universität Zürich Medizin zu studieren, um dann später als Ärztin auf dem Lande zu arbeiten. Zürich ist die einzige Universität, die Frauen zum Medizinstudium zuläßt. 1872, als Wera Figner dort eintrifft, lernt sie auch Franziska Tiburtius kennen, eine deutsche Studentin, die sich hier auf ihr Examen vorbereitet. Doch Franziska und Vera verbindet außer dem gemeinsamen Studium nichts. «Diese russischen Studentinnen waren allesamt Nihilistinnen», beschreibt Jahre darauf die Ärztin Dr. Tiburtius ihre Begegnung mit Wera Figner. Ihr ist unverständlich, mit was sich ihre russischen Kommilitoninnen da befassen.

Wera hat sich in Zürich einem Kreis junger Russinnen angeschlossen, die ihr eine Welt neuer Ideen eröffnen: «Ich lernte Lassalles Lehre und Wirken kennen, auch die Theorien der französischen Sozialisten, die Arbeiterbewegung, die Internationale und die Geschichte der Revolutionen der westeuropäischen Länder. Dies alles, wovon ich bislang nichts gewußt hatte, erweiterte meinen geistigen Horizont, nahm mich ganz gefangen, und so wurde ich Sozialistin und Revolutionärin. Wir hatten uns zu einem revolutionären Kreis vereinigt und beschlossen, nach Rußland zurückzukehren, und uns mit der Propaganda der neuen Ideen unter den Arbeitern und Bauern zu befassen.»

Alle Worte sind in den Wind gesprochen, wenn sie nicht Taten auslösen. Diese Erkenntnis steht für Wera Figner unverrückbar fest. Mit Pillen, Arzneien und Mixturen – das wird ihr immer klarer – kann sie ihrem Volk nicht helfen. Ihre Aufgabe sieht sie darin, die sozialistischen Ideen zu verbreiten und zum Kampf für diese Ideen aufzurufen.

Im Dezember 1875 verläßt Wera Figner ohne Abschlußexamen die Universität: «Ich beschloß, nach Rußland zurückzugehen, damit meine Taten nicht meinen Worten widersprächen.» Sie muß gleich nach ihrer Rückkehr feststellen, daß sie mit ihrem stürmischen Enthusiasmus allein wenig ausrichten kann. Neue Ideen in die Köpfe der Arbeiter und Bauern bringen – schön und gut. Aber was, wenn die Menschen gar nicht in der Lage sind, diese Ideen zu begreifen? Erst einmal ist es nötig, das geistige Niveau der Bevölkerung zu heben. Im Gouvernement Samara, wo Wera und ihre Schwester Eugenie (die sich inzwischen ebenso engagierte) sich niederlassen, gibt es zum Beispiel nicht einmal eine Schule. Also beginnt Eugenie, Kinder und Erwachsene unentgeltlich zu unterrichten, während Wera die ärztliche Betreuung übernimmt. Ihre eigentliche Arbeit aber beginnt nach Feierabend. Dann gehen die beiden Schwestern von Haus zu Haus, lesen den Bauern, die außer ein paar Gebeten und der Liste des Herrscherhauses überhaupt keine geistigen Kenntnisse haben, vor und erklären ihre Gedanken und Ziele. Wissen weitergeben an das Volk, das eines Tages die politische Verantwortung in einem demokratischen Rußland übernehmen soll – das ist ihre wichtigste Aufgabe. Wera berichtet: «Immer wieder wollten die Bauern uns über das Bauernleben, über die Bodenfrage, die Beziehung zum Gutsbesitzer und über die Behörden sprechen hören.»

Die beiden Schwestern Figner sind nicht die einzigen, die in jenen Jahren unbeirrbar in aller Stille auf eine Neuordnung der Gesellschaft hin arbeiten. «Alle Gouvernements sind von einem dichten Netz revolutionärer Zellen überzogen», meldet 1874 der russische Justizminister Graf Konstantin von der Pahlen dem Zaren.

Unter den Revolutionären wächst die Überzeugung, daß es mit der gewaltlosen, unermüdlichen Tat auf die Dauer nicht getan sei. Sie gründen eine neue Partei, den «Volks-Willen» («Narodnaja Wolja»). Dieser Geheimbund, dem Wera Figner angehört, verurteilt den Zaren zum Tode. Denn : «Nur der Tod des Zaren kann eine Wendung im öffentlichen Leben herbeiführen.»

Zwei Attentaten entkommt Zar Alexander II. durch Zufall. Die Polizei verschärft ihre Maßnahmen. 1880 werden von russischen Gerichten insgesamt 127 Verfahren wegen politischer Verbrechen durchgeführt und 1770 Personen unter polizeiliche Sonderbewachung gestellt.

13. März 1881 in Petersburg: «Unsere ganze Vergangenheit, unsere revolutionäre Zukunft, alles hatten wir auf diese Karte gesetzt... Handeln, handeln! Um jeden Preis muß gehandelt werden!» schreibt Wera Figner über die Vorbereitungen zu diesem Tag. Der Zar ist am Nachmittag zum Tee bei einer Cousine eingeladen. Auf dem Rückweg, am Katharinen-Kanal, erwarten ihn vier Bombenwerfer. Die erste Bombe

rutscht unter der Kutsche hindurch und explodiert im Schnee.
Da rennt der zweite Mann mit seiner Bombe vor und zündet
sie dicht neben der Kutsche. Der Anschlag gelingt. Der schwer-
verletzte Zar lebt nur noch wenige Stunden. Sein Mörder, der
Revolutionär Grinewjetzkij, wird ein Opfer der eigenen
Bombe.

In den nächsten Tagen werden nach und nach alle Mitglieder
der «Narodnaja Wolja» verhaftet, die mit dem Attentat in
Zusammenhang gebracht werden können.

Einen Volksaufstand aber, wie ihn die Revolutionäre erwartet
hatten, gibt es nicht.

Wera Figner: «Die Gesellschaft verharrte in Schweigen... Die
Geschichte war gegen uns: um 25 Jahre waren wir dem Gang
der Ereignisse – der allgemeinen politischen Entwicklung der
Gesellschaft und des Volkes – vorausgeeilt, und wir blieben
einsam.»

Eines jedoch wird zum erstenmale fassungslos zur Kenntnis
genommen: daß die führenden Mitlieder dieses Geheimbun-
des *Frauen* waren. Frauen als Revolutionäre, als Führerinnen
radikaler Gruppen. Frauen, die wissen, welche Konsequenz ihr
Handeln mit sich bringt. Eine von ihnen, Sophia Perowskaja
heißt sie, wird am 15. April 1881 hingerichtet.

Drei Jahre später, als Zweiunddreißigjährige, wird Wera Figner wegen ihrer revolutionären Arbeit zum Tode verurteilt und
zu lebenslänglichem Kerker begnadigt. «Gott sei Dank, endlich ist diese schreckliche Frau arretiert!» ruft Alexander III.,
der Nachfolger des ermordeten Alexander II., aus, als er von
ihrer Verhaftung benachrichtigt wird.

In ihrem Schlußwort erklärt die Angeklagte, was sie dazu
gebracht hat, «den Weg der Gewaltanwendung » zu gehen.

«Den Weg des Friedens konnte ich nicht beschreiten: bekannt-
lich haben wir keine Pressefreiheit – so ist es denn unmöglich,
daran zu denken, bestimmte Ideen durch das gedruckte Wort
zu verbreiten. Hätte mir irgendein Organ der Gesellschaft
einen anderen Weg außer dem der Gewaltanwendung gewiesen – möglich, daß ich ihn gewählt, sicher aber, daß ich es versucht hätte, ihn zu gehen... Stets habe ich von der Persönlichkeit, sowohl von anderen, als – selbstredend – auch von mir selber, Konsequenz und Übereinstimmung von Wort und Tat
verlangt, und mir schien, wenn ich theoretisch zu der Erkenntnis gekommen war, daß man nur durch Gewaltanwendung

etwas erreichen könne, so wäre ich damit auch verpflichtet, unmittelbar an den Gewaltmaßnahmen teilzuhaben, die von der Organisation, der ich mich angeschlossen hatte, unternommen werden würden...

In dem Programm, an das ich mich bei meinem Wirken hielt, war die wesentlichste Seite, die für mich die größte Bedeutung hatte, die Vernichtung des absolutistischen Regimes. Ob unser Programm eine Republik oder eine konstitutionelle Monarchie vorsieht – dem messe ich eigentlich keine praktische Bedeutung bei. Ich meine, auch wenn man eine Republik anstrebt – im Leben wird sich nur jene Form der Staatsbildung durchsetzen, zu der die Gesellschaft sich als vorbereitet erweisen wird – so daß diese Frage für mich keine besondere Bedeutung hat.

Für die Hauptsache, für das allerwichtigste halte ich, daß bei uns solche Verhältnisse geschaffen werden, in denen die Persönlichkeit die Möglichkeit hat, ihre Kräfte allseitig zu entwickeln und sie ganz und gar in den Dienst der Gesellschaft zu stellen. Und mir scheint, so wie die Dinge bei uns liegen, sind diese Verhältnisse nicht gegeben.»

Wera Figner wird die russische Revolution noch miterleben. Man wird sie zwar «lebendig begraben» im Kerker, aber dennoch wird sie 1904 bei ihrer Entlassung merken: «Ich habe eine Spur hinterlassen, die in der folgenden Generation weiterlebt.»

Ihre zwanzigjährige Gefangenschaft in der Festung Schlüsselburg schildert Wera Figner im zweiten Teil ihres Buches *Nacht über Rußland*. Es sind düstere Bilder, Szenen abgrundtiefer Verzweiflung, und dann wieder solche Augenblicke: Als man ihr das Recht auf Briefwechsel entziehen will, wehrt sie sich mit aller Kraft, die ihr noch geblieben ist, ja, sie reißt dem diensttuenden Inspektor sogar die Achselstücke von der Uniform.

Denn: «Einem Blitz gleich durchfuhr mich ein Gedanke und beseitigte alles Zögern: ‹Nur im Handeln erkennst du deine Kraft.›... Eine großartige Freude erfüllte mich; ich war innerlich froh, daß ich in mir die Kraft zu einem energischen Protest gefunden hatte.»

Sie wagt es immer wieder, energisch zu protestieren, und erreicht auf diese Weise tatsächlich, daß sich die Haftbedingungen in der Schlüsselburg nach und nach ändern. Das Essen wird besser, ein Spaziergang wird gestattet, Bücher werden angeschafft, und die Gefängnisinsassen dürfen in Werkstätten

180

arbeiten. Siebzehn Jahre ist Wera Figner schon im Kerker, als sie zum ersten Male von einem neu angekommenen Gefangenen hört, was inzwischen «draußen» los war: «Seinen Worten nach war in Rußland alles in Bewegung: die Arbeiterklasse, von deren Existenz man in den achtziger Jahren noch kaum etwas gespürt hatte, bestand ähnlich dem westeuropäischen Proletariat schon als selbständige Klasse. Sie trat als öffentlicher Faktor auf, sie forderte Verbesserung ihrer ökonomischen Lage, organisierte Streiks, die Zehntausende von Arbeitern mitrissen, und demonstrierte ihre Kraft auf der Straße... In jeder Stadt bestanden jetzt illegale Druckereien, die revolutionäre Blätter, Aufrufe und Flugblätter herausgaben.»

1904 wird Wera Figner (auf ein Gnadengesuch ihrer krebskranken Mutter hin) in die Verbannung entlassen. Bis 1915 lebt sie im Ausland. Im Dezember 1916 kommt sie nach Petersburg zurück, wo sie als Augenzeugin die Februar-Revolution miterlebt.

Politisch tätig konnte sie in den Jahren nach ihrer Verhaftung nicht mehr sein. Sie versuchte zwar, sich einer sozialrevolutionären Partei anzuschließen. Doch sie mußte feststellen: «Die jahrelange Abwesenheit aus dem Leben machte es mir unmöglich, mit einem Schritt die Evolution politischer Parteien, revolutionärer Sitten und Verhältnisse einzuholen. Ich fühlte mich fremd, abgesondert und nutzlos in ganz neuen Verhältnissen. So arbeitete ich auf anderem Gebiet.»

Der Verbesserung der Bildungs- und Erziehungsanstalten auf dem Lande widmet sich Wera Figner bis zu ihrem Tod, 1942. Wera Figner, eine Frau, der man zwanzig Jahre ihres Lebens genommen hat – findet sie, daß der Preis, den sie für ihren Einsatz zahlen mußte, zu hoch war?

Nein.

«Trotz aller harten Prüfungen», schreibt sie, «der Preis, den ich zahlen mußte, war nicht zu hoch!»

Zum Weiterlesen:

Wera Figner: *Nacht über Rußland.* Berlin 1928, Jossa 1978 (aus dem Russ. von Lilly Hirschfeld und Reinhold von Walter).

Leo Sievers: *Deutsche und Russen. Tausend Jahre gemeinsame Geschichte.* Hamburg 1980.

Clara Zetkin in ihrer Zeit

1864	Gründung der I. Internationale in London durch Karl Marx.
1889	Gründungskongreß der II. Internationale in Paris, wo Clara Zetkin als erste Frau spricht.
1889	Geburtsjahr Adolf Hitlers.
1891	Clara Zetkin übernimmt die Redaktion der *Gleichheit* (bis 1916).
1903/04	Im Crimmitschauer Textilarbeiterstreik sind über die Hälfte der Streikenden Frauen.
1905	Revolution in Rußland. Teilerfolg: der Zar gibt Rußland konstitutionelle Verfassung.
1914	Beginn des Ersten Weltkriegs (bis 1918).
1917	Bildung der USPD (Unabhängige Sozialdemokratische Partei).
1917	Russische Arbeiter und Bauern stürzen den Zaren.
1918	Gründung der Kommunistischen Partei Deutschlands (Spartakusbund).
1923	Der «Muttertag» kommt von den USA nach Deutschland.
1925	Adolf Hitler gründet die NSDAP neu.
1931	Mehr als eine Million Frauen in Deutschland sind arbeitslos.
1933	Im Todesjahr Clara Zetkins wird Adolf Hitler Reichskanzler.

«Ich will da kämpfen, wo das Leben ist»

Ja, sie hat Angst. Eine Angst, die viele Mädchen und Frauen kennen. Öffentlich reden, die eigene Stimme laut werden lassen: nur das nicht.

Einmal, als sie auf einer öffentlichen Versammlung mit ihrer Rede an die Reihe kommen sollte, sagte sie kleinlaut, sie verzichte aufs Wort – obwohl sie sehr viel auf dem Herzen hatte. Diesmal aber – auf dem Gründungskongreß der II. Internationale 1889 in Paris – besiegt sie ihre Angst, als sie aufgerufen wird: «Die Bürgerin Zetkin hat das Wort.»

Anfangs stockend, dann immer sicherer und fließender vertritt die zweiunddreißigjährige Clara Zetkin in ihrer ersten großen Rede die Sache der Mädchen und Frauen: «Für die Befreiung der Frau» heißt ihr Referat.

«Die Sozialisten müssen wissen», sagt sie, «daß bei der gegenwärtigen wirtschaftlichen Entwicklung die Frauenarbeit eine Notwendigkeit ist... Die Sozialisten müssen vor allem wissen, daß auf der ökonomischen Abhängigkeit oder Unabhängigkeit die soziale Sklaverei oder Freiheit beruht.

Diejenigen, welche auf ihr Banner die Befreiung alles dessen, was Menschenantlitz trägt, geschrieben haben, dürfen nicht eine ganze Hälfte des Menschengeschlechts durch wirtschaftliche Abhängigkeit zu politischer und sozialer Sklaverei verurteilen. Wie der Arbeiter vom Kapitalisten unterjocht wird, so die Frau vom Manne; und sie wird unterjocht bleiben, solange sie nicht wirtschaftlich unabhängig dasteht. Die unerläßliche Bedingung für diese ihre wirtschaftliche Unabhängigkeit ist die Arbeit...

Die Arbeiterinnen sind durchaus davon überzeugt, daß die Frage der Frauenemanzipation keine isoliert für sich bestehende ist, sondern ein Teil der großen sozialen Frage. Sie geben sich vollkommen klare Rechenschaft darüber, daß diese Frage in der heutigen Gesellschaft nie und nimmermehr gelöst werden wird, sondern erst nach einer gründlichen Umgestaltung der Gesellschaft... Die Emanzipation der Frau wie die des ganzen Menschengeschlechtes wird ausschließlich das Werk der Emanzipation der Arbeit vom Kapital sein. Nur in der sozialistischen Gesellschaft werden die Frauen wie die Arbeiter in den Vollbesitz ihrer Rechte gelangen.»

Clara Zetkin meldet den Anspruch der Frauen an, in den sozialistischen Parteien um ihr Recht zu kämpfen. «Ohne Beihilfe der Männer», erklärt sie, «ja , oft sogar gegen den Willen der Männer, sind die Frauen unter das sozialistische Banner getreten...

Aber sie stehen nun unter diesem Banner, und sie werden unter ihm bleiben! Sie werden unter ihm kämpfen für ihre Emanzipation, für ihre Anerkennung als gleichberechtigte Menschen. Indem sie Hand in Hand gehen mit der sozialistischen Arbeiterpartei, sind sie bereit, an allen Mühen und Opfern des Kampfes teilzunehmen, aber sie sind auch fest entschlossen, mit gutem Fug und Recht nach dem Siege alle ihnen zukommenden Rechte zu fordern.» Diese Rede auf dem Pariser Kongreß ist nicht nur Clara Zetkins erste große Rede – es ist überhaupt das erstemal in der Geschichte, daß eine Frau vor einem internationalen Gremium für die Gleichberechtigung ihres Geschlechts kämpft und das Thema «Frau und Sozialismus» auf die Tagesordnung setzt.

«Mir ist, als seien mir Flügel gewachsen», sagt Clara Zetkin, als sie geendet hat.

Ihre leidenschaftlich vorgetragenen Forderungen bleiben nicht ohne Echo: Als die deutsche Sozialdemokratie ein Jahr später ihr neues Programm beschließt, enthält es die Forderung nach wirtschaftlicher, politischer und juristischer Gleichberechtigung der Frau. Clara Zetkin, die den Anstoß dazu gab, wird in den kommenden Jahren noch Hunderte von Reden auf Parteitagen, internationalen Kongressen und in den Parlamenten halten. «Ich will da kämpfen, wo das Leben ist», ist das Motto ihres Schaffens.

Wie kommt sie dazu? Warum überhaupt hat sich die junge Deutsche der Sozialdemokratischen Partei angeschlossen? Als Tochter eines Dorfschullehrers ist Clara Eißner in Wiederau bei Chemnitz aufgewachsen: ein wißbegieriges, tatendurstiges Mädchen, das bei den Spielen der Dorfjugend unbestrittene Anführerin ist.

Eines Tages entdeckt sie in der Bibliothek ihres Vaters eine Geschichte der Erhebungen gegen den Papst. Sie ist zutiefst beeindruckt von diesen Frauen und Männern, die auch auf dem Scheiterhaufen ihren Glauben nicht verleugneten. «Von ihnen lernte ich schon als Kind, daß man für seine Überzeugung bereit sein muß zu sterben», erzählt sie am Ende ihres Lebens.

1872 siedelt die Familie Eißner nach Leipzig über. Clara will sich zur Lehrerin ausbilden lassen. Ein Wunsch, der sich gar nicht so einfach verwirklichen ließ. Denn der Staat war damals an der Förderung des höheren Mädchenschulwesens und der Lehrerinnenbildung nicht interessiert und Frauen im öffentlichen Schuldienst noch nicht allgemein zugelassen. Allenfalls Handarbeitsunterricht traute man weiblichen Lehrkräften zu. Für die übrigen Fächer «reichten die geistigen Fähigkeiten einer Frau nicht aus»... Clara aber will mehr. Sie schafft es, eine Freistelle in dem von Auguste Schmidt geleiteten (privaten) Lehrerinnenseminar in Leipzig zu bekommen – der ersten Fortbildungsschule, die für Frauen errichtet wurde. Auguste Schmidt, eine energische Kämpferin für das Recht der Frau auf Bildung und Beruf, verlangt von ihren Schülerinnen sorgfältige, verantwortungsbewußte Arbeit; Clara ist der Lehrerin für diese strenge Schule immer dankbar gewesen: «Ich verehre sie in dankbarer Erinnerung für all das, was sie mir für das Leben, für den Kampf gegeben hat.»

Während ihrer Seminarzeit in Leipzig lernt Clara eine Gruppe russischer Studenten kennen, die wegen ihrer revolutionären Gesinnung und Tätigkeit aus ihrem Land vertrieben wurden und nun in Leipzig studieren. Bei ihnen hört sie Diskussionen, in denen die Begriffe «Sozialismus» und «Kommunismus» auftauchen, und sie hört zum erstenmal die Namen Karl Marx und Friedrich Engels. Clara fragt nach und beginnt die Schriften von Marx und Engels zu lesen.

Einer der russischen Studenten, Ossip Zetkin, wird Claras engster Freund und Vertrauter. Oft nimmt er sie zu sozialdemokratischen Versammlungen mit. Jeder Vortrag, den die junge Frau hört, führt sie mehr in die Gedankenwelt des kämpfenden Proletariats ein. Im Seminar finden ihre Lehrer sie «unbequem, zumal wenn sie ihre sozialistischen Ideen vertritt». Doch ihre

Abschlußprüfung besteht sie mit der Note «sehr gut». Im selben Jahr – 1878 – tritt das Sozialistengesetz in Kraft. Es ermächtigt die Landespolizeibehörden, die sozialdemokratischen Ortsvereine, Gewerkschaften und Arbeiterbildungsvereine zu verbieten. Mit einem Schlag wird die Partei und mit ihr alle ihre Arbeiterorganisationen illegal, wird ihre gesamte Literatur verboten. Clara Zetkin verdient in jener Zeit ihren Lebensunterhalt als Erzieherin bei einem Gutsbesitzer in der Nähe von Leipzig, nimmt aber weiter an der illegalen Arbeit der Partei teil.

1880 wird Ossip Zetkin aus Leipzig ausgewiesen. Zwei Jahre später folgt ihm Clara nach Paris. Die beiden heiraten. 1883 und 1885 kommen zwei Söhne – Maxim und Kostja – zur Welt. Kurz darauf wird Ossip Zetkin schwer krank. Ende Januar 1889 stirbt er.

«Es war mir, als müsse auch mein Leben stillstehen», schrieb Clara Zetkin Jahre später einer Freundin über den Tod ihres Mannes. «Ich bin damals nur durch die Kinder zum Leben zurückgekommen und namentlich durch den Sozialismus, meine Arbeit als revolutionäre Kämpferin.»

Ihre Arbeit: Clara Zetkin beschäftigte sich im Pariser Exil intensiv mit der deutschen und der französischen Arbeiterbewegung und stieß dabei auf zwei Kernfragen:

Wo ist in der sozialistischen Gesellschaft der Platz der Frau? Wie können die Sozialisten die Frauen aufrütteln und in den Kampf einbeziehen?

Ihren ersten großen Beitrag zu diesem Thema bringt sie auf dem Gründungskongreß der II. Internationale in Paris. In dem Augenblick, als sie ihre Angst überwindet und vor einem großen Publikum ihre Gedanken ausspricht, bahnt sie sich den Weg in die internationale Öffentlichkeit.

September 1890: Die Ausnahmegesetze gegen die Sozialdemokratie werden aufgehoben. Clara Zetkin kehrt mit ihren beiden Kindern in die Heimat zurück und läßt sich in Stuttgart nieder. Sie wird Mitbegünderin und Leiterin der *Gleichheit*, einer «Zeitschrift für die Interessen der Arbeiterinnen». Fünfundzwanzig Jahre lang hat Clara Zetkin diese Zeitung redigiert.

Wenn man in den ersten Jahrgängen der *Gleichheit* blättert, gewinnt man ein lebendiges Bild vom Wachsen der Arbeiterinnenbewegung. In jeder Nummer gibt es Artikel, in denen die Ausbeutung der Frauen angeprangert wird.

Da liest man von Arbeiterinnen einer Jute-Spinnerei in Bremen, die 14 bis 15 Pfennig Stundenlohn erhalten. Viele können sich nur einmal wöchentlich ein warmes Mittagessen leisten... Für zwei bis drei Mark Wochenlohn nehmen in Sachsen junge Mädchen das gebrannte Porzellan aus den Öfen. Weil eine große Hitze herrscht, sind sie bei der Arbeit nur mit einem Hemd bekleidet, setzen sich der Zugluft aus und erkranken fast alle an Rheumatismus...

Tabakarbeiterinnen aus Dresden kommen zu Wort: «Wenn eine von uns während der Betriebszeit lacht, so muß sie dieses todeswürdige Verbrechen mit fünfzig Pfennig Strafe büßen.» Ein Professor äußert sich zu den Arbeitsbedingungen der Spiegelbelegerinnen: «Schauerliche Quecksilbervergiftungen, regelmäßige Fehl- und Totgeburten.» Die große Schar dieser unterdrückten Frauen für den Klassenkampf zu gewinnen, war – wie Clara Zetkin wußte – keine leichte Aufgabe. Aber: Es war IHRE Aufgabe!

Ab 1905 widmete sich Clara Zetkin einem Thema, das ihr, der ausgebildeten Lehrerin, besonders am Herzen lag: der pädagogischen Arbeit. Zwei Beilagen gehörten von nun an regelmäßig zur *Gleichheit*. Eine «Für unsere Mütter und Hausfrauen» und eine «Für unsere Kinder».

Clara Zetkin ging es darum, Eltern und Heranwachsenden «die Grundsätze des wahren Menschentums» zu erläutern.

Die Erziehung der Kinder – sie betont es immer wieder – «muß das harmonisch zusammengestimmte Werk von Heim und gesellschaftlichen Einrichtungen, von Mutter und Vater sein. Wie sich bei der Zeugung des Kindes die Eigenart von Vater und Mutter mischt, so muß sie sich bei der Erziehung – dem zweiten Schöpfungsakt und oft dem wichtigsten – harmonisch vereinigen, damit das Beste von beiden Seiten zur Blüte gelangt.»

August 1907: An der ersten internationalen Zusammenkunft sozialistischer Frauen nehmen 56 Delegierte aus 14 Ländern teil. Sie wählen Clara Zetkin als Internationale Sekretärin und erklären die *Gleichheit* zum internationalen Organ.

August 1910: Auf der zweiten internationalen Frauenkonferenz beschließen die Teilnehmerinnen, jedes Jahr einen Internationalen Frauentag zu begehen. Zunächst soll dieser Tag im März eines jeden Jahres der Demonstration für das Frauenwahlrecht dienen. «Hoch das Frauenwahlrecht!» steht denn auch auf Standarten, die deutsche Frauen ein Jahr später an «ihrem Tag» im März durch die Straßen tragen. «Die wuchtigste Demonstration für die Gleichberechtigung der Frau, die die Welt bis jetzt gesehen hat!» berichtet Clara Zetkin in der *Gleichheit*.

Sie, die einst voller Angst das Rednerpult bestiegen hat, ist längst eine kompromißlose Kämpferin geworden, die oft auch in den eigenen Reihen gefürchtet wird. Es ist ein schwerer Schlag für sie, als sie 1908 (ab jetzt können endlich auch Frauen der Partei beitreten) nicht in den Vorstand gewählt wird. Sie gehört – wie Rosa Luxemburg, Karl Liebknecht und Franz Mehring – zum linken, revolutionären Flügel der Partei.

Auch in der deutschen Frauenbewegung greift Clara Zetkin die «gemäßigten» an. Sie befreundet sich mit Helene Stöcker, die 1905 den «Bund für Mutterschutz» gegründet hat. Helene Stöcker fordert gleiche Rechte für unverheiratete Mütter, die freie Verteilung empfängnisverhütender Mittel und die Legalisierung des Schwangerschaftsabbruchs. Dem «Mutterschutz» wird die Aufnahme in den «Bund deutscher Frauenvereine» verweigert. Sexuellen Fragen gegenüber verhalten die «gemäßigten» aus der Frauenbewegung sich sehr zurückhaltend. Helene Stöcker und Clara Zetkin verurteilen einen solchen Standpunkt. Die beiden Frauen bleiben bis zu Clara Zetkins Tod miteinander befreundet.

Als Clara Zetkin zwischen 1929 und 1931 nur noch einen Teil des Jahres in Deutschland verbrachte (sie lebte die übrige Zeit in Rußland), war Helene Stöcker eine der wenigen, die regelmäßig zu ihr zu Besuch kamen. Die letzte gemeinsame Aktion der beiden Frauen war 1932 die Vorbereitung eines internationalen Antikriegskongresses in Amsterdam.

Bereits 1912 hatte Clara Zetkin auf dem Internationalen Sozialistenkongreß in Basel die Frauen der Welt zur aktiven Verteidigung des Friedens aufgerufen. Bis zum letzten Augenblick kämpfte sie auch in der *Gleichheit* gegen die herannahende Kriegskatastrophe. Und im Kriegsjahr 1915 entwarf sie ein Manifest, das in Deutschland illegal verbreitet wurde: «Nieder mit dem Krieg!»

Sie wurde wegen «versuchten Landesverrats» verhaftet. Kaum war sie wieder frei, beteiligte sie sich weiter am illegalen Kampf gegen den Krieg.

Bis sie der schwerste Schlag trifft: Die Parteiführung entzieht ihr die Redaktion der *Gleichheit*. Clara Zetkin, sechzig, sucht einen neuen Anfang. «Alles zieht mich nach Rußland. Unter den Russen habe ich jung meine Heimat gefunden, politisch, menschlich, unter ihnen möchte ich bis ans Ende arbeiten, kämpfen.»

Das schreibt sie 1917, als die russischen Arbeiter und Bauern den Zaren gestürzt haben.

Sie führt lange Gespräche mit Lenin, die sie in ihrem Buch *Erinnerungen an Lenin* veröffentlicht.

1920 wird sie als Spitzenkandidatin der neu gegründeten Kommunistischen Partei Deutschlands in den Deutschen Reichstag gewählt. Sie arbeitet Richtlinien für die Frauenarbeit der Kommunistischen Internationale aus. Noch als Fünfundsiebzigjährige, ein Jahr vor ihrem Tod, steht sie auf der Tribüne des Deutschen Reichstags in Berlin und hält eine leidenschaftliche Rede gegen die faschistische Gefahr.

«Sie spricht. Sie spricht nicht wie eine einzelne Frau, wie eine Frau, die für sich selbst eine große Wahrheit gefunden hat... sie spricht vielmehr wie eine Frau für alle anderen Frauen, um auszudrücken, was alle Frauen einer Klasse denken. Sie spricht wie eine Frau, deren Denken sich in der Unterdrückung mitten in der unterdrückten Klasse gebildet hat. Sie ist keine Ausnahmeerscheinung. Was sie sagt, gilt, weil Tausende und Millionen von Frauen mit ihr dasselbe sagen.

Sie ist die Frau von morgen, oder besser, wagen wir es auszusprechen: Sie ist die Frau von heute.»

Mit diesen Sätzen hat der französische Dichter Louis Aragon in seinem Roman *Die Glocken von Basel* Clara Zetkins Auftreten in der Öffentlichkeit beschrieben: den Redestil einer Frau, die ursprünglich nichts mehr gefürchtet hatte, als – öffentlich sprechen zu müssen.

Zum Weiterlesen:

Louise Dornemann: *Clara Zetkin. Leben und Wirken.* Berlin (DDR) 1973/74.

Gerd Hohendorf: *Clara Zetkin.* Leipzig 1965.

Clara Zetkin: *Zur Geschichte der proletarischen Frauenbewegung Deutschlands.* Frankfurt a. M. 1971.

Clara Zetkin: *Ausgewählte Reden und Schriften. Bd. I–III.* Berlin (DDR) 1960.

Clara Zetkin: *Erinnerungen an Lenin.* Berlin (DDR) 1961.

Richard J. Evans: *Sozialdemokratie und Frauenemanzipation im deutschen Kaiserreich.* Bonn/Berlin 1979.

Gisela Brinker-Gabler (Hg.): *Frauen gegen den Krieg.* Fischer Taschenbuch Verlag, Frankfurt a. M., Band 2048.

Gisela Brinker-Gabler (Hg.): *Frauenarbeit und Beruf.* Fischer Taschenbuch Verlag, Frankfurt a. M., Band 2046.

Lily Braun in ihrer Zeit

1865	In Lily Brauns Geburtsjahr gründen Louise Otto-Peters und Auguste Schmidt in Leipzig den ‹Allgemeinen Deutschen Frauenverein›.
1872	Hedwig Dohm veröffentlicht von nun an ihre Streitschriften.
ab 1873	*Die Frauenbewegung* erscheint, eine «Zeitschrift für Fraueninteressen», die den linken Flügel der bürgerlichen Frauenbewegung vertritt («Radikale» genannt).
1879	August Bebels *Die Frau und der Sozialismus* erscheint (in der Schweiz).
1891	Nach Aufhebung der Bismarckschen Sozialistengesetze (1890) wird *Die Gleichheit* von Clara Zetkin herausgegeben.
1894	In Berlin tagt der «Kongreß bürgerlicher Frauenvereine».
1895	Lily Braun hält Reden für das Frauenstimmrecht.
1901	*Die Frauenfrage* von Lily Braun erscheint.
1905	In Berlin wird der «Bund für Mutterschutz und Sexualreform» auf Initiative von Helene Stöcker gegründet.
1906	Das *Handbuch der Frauenbewegung* von Helene Lange und Gertrud Bäumer ist in fünf Bänden erschienen.
1906	Finnische Frauen bekommen das Stimmrecht.
1908	Dänische Frauen bekommen das Stimmrecht.
1911	Island gibt den Frauen das Wahlrecht und Zugang zu allen (auch geistlichen) Ämtern.
1914	Beginn des Ersten Weltkriegs.

«Heilsame Unzufriedenheit in die Herzen der Frauen pflanzen!»

Drei Leitsätze werden der jungen Generalstochter Lily von
Kretschman von früh auf eingeprägt.
«Ein gut erzogenes Mädchen zeigt seine Gefühle nicht.»
«Eine Frau hat nicht für sich zu leben – sondern für andere.»
«Du mußt frühzeitig lernen, daß Frauen nie sich selbst ge-
hören.»
Alle drei Sätze empören die Heranwachsende. Doch sie wagt
es nicht, sich dagegen aufzulehnen. Einmal allerdings...
Lily ist vierzehn und steht kurz vor ihrer Konfirmation. Eines
Tages besucht sie den Pfarrer und legt ihm – schriftlich – ihr
«persönliches Glaubensbekenntnis» vor. Es lautet: «Ich glaube
nicht an diesen Gott. Ich glaube nicht, daß er in sechs Tagen
die Welt geschaffen hat, daß er ihm zum Bilde den Menschen
schuf. Ich glaube der Wissenschaft mehr als den unbekannten
Fabelerzählern des Alten Testaments.
Ich glaube nicht an diesen Christus, denn ich halte es für
heidnisch, an eine Menschwerdung Gottes zu glauben. Ich
glaube weder an seine wunderbare Geburt, noch an seine Höl-
len-, noch an seine Himmelfahrt, noch an seine Wunder.
Ich glaube nicht an diesen Heiligen Geist, ich glaube nicht an
eine heilige, christliche Kirche, die mordet, brennt, verfolgt,
steinigt, die Seelen martert, die Wahrheit leugnet. Ich glaube
nicht an Vergebung der Sünden, weil Sünde sich nur durch
bessere Taten vergibt. Ich glaube nicht an Auferstehung des
Fleisches, denn das ist wissenschaftlich unmöglich.»
Lily ist eisern entschlossen, sich zu keinem anderen Glaubensbekenntnis zwingen zu lassen: ein Skandal! Anklagen, Vorwürfe, Drohungen – Lily gibt nicht nach. Sie beschließt zu fliehen. Um sich das nötige Geld zu beschaffen, verkauft sie heimlich ihren Schmuck. Die Eltern kommen dahinter. «Es war ein

furchtbarer Auftritt», erzählt sie später in ihren *Memoiren,* «mein Vater kannte sich selbst nicht mehr. ‹Mein guter Name!› stöhnte er. ‹Ich muß mich erschießen! Ich überlebe die Schande nicht!›...» Diese Drohung wird Lily als Erwachsene noch oft zu hören bekommen. Vorerst aber wird ihr «furchtbarer Hochmut» gebrochen. Sie muß sich konfirmieren lassen und wird dann zu ihrer Tante geschickt, um den «letzten Schliff» in ihrer Erziehung zu bekommen. «Ich stickte altdeutsche Deckchen, als ob ich es bezahlt bekäme, kämpfte stundenlang am Klavier mit meiner Talentlosigkeit, strickte unentwegt Strümpfe für die Negerkinder», schildert sie diese Erziehung. «Ich hatte mich wieder einmal unterworfen. Aber die Leere im Innern blieb.»

Wenn Lily sich umguckt und sieht, was bei dieser Art von Erziehung herauskommt, erschrickt sie. «Alle jungen Frauen kriegen einen fatalen Zug um den Mund: ich glaube, es ist der der Enttäuschung», steht in einem Brief, den sie ihrer Kusine Mathilde schickt.

Vielleicht ist es das beste, nicht weiter über die Zukunft nachzudenken und statt dessen einfach zu genießen, was einem das Leben als attraktive Generalstochter bietet? Versehen mit dem «letzten Schliff», stürzt Lily sich in Geselligkeiten. Mit Erfolg. Sie wird umschwärmt, erlebt «Liebesgeschichten» und heimst «Anträge» ein. «Herrlich amüsiert!» schreibt sie in ihr Tagebuch. Und immer wieder: «Herrlich amüsiert!» Entfernt ist auch von einem Beruf die Rede, von einem «Hofdamenposten». Ernst nimmt sie das alles nicht.

Lilys Vater, General von Kretschman, fällt in Ungnade und wird entlassen. Zu dieser Zeit bekommt Lily, mittlerweile vierundzwanzig Jahre alt, einen Brief ihrer Großmutter. «Eine Ehe ist nur selten ein Glück, am wenigsten eine solche, die im Ballsaal geschlossen wird», schreibt Jenny von Gustedt an ihre Enkelin, «und Dich hat Gott mit so vielen guten Gaben bedacht, daß Du auch außerhalb der natürlichen weiblichen Lebenssphäre einen Dich und andere befriedigenden Lebensinhalt finden wirst... Darum ist der Rat, der letzte vielleicht, den ich Dir geben kann, der: stelle Dich auf Deine eigenen Füße.» Lilys Großmutter hat als einzige aus der Familie gespürt, was tatsächlich in dem äußerlich so vergnügungssüchtigen Mädchen vor sich geht. Sie vererbt der Enkelin ihren schriftlichen Nachlaß, Briefe und Dokumente aus ihrer Zeit am Weimarer

Hof. *Aus Goethes Freundeskreis – Erinnerungen der Baronin Jenny von Gustedt* heißt das Buch, das Lily von Kretschman daraus zusammenstellt. Zum erstenmal in ihrem Leben arbeitet sie intensiv an etwas und fühlt sich «stolz, frei und selbständig». In diesem Jahr, 1891, sie nennt es später in ihrem Tagebuch «das schönste Jahr meines Lebens» – lernt sie den Universitätsprofessor Georg von Gizycki kennen. Er ist Gründer der Gesellschaft und der nach ihr benannten Zeitschrift für *Ethische Kultur.* Unter seinem Einfluß vertieft Lily sich in die Literatur der amerikanischen und englischen Frauenbewegung. Sie liest Bebels *Die Frau und der Sozialismus* – und in ihrem Kopf verschieben sich alle Werte und Maßstäbe, die das «adelige Fräulein» von zu Hause mitbekommen hat: «Sozialismus – das sind Männer mit niedrigen Stirnen und schwieligen Fäusten, schwindsüchtige Frauen und Kinder mit Greisengesichtern, haßerfüllt die Züge, die Fäuste drohend erhoben wider alles, was unser Leben schön und reich macht.» Dieses Bild wurde Lily in ihrem Verwandten- und Bekanntenkreis eingeprägt. Nun erkennt sie, daß der so verteufelte «Sozialismus» mit seiner Forderung «gleiche Rechte für alle» für die geistige, wirtschaftliche und politische Befreiung ihres Geschlechts notwenig ist: «Oft lachte ich im stillen vor Freude, wenn ich eigene, längst vertraute Ideen wiederfand; und wo meine Gedanken nicht Schritt halten konnten, sagte mein Gefühl ja und tausendmal ja.»

Tage- und nächtelang liest und diskutiert sie. Ihr ist, als würde ihr Leben nun erst beginnen. In Gizyckis Zeitschrift veröffentlicht sie ihre ersten Aufsätze und Abhandlungen zu aktuellen Fragen der sozialistischen und der Frauenbewegung.

Noch lebt sie in ihrem Elternhaus. Aber wirklich daheim ist sie bei Gizycki. Er, so drückt sie es aus, «hat aus mir einen Menschen gemacht, der plötzlich er selbst sein darf».

Und dann wiederholt sich die Szene aus Lilys Jugend:

Der Vater droht mit Selbstmord, erneut hat sie seinen Namen «geschändet» und seinen Ruf «ruiniert» – diesmal mit ihren skandalösen Veröffentlichungen. Und mit ihrem Wunsch, G. von Gizycki zu heiraten. Der Professor ist schwerkrank und gelähmt. «Wir würden keine Liebes-, sondern eine Freundschafts und Arbeitsehe führen; wir würden wie die Zukunftsmenschen leben, wo auch die Frau sich durch eigene Arbeit erhält.» Mit diesen Worten hat er um ihre Hand angehalten.

Als Lily ihn heiratet, ist der Bruch mit ihrem Elternhaus endgültig.

«Vor allem galt es eins durchzusetzen: die deutsche Fauenbewegung aus ihrem Veilchen-Dasein zu befreien.» Das sieht Lily von Gizycki als ihre wichtigste Aufgabe in den kommenden Jahren an. In der mit Minna Cauer gemeinsam begründeten Zeitschrift *Die Frauenbewegung* und im Vorstand des Vereins «Frauenwohl» ist sie die vorwärtstreibende Kraft. Als erste deutsche Frauenrechtlerin hält sie 1895 in Berlin, Dresden und Breslau eine Rede für das Frauenstimmrecht. In ihrem Vortrag «Die Bürgerpflicht der Frau» heißt es zum Schluß: «Ich möchte von Ort zu Ort wandern und jene heilsame Unzufriedenheit, welche die Mutter aller Reformen ist, in die Herzen der Frauen pflanzen, und ihr schlummerndes Gewissen möchte ich aufrütteln, daß es sich seiner Verantwortlichkeit für alles Elend in der Welt bewußt wird. Aber noch ein anderes, starkes Gefühl, das alle diejenigen beseelte, welche der Menschheit dienten, muß in den Herzen mächtig werden: der Glaube, daß das Glück aller Menschen möglich ist.»

In diesem Glauben starb ihr Mann Georg von Gizycki im März 1895. In diesem Glauben blieb Lily zurück.

1896: Lily heiratet den SPD-Politiker Heinrich Braun und schließt sich der Sozialdemokratischen Partei an. Seit sie diesen Schritt getan hat, verbietet sich ihre Mitarbeit in der bürgerlichen Frauenbewegung von selbst. «Wer vorurteilslos und logisch denkt und sich eingehend mit der Frauenfrage – wohlgemerkt, der ganzen Frauenfrage, nicht mit der Damenfrage – beschäftigt, der muß notwendig zur Sozialdemokratie gelangen!» ruft sie beim Berliner Frauenkongreß in die versammelte Menge. «Vielleicht wird Ihnen eine Ahnung davon aufgehen, daß es ein größeres, ergreifenderes Elend gibt, als das der unbefriedigten, berufslosen Töchter Ihrer Stände; daß außerhalb Ihrer Kreise ein Kampf gekämpft wird, der ernster, heiliger ist als der um den Doktorhut!»

Die bürgerlichen Frauen sind zutiefst schockiert. «Die Zuhörer schrien und tobten», erinnert sich Lily Braun. «In größter Erregung schwang die Vorsitzende unaufhörlich die Glocke... Ich stieg vom Podium. Es war ein Spießrutenlaufen. Die eleganten Frauen Berlins, die in ihren schönen Herbsttoiletten die ersten Reihen besetzt hielten, hatten ihre ganze gesellschaftliche Haltung verloren. Sie zischten, riefen mir Schimpfworte zu, weiß-

behandschuhte Fäuste erhoben sich in bedrohliche Nähe.»
Trotz solcher Erfahrungen versucht Lily Braun immer wieder,
die bürgerliche und proletarische Frauenbewegung zu vereinigen – ein Versuch, der scheitert.

«Ein Buch über die Frauenfrage fehlt», sagt eines Tages nachdenklich ihr Mann zu ihr, «eins, das von einer Darstellung der
tatsächlichen Verhältnisse ausgehen müßte, das die wirtschaftliche, die soziale und die rechtliche Lage der Frauen zu behandeln hätte...» Dieser Gedanke läßt Lily Braun nicht mehr los:
«Das Herz klopfte mir vor Erregung. Ein zusammenfassendes,
grundlegendes Werk der Art gab es noch nicht. Es fehlte nicht
nur mir, es fehlte der ganzen Bewegung, die auch darum so
unsicher hin- und hertastete.»

Sie beginnt mit den Vorarbeiten für ein Buch über *Die Frauenfrage*. Inzwischen ist sie Mutter geworden und erkennt: «Seit
meines Kindes Geburt sind die Probleme der Frauenbefreiung
für mich keine bloßen Theorien mehr.» Aufgrund ihrer eigenen Erfahrungen entwickelt sie den Plan einer «Mutter-
schafts-Versicherung» für die erwerbstätigen Frauen. In ihrem
Werk *Die Frauenfrage*, das 1901 erscheint, nimmt dieser Plan
eine wichtige Stelle ein. Sie fordert «eine Geldunterstützung
während vier Wochen vor und acht Wochen nach der Entbin-
dung in der vollen Höhe des durchschnittlichen Lohnes, freier
Arzt, freie Apotheke, freie Wochenpflege einschließlich der
Pflege des Säuglings und der Sorge für den Haushalt, eventuell
auch die Errichtung von Krippen. Die Mittel hierzu müßten,
neben den Beiträgen der Versicherten, aus einer allgemein zu
erhebenden Steuer hervorgehen, zu der vielleicht die Unverheirateten und kinderlosen Ehepaare besonders herangezogen
werden könnten.» Lily Braun ist die erste Frau in Deutschland,
die solche Forderungen stellt. Genauso aufsehenerregend sind
ihre Ideen, wie man die «Sklaverei des Haushalts» abschaffen
könne. Sie erlebt das ja täglich selbst: Ständig fühlt sie sich zwischen ihren Berufs- und Haushaltspflichten hin- und hergeris-
sen. Wertvolle Zeit geht ihr verloren, weil sie sich mit «Klein-
kram» in der Wohnung beschäftigt. Und immer wieder plagt
sie das schlechte Gewissen, ob ihr Kind auch gut versorgt ist,
wenn sie nicht bei ihm sein kann. Dabei weiß sie, daß sie noch
in einer bevorzugten Lage ist, weil sie sich Hausangestellte leisten kann. Wenn sie sich in die Lage einer Fabrikarbeiterin ver-
setzt... ihr geht das Problem nicht aus dem Kopf.

«Die verheiratete Hand- und Kopfarbeiterin seufzt unter der Last doppelter Pflichten», schreibt sie.

«Sie ist nicht im Stande, beide in vollem Umfange zu erfüllen. Weder der vorhandene noch der angestrebte Arbeiterschutz kann die Arbeiterin vollkommen entlasten. Ohne über große Mittel zu verfügen, kann auch die bürgerliche Frau ihrem Beruf nicht nachgehen. Es gilt daher, Einrichtungen zu schaffen, die es beiden ermöglichen.»

Und dann entwickelt sie ein Modell, zu dem sie ähnliche Einrichtungen im Ausland angeregt haben:

«Solch eine Einrichtung ist die Wirtschaftsgenossenschaft. Ich stelle mir ihr äußeres Bild folgendermaßen vor: In einem Häuserkomplex, das einen großen, hübsch bepflanzten Garten umschließt, befinden sich etwa 50 bis 60 Wohnungen, von denen keine eine Küche enthält; nur in einem kleinen Raum befindet sich ein Gaskocher, der für Krankheitszwecke oder zur Wartung kleiner Kinder benutzt werden kann. An Stelle der 50 bis 60 Küchen, in denen eine gleiche Zahl der Frauen zu wirtschaften pflegt, tritt eine im Erdgeschoß befindliche Zentralküche, die mit allen modernen arbeitsparenden Maschinen ausgestattet ist. Vorratsraum und Waschküche, die gleichfalls selbsttätige Waschmaschinen enthält, liegen in der Nähe; ebenso ein großer Eßsaal, der zu gleicher Zeit Versammlungsraum und tagsüber Spielzimmer der Kinder sein kann. Ein kleineres Lesezimmer schließt sich ihm an. Die ganze Hauswirtschaft steht unter einer erfahrenen Wirtschafterin, deren Beruf die Haushaltung ist; ein oder zwei Küchenmädchen stehen unter ihrer Aufsicht. Die Wohnungen dieser Haushaltungsbeamten sind im selben Stock wie die Wirtschaftsräume, sie umfassen auch noch das Zimmer der Kinderwärterin, die ebenso wie die anderen von allen gemeinsam angestellt ist. Die Mahlzeiten werden, je nach Wunsch und Neigung, im gemeinsamen Eßsaal eingenommen oder durch besondere Speiseaufzüge in alle Stockwerke befördert. Während der Arbeitszeit der Mütter spielen die Kinder, sei es im Saal, sei es im Garten, wo Turngeräte und Sandhaufen allen Altersklassen Beschäftigung bieten, unter Aufsicht der Wärterin.»

Das dritte große Thema, dem Lily Braun sich widmet, ist «die Lage der weiblichen Dienstboten». Obwohl sie anfangs als Sozialdemokratin «mit hellem Entsetzen» begrüßt wird («Wir sind königstreu!» – «Wir sind gottesfürchtig!» rufen ihr die Dienstmädchen entgegen), besucht sie regelmäßig die Dienstbotenversammlungen. Ganz entschieden kämpft sie dafür, daß «abhängige Dienstmädchen» sich in «freie Arbeiterinnen» verwandeln, «die ihre Arbeitskraft nur stundenweise verkaufen».

In den Reihen ihrer Parteigenossinnen stößt Lily Braun mit all ihren Aktivitäten auf keine große Begeisterung. Tritt sie zu herrschsüchtig auf? Paßt sie sich den offiziellen politischen Grundsätzen der sozialdemokratischen Frauenbewegung zu wenig an? Liegt es an dem Mißtrauen, das die Wortführerin Clara Zetkin der «Sozialistin aus Adelskreisen» entgegenbringt? Tatsache ist jedenfalls, daß Lily Braun 1902 wegen «Unzuverlässigkeit» aus der Berliner Frauenorganisation ausgestoßen wird und daß sie in der sozialistischen Zeitung *Gleichheit* nichts mehr veröffentlichen darf.

«Es ist nun einmal meine Art, nur im Fieber etwas leisten zu können... ich brauche Besessenheit», schreibt Lily Braun als Fünfzigjährige, ein Jahr vor ihrem Tod, an ihren Sohn Otto. Mit dieser «Besessenheit» hat Lily Braun vieles in Bewegung gesetzt. Daß die Mutterschaftsversicherung zu einer Forderung ihrer Partei wurde. Daß nach dem Modell ihrer «Wirtschaftsgenossenschaft» Service-Häuser und ähnliche Einrichtungen entstanden. Daß die Dienstboten für mehr Rechte und bessere Bedingungen zu kämpfen wagten. Vor allem aber: daß Frauen endlich ihre eigene Geschichte in einem wichtigen Werk nachlesen konnten (und bis heute können).

In den letzten Jahren ihres Lebens allerdings führte Lily Brauns Leidenschaftlichkeit sie auf Irrwege. Während des Ersten Weltkriegs predigte sie den Frauen «Fruchtbarkeit» und ließ mit Stolz ihren siebzehnjährigen Sohn als Freiwilligen in den Krieg ziehen. Daß er mit knapp einundzwanzig Jahren darin umkam, hat sie nicht mehr erlebt. Mag sein, daß sie sonst vielleicht ihre Gedanken über den «sentimentalen Pazifismus der Frauen», die sie kurz vor ihrem Tod veröffentlichte, wieder zurückgezogen hätte...

Zum Weiterlesen:

Werke von Lily Braun
(oder Lily von Kretschman, oder Lily von Gizycki):

Aus Goethes Freundeskreis. Erinnerungen der Baronin Jenny von Gustedt, Hg. von Lily von Kretschman, Braunschweig 1892.

Deutsche Fürstinnen. Paris 1893.

Die Bürgerpflicht der Frau. Vortrag. Berlin 1896.

Die Stellung der Frau in der Gegenwart. Berlin 1895.

Die neue Frau in der Dichtung. Stuttgart 1896.

Frauenfrage und Sozialdemokratie. Vortrag. Berlin 1896.

Zur Beurteilung der Frauenbewegung in England und Deutschland. Berlin 1896.

Die Frauenfrage. Leipzig 1901, Reprint Berlin–Bonn 1979.

Memoiren einer Sozialistin. Lehrjahre. München 1911, 1926.

Memoiren einer Sozialistin. Kampfjahre. München 1912, 1926.

Im Schatten der Titanen. Erinnerungen an Baronin Jenny von Gustedt (1811–1890). Stuttgart 1912.

Die Liebesbriefe der Marquise. München 1912.

Lebenssucher. München 1915.

Die Frauen und der Krieg. Leipzig 1915.

Gesammelte Werke. Hg. v. Julie Braun-Vogelstein. Berlin 1922.

Aufsätze von Lily Braun in Zeitschriften:

Deutsche Rundschau, Berlin 1893: *Die literarischen Abende der Großherzogin Maria Paulowna.*

Ethische Kultur 1893–1895 (Mitherausgeberin mit Georg von Gizycki).

Die Frauenbewegung (Gründerin und Mitherausgeberin mit Minna Cauer).

Archiv für soziale Gesetzgebung und Statistik (Mitredakteurin mit Heinrich Braun ab 1896).

Die Gleichheit (Frauenzeitschrift, geleitet von Clara Zetkin).

Literatur über Lily Braun:

Julie Braun-Vogelstein: *Lily Braun. Ein Lebensbild.* Berlin 1922.

Marie Juchacz: *Sie lebten für eine bessere Welt.* Berlin-Hannover 1955, S. 56–60.

Käthe Kollwitz in ihrer Zeit

1696	In Berlin wird die Kunstakademie gegründet (nur für Männer).
1844	Aufstand der Weber in Schlesien.
1889	In Berlin wird der Theaterverein «Freie Bühne» gegründet. Erste Aufführung: *Vor Sonnenaufgang* von Gerhart Hauptmann.
1893	Hauptmanns *Weber* werden in der «Freien Bühne» aufgeführt.
1895	Käthe Kollwitz beginnt mit dem Zyklus *Weberaufstand* (6 Radierungen).
1901	Karl Fischer gründet die «Wandervogel»-Jugendbewegung.
1914	Beginn des Ersten Weltkriegs.
1918	Kurz vor Kriegsende fordert der Dichter Richard Dehmel im SPD-Organ *Vorwärts* zum «Durchhalten» auf.
1918	«Keiner darf mehr fallen!» antwortet Käthe Kollwitz ihm in einem Offenen Brief.
1919	Richard Dehmel gibt sein Kriegstagebuch «Zwischen Volk und Menschheit» heraus.
1919	Käthe Kollwitz beginnt mit den Arbeiten für ein Totenmal zur Erinnerung an ihren gefallenen Sohn.
1932	Ein internationales Frauenkomitee (zu dem Käthe Kollwitz gehört) bereitet einen internationalen Antikriegskongreß vor.
1932 August	Antikriegskongreß in Amsterdam.
1943	Erste Luftangriffe auf Berlin, bei denen die Wohnung der Käthe Kollwitz und viele ihrer Drucke und Platten zerstört werden.

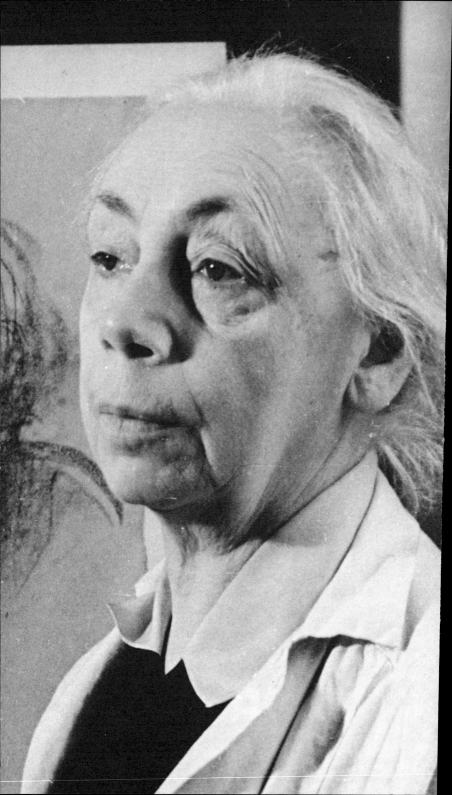

Käthe Kollwitz (1867–1945)

«Ich will wirken in dieser Zeit, in der die Menschen so ratlos und hilfsbedürftig sind»

«Ich liege in der halbdunklen Kinderstube in meinem Bett. Nebenan sitzt die Mutter am Tisch bei der Hängelampe und liest. Ich sehe nur den Rücken durch die angelehnte Tür. In der Ecke der Kinderstube liegt ein großes zusammengerolltes Schiffstau. Es fängt an, sich auszudehnen, aufzurollen und lautlos die ganze Stube zu füllen. Ich will die Mutter rufen und kann nicht. Das graue Seil füllt alles aus.»

Ein Alptraum, «der schlimmste, der mir in Erinnerung geblieben», sagt die Künstlerin Käthe Kollwitz rückblickend auf ihre Jugendjahre. Als Heranwachsende quälen sie nachts oft entsetzliche Träume. Auch tagsüber wird sie unvermittelt von einem Gefühl grenzenloser Angst überfallen: «Ich hatte dauernd ein Gefühl, etwa als ob ich im luftleeren Raum wäre, oder als sänke ich oder schwinde hin.» Sind diese «Zustände» typisch für ein Mädchen in den «Entwicklungsjahren»? Oder steckt bei Käthe eine Krankheit dahinter? Ihre Eltern machen sich große Sorgen...

Bis zum Alter von zwanzig, einundzwanzig Jahren, so berichtet Käthe Kollwitz, habe sie diese «Beängstigungen» erlebt.

Käthe verbringt ihre Jugend in Königsberg. Sie hat zwei ältere Geschwister, Konrad und Julie, und eine jüngere Schwester, Lise. Ihr Vater, ursprünglich Jurist, hat seiner sozialdemokratischen Überzeugung wegen nach bestandenem Examen die Laufbahn gewechselt und arbeitet jetzt als Maurermeister. Käthe und ihre Geschwister werden nach den Begriffen der damaligen Zeit ungewöhnlich frei erzogen. Ein Beispiel dafür: Die zwölfjährige Käthe ist in einen Nachbarjungen, Otto heißt er, verliebt. Die beiden treffen sich im Keller, um sich zu küssen: «Das Küssen war kindlich und feierlich. Es wurde immer nur ein Kuß gegeben, und wir nannten das Erfrischung.» Als die Eltern diese Art von «Erfrischung» mitbekommen, verlieren sie kein Wort darüber. Die verliebte Käthe ritzt sich ein «O» ins linke Handgelenk, das sie immer, wenn es zu vernarben beginnt, wieder neu einritzt. In ihren Erinnerungen bekennt sie: «Von dieser meiner ersten Verliebtheit an bin ich immer verliebt gewesen, es war ein chronischer Zustand, mal war es nur ein leiser Unterton, mal ergriff es mich stärker... Mitunter waren es Frauen, die ich liebte... Ich glaube auch, daß Bisexualität für künstlerisches Tun fast notwendig ist...»

Künstlerisches Tun – schon bei der Dreizehnjährigen zeigt sich, daß sie sich in dieser Richtung entwickeln wird. Der Vater läßt ihr Zeichenunterricht bei einem Kupferstecher in Königsberg geben. Zwar findet er es sehr bedauerlich, daß sein begabtestes Kind «nur» ein Mädchen ist, dennoch will er sie zur Künstlerin ausbilden lassen. Käthe Kollwitz: «Er rechnete damit, daß, da ich kein hübsches Mädchen war, mir Liebessachen nicht sehr hinderlich in den Weg kommen würden.»

Er verrechnet sich. Seine Tochter Käthe verlobt sich mit achtzehn mit einem Freund ihres Bruders: mit dem Medizinstudenten Karl Kollwitz. Trotzdem denkt sie nicht daran, ihre Ausbildung aufzugeben. Tiefen Eindruck hinterläßt in dem jungen Mädchen eine Reise, die sie 1884 mit der Mutter und der Schwester Lise unternimmt. In München besucht sie die Alte Pinakothek. In Berlin lernt sie Gerhart Hauptmann kennen. Sie schwärmt von der ersten Begegnung mit ihm: «In dem großen Raum war eine lange Tafel, auf der Rosen lagen. Rosenkränze hatten wir alle auf, Wein wurde getrunken, Hauptmann las aus dem Julius Cäsar vor. Wir waren wohl alle, jung wie wir waren, hingerissen. Es war ein wundervoller Auftakt zu dem Leben, das sich allmählich, aber unaufhaltsam mir eröffnete.»

Und Gerhart Hauptmann erinnert sich so an das junge Mädchen: «Frisch wie eine Rose im Tau, ein anmutiges kluges Mädchen, das, in tiefer Bescheidenheit, freilich von Künstlerberufung nichts sprach, nichts merken ließ.»

Es wird nicht nur Bescheidenheit gewesen sein, die die junge Käthe davon abhielt, über ihre «Künstlerberufung» zu sprechen. In einer Zeit, in der Kunstakademien Frauen verschlossen waren und in der die Kunstgeschichte nur männliche Namen kannte, hätte eine junge Frau höchstwahrscheinlich Lacherfolge geerntet, wenn sie sich als «zukünftige Künstlerin» dargestellt hätte.

Käthes Vater schickt seine Tochter im Winter 1885 nach Berlin, wo auch ihr Bruder Konrad studiert. Sie wird in der «Künstlerinnenschule» von dem Schweizer Maler Karl Stauffer-Bern unterrichtet. Sie sieht Max Klingers Radierungen und ist fasziniert.

Überhaupt ist die junge Kunstschülerin von dem Leben in Berlin fasziniert. Durch ihren Bruder Konrad hat sie nicht nur das Ehepaar Hauptmann kennengelernt; sie begegnet auch anderen «Naturalisten» und liest: Zola, Ibsen, Dostojewskij, Tolstoj. Wieder daheim in Königsberg, beginnt sie zu malen: Porträts, Hafenarbeiter, Arme-Leute-Milieu. Das Wintersemester 1888/89 verbringt sie in München. Auch hier sind Frauen vom Besuch der Kunstakademie ausgeschlossen und werden in einer besonderen «Künstlerinnenschule» unterrichtet. Käthes Münchner Lehrer, Ludwig Herterich, gehört der Impressionisten-Schule an. In München hat die Kunstschülerin viele Kontakte; der «freie Ton der Malweiber», mit denen sie Schwabing durchstreift, gefällt ihr. Doch sie fühlt, daß Berlin für ihre Entwicklung wichtiger ist.

Hier, in Berlin, ist inzwischen die *Freie Bühne* gegründet worden und hat mit der Premiere von Gerhart Hauptmanns *Vor Sonnenaufgang* Aufsehen erregt. Käthes Bruder Konrad ist in Berlin in die Redaktion des *Vorwärts* eingetreten, und ihr Verlobter Karl Kollwitz hat sich als Kassenarzt in Berlin niedergelassen.

Käthe ist 1890 wieder zu Hause in Königsberg. Sie weiß, daß sie sich von der Malerei weg hin zur Graphik entwickeln wird. Doch sie braucht Zeit und erlebt mit Bestürzung, daß ihr Vater zum erstenmal nicht mehr an ihr «Vorwärtskommen» glaubt: «Er hatte viel rascher einen Abschluß meiner Studienzeit erwartet, Ausstellungen und Erfolge.» Und noch etwas hat er an seiner Tochter auszusetzen: «Er war sehr skeptisch gegen die Tatsache eingestellt, daß ich zwei Berufe vereinigen wollte, den künstlerischen und das bürgerliche Leben in der Ehe.»

Käthe und Karl Kollwitz heiraten im Juni 1891.

«Du hast nun gewählt», bekommt Käthe Kollwitz von ihrem (enttäuschten) Vater zu hören, als sie Ehefrau wird. «Beides wirst du schwerlich vereinigen können. So sei das, was du gewählt hast, ganz!»

Käthe Kollwitz aber will beides: Familienmutter und Künstlerin sein.

Schafft sie das?

1892 kommt ihr Sohn Hans zur Welt, 1896 ihr Sohn Peter. Ihr Mann hat im Norden Berlins, in einer typischen «Arbeitergegend», eine Praxis, die seinen ganzen Einsatz erfordert. Käthe Kollwitz ist «Frau eines Arztes und Mutter zweier Knaben, die erst nach ihrer Tagesarbeit zum Zeichnen kommt». Mit solchen und ähnlichen Formulierungen wird sie von ihren Biographen gesehen. Und sie selbst, wie erlebt sie es?

Ihre Tagebuchaufzeichnungen zeigen sehr intensiv, welche Schwierigkeiten sie als Frau und Mutter hat, «daneben das Künstlerische zu retten», wie sie es ausdrückt.

Von ihrem Mann Karl beispielsweise bekommt sie mitunter zu hören: «Er sagt, ich würdige und schätze ihn nicht.» (1913).

Und ein Jahr davor notiert sie: «Ich fühlte mich von Karl und den Jungen fast losgelöst, hing wenig an ihnen. Dann kam eine Zeit, wo ich schmerzlich an ihnen hing wie eine Klucke, ewig mich um sie bangte und für sie litt...»

Als junge Mutter – Sohn Hans ist gerade neun Monate alt – hat sie im Februar 1893 in Berlin ein Erlebnis, das sie «einen Markstein in meiner Arbeit» nennt:

«Die Uraufführung des Hauptmannschen *Weber* in der ‹Freien Bühne›. Wer mir eine Karte verschafft hatte, weiß ich nicht mehr. Mein Mann war durch Arbeit abgehalten, aber ich war dort, brennend vor Vorfreude und Interesse. Der Eindruck war gewaltig.»

Der *Weberaufstand* wird in den folgenden Jahren *das* Thema ihrer Arbeit. Es entsteht eine Folge von Radierungen und Steindrucken, die auf der großen Berliner Kunstausstellung 1898 zu einem sensationellen Erfolg für die Künstlerin werden. Ihr Vater erlebt zwar die Ausstellung nicht mehr (er stirbt im Frühjahr 1898), doch Käthe Kollwitz legt ihm kurz vor seinem Tod die fertiggestellten Blätter vor, und sie berichtet voller Genugtuung, daß er sich «unsagbar darüber gefreut habe».

Weniger groß scheint die Freude des Kaisers Wilhelm II. gewesen zu sein, als er die Werke seiner Untertanin sah. «Rinnstein-Künstlerin» nennt er Käthe Kollwitz und verweigert ihr die Medaille, die der Vorstand der Ausstellung ihr für ihren Beitrag verleihen wollte. Auch die Kaiserin (Auguste Viktoria) findet, daß Käthe Kollwitz' Zeichnungen «anstößig» seien.

Als «gemein», «schamlos» und «abstoßend» werden von Feinden und Kritikern ihre Arbeiten bezeichnet – und zwar nicht

nur im Kaiserreich, sondern auch Jahrzehnte später im sogenannten Dritten Reich.

Käthe Kollwitz selbst hat in einer Tagebucheintragung im
November 1922 ausgedrückt, wie sie Kunst auffaßt und worin
sie ihre Aufgabe sieht: «Ich bin einverstanden damit, daß
meine Kunst *Zwecke* hat. *Ich will wirken* in dieser Zeit, in der
die Menschen so ratlos und hilfsbedürftig sind. Viele fühlen
jetzt die Verpflichtung, wirken und helfen zu wollen, aber mein
Weg ist klar und einleuchtend; andere gehen unklare Wege.»

Leid, Kämpfe, Tod und Opfer – das sind Hauptmotive auch in
ihrem nächsten großen Zyklus, dem *Bauernkrieg*.

1907 verbringt sie ein Jahr in Italien. Ihr ist für den *Bauernkrieg*
der «Villa-Romana-Preis» zugesprochen worden. Sie ist – trotz
mancher Anfeindungen jetzt eine anerkannte Künstlerin und
gleichzeitig eine glückliche Mutter, so wie sie sich das als junge
Frau gewünscht hat.

Peter, der jüngere Sohn, ist ihr Lieblingskind. Er beginnt früh
zu zeichnen, und sie stellt stolz fest: «Er führt die Linie weiter.»
Er ist in der Jugendbewegung und im «Wandervogel» und
erfüllt die Erwartungen seiner Mutter, die sich ein Kind
gewünscht hat, das «auch schwärmen» kann.

Ja, Peter schwärmt. Und unzählige Jungendliche seiner Generation schwärmen mit ihm. Als 1914 der Erste Weltkrieg aus-
bricht, ziehen sie blumengeschmückt und kirchlich eingesegnet
«ins Feld».

Käthe Kollwitz schildert in ihrem Tagebuch den «widernatür-
lich heraufgeschraubten Seelenzustand» dieser Tage, den Mas-
senrausch, der auch ihre beiden Söhne ergreift.

«Sie werden in einem solchen Tollwerden doch nicht mittun»,
schreibt sie im September 1914.

Doch, auch ihre Jungen «tun mit».

«Als ob das Kind einem noch einmal vom Nabel abgeschnitten
wird – das erstemal zum Leben, jetzt zum Tode», notiert sie im
Oktober 1914, ein paar Tage, bevor Peter – freiwillig – in den
Krieg geht.

«Er schreibt, sie hören schon Kanonendonner», steht am 24.
Oktober über Peter Kollwitz im Tagebuch seiner Mutter.

Zu diesem Zeitpunkt ist ihr Sohn schon tot. Er ist «gefallen»,
wie die Vokabel für diesen Tod heißt, «gefallen» bei seinem
ersten Fronteinsatz in Flandern, noch keine achtzehn Jahre alt.
Über dieses «sinnlose Opfer» für einen «hirnverbrannten

Wahnsinn» kommt Käthe Kollwitz bis an ihr Lebensende nicht hinweg. Sie wird sich als Künstlerin immer wieder (in einem Zyklus *Krieg*, mit einem Plakat «Nie wieder Krieg!», schließlich mit einem Totenmal zur Erinnerung an den Sohn) mit diesem Thema auseinandersetzen. Und sie wird sich jahrelang in ihren Tagebuchaufzeichnungen mit Selbstvorwürfen quälen. Warum ist es ihr nicht gelungen, ihren Sohn von diesem Schritt abzuhalten? Immer wieder denkt sie über die Ursache des Krieges nach. Sie weigert sich, die Katastrophe, die Menschen bewirkt haben, als unabwendbares Schicksal anzusehen. Sie zweifelt an der «Verteidigungspflicht». In ihrem Tagebuch heißt es: «Wenn nicht dieser furchtbare Betrug gewesen wäre. Der Peter und viele Millionen anderer. Alle betrogen.»

Sie erlebt mit, wie Lily Braun, eine ihrer Freundinnen, mit Stolz ihren siebzehnjährigen Sohn Otto in den Krieg ziehen läßt. «Der Otto lebt. Wenn er gefallen wäre, wie hätte sie dann gedacht?» fragt sich Käthe Kollwitz, als Lily Braun 1916 stirbt. Otto «fällt» kurz vor Kriegsende. Seiner Mutter bleiben die quälenden Grübeleien einer Käthe Kollwitz erspart...

Übrigens läßt sich auch Hans, der älteste Kollwitz-Sohn, nicht vom Pazifismus seiner Mutter überzeugen. Er sagt zu ihr: «Ich kann nachher nur etwas leisten, wenn ich durch den Krieg gegangen bin.» Hans Kollwitz wird den Krieg überleben. Er wird Arzt werden, wie sein Vater, und einen Sohn Peter bekommen, und der wird 1942 «fallen», wie der Bruder.

Weil Krieg ein Naturgesetz ist, dem eine Frau sich beugen muß? «Nein», sagt Käthe Kollwitz, «der Pazifismus ist eben kein gelassenes Zusehen, sondern Arbeit, harte Arbeit.»

1918, kurz vor Kriegsende, äußert sie sich zum erstenmal schriftlich in der Öffentlichkeit.

Genau am vierten Todestag ihres Sohnes Peter hat der Dichter Richard Dehmel im SPD-Organ *Vorwärts* unter der Überschrift «Einzige Rettung» einen Aufsatz veröffentlicht, in dem er zum «Durchhalten» auffordert. In einem offenen Brief, der am 30. Oktober 1918 im *Vorwärts* erscheint, antwortet ihm Käthe Kollwitz.

«An Richard Dehmel! Entgegnung.

Richard Dehmel veröffentlicht im *Vorwärts* vom 22. Oktober einen Aufruf: ‹Einzige Rettung.› Er appelliert an die Freiwilligkeit aller kriegstauglichen Männer. Einem Aufruf der obersten Verteidigungsinstanz, meint er, würde nach Ausscheidung der ‹Memmen› eine kleine, desto auserwähltere Schar todbereiter Männer sich stellen, und Deutschlands Ehre würde durch diese gerettet werden.

Ich wende mich hiermit gegen Richard Dehmel. Ich vermute, wie er, daß einem solchen Appell an die Ehre eine auserlesene Schar Folge leisten würde. Und zwar wieder wie im Herbst 1914 in der Hauptsache aus Deutschlands Jugend bestehend, soweit dieselbe noch in Frage kommt. Das Resultat würde höchstwahrscheinlich sein, daß diese Opferbereiten tatsächlich hingeopfert würden, und daß dann – nach dem täglichen Blutverlust dieser vier Jahre – Deutschland eben verblutet ist. Was dann im Lande bliebe, wäre nach Dehmels eigener Schlußfolgerung nicht mehr die Kernkraft Deutschlands. Diese läge eben auf den Schlachtfeldern. Meiner Meinung nach aber wäre ein solcher Verlust für Deutschland viel schlimmer und unersetzlicher als der Verlust ganzer Provinzen.

Man hat tief umgelernt in diesen vier Jahren. Mir will scheinen, auch in bezug auf den Ehrbegriff...

Seine Ehre soll Deutschland daransetzen, das harte Geschick sich dienstbar zu machen, innere Kraft aus der Niederlage zu ziehen, entschlossen der ungeheuren Arbeit, die vor ihm liegt, sich zuzuwenden...

Es ist genug gestorben! Keiner darf mehr fallen! Ich berufe mich gegen Richard Dehmel auf einen Größeren (gemeint ist J. W. von Goethe), welcher sagte: ‹Saatfrüchte sollen nicht vermahlen werden.›»

Dies ist das einzige Mal, daß Käthe Kollwitz schriftlich an die Öffentlichkeit tritt. Doch «zur Friedenspropaganda beisteuern» – so drückt sie es aus – wird sie bis an ihr Lebensende. Sie wird 1919 Mitglied der Preußischen Akademie der Künste und erhält den Professorentitel. 1933 Ausschluss aus dieser Akademie und Vorlesungs- und Ausstellungsverbot. Die Arbeit, die ihr die wichtigste überhaupt je gewesen ist, vollendet sie 1931: Es ist das Mahnmal *Die Eltern* für ihren Sohn Peter, das auf dem Soldatenfriedhof in Roggefelde (Flandern) aufgestellt wird, wo Peter begraben ist.

Zuvor wurde die Plastik *Trauernde Eltern* in der Nationalgalerie in Berlin gezeigt. – «Viele Menschen haben sie gesehen und einen starken Eindruck gehabt», schreibt Käthe Kollwitz 1932 in ihr Tagebuch. «Die Plastiken sollen noch eine weitere Woche gezeigt werden. Sie *wirken*.»

In Kunstbänden und Biographien über Käthe Kollwitz finden sich viele großartige Vokabeln, mit denen beschrieben wird, wie diese Plastiken des Mahnmals wirkten. Käthe Kollwitz selbst hat das – zusammen mit ihrem Mann Karl – so gesehen: «Wir gingen von den Figuren zu Peters Grab, und alles war lebendig und ganz gefühlt. Ich stand vor der Frau, sah ihr – mein eigenes – Gesicht, weinte und streichelte ihr die Backen. Der Karl stand dicht hinter mir – ich wußte es noch gar nicht. Ich hörte ihn flüstern: ‹Ja, ja.›»

«So sieht eine deutsche Mutter Gott sei Dank nicht aus!» steht 1936 im *Völkischen Beobachter*, als Käthe Kollwitz’ Mutter-Figur aus der Nationalgalerie verbannt wird.

Offen. Optimistisch. Opferbereit. So muß in den dreißiger Jahren unseres Jahrhunderts die «deutsche Mutter» sein. Und wieder paßt «die Kollwitz» sich nicht an. Ihr wird «Gossenmalerei» vorgeworfen (wurde sie nicht schon einmal «Rinnstein-Künstlerin» genannt?). Sie muß Berlin verlassen und miterleben, daß 1943 ihre Wohnung durch Bomben zerstört wird und daß viele ihrer Drucke und Platten vernichtet werden. Sie findet Zuflucht in einem Nebengebäude des Jagdschlosses Moritzburg bei Dresden. Eine ihrer Enkelinnen, Jutta Kollwitz, ist bis zu ihrem Tod am 22. April 1945 bei ihr. Jutta berichtet, daß ihre Großmutter Käthe Kollwitz kurz vor dem Tod zu ihr sagte: «Einmal wird ein neues Ideal erstehen, und es wird mit allem Krieg zu Ende sein. In dieser Überzeugung sterbe ich. Man wird hart dafür arbeiten müssen, aber man wird es erreichen.»

Im Besucherbuch des belgischen Soldatenfriedhofs Vladsloo-Praedbosch (auf diesem Friedhof stehen heute die «Elternfiguren» der Käthe Kollwitz) hat einer, der sich als «früherer Feind» bezeichnet, in holprigem Deutsch eingetragen: «Gott segne Dich, Käthe. Und alle Ihre Kinder. Wir machen weiter, wie Du das gewillt hast!»

Zum Weiterlesen:

Käthe Kollwitz: *Ich sah die Welt mit liebevollen Blicken.* Ein Leben in Selbstzeugnissen. Hg. von Hans Kollwitz. Wiesbaden 1978.

Käthe Kollwitz: *Ich will wirken in dieser Zeit.* Auswahl aus den Briefen und Tagebüchern. Berlin 1962.

Adelheid Popp in ihrer Zeit

um 1840	In Deutschland entstehen die ersten Arbeiterbildungsvereine.
1885	Adelheid Popp tritt der Sozialdemokratischen Partei bei.
1889	Erste Maifeier in Paris.
1889	Clara Zetkin spricht auf dem Gründungskongreß der II. Internationale in Paris.
1890	Die durchschnittliche Arbeitszeit (auch Jugendlicher) beträgt 11 Stunden.
1891	Der Brüsseler Kongreß der II. Internationale beschließt, jährlich den 1. Mai als gemeinsamen internationalen Festtag der Arbeiter zu feiern.
1892	In Wien erscheint die *Arbeiterinnen-Zeitung*: das führende Organ der sozialdemokratischen Frauenbewegung in Österreich.
1893	Erste Arbeiterstreiks in Österreich, an denen sich auch Frauen beteiligen.
1910	August Bebels *Die Frau und der Sozialismus* hat 50 Auflagen erreicht.

Adelheid Popp (1869–1939)

**«Aufklärung, Bildung und Wissen
fordere ich für mein Geschlecht – für uns Arbeiterinnen!»**

«Was ich von meiner Kindheit weiß, ist so düster und hart und
so fest in mein Bewußtsein eingewurzelt, daß es mir nie ent-
schwinden wird. Was anderen Kindern Entzücken bereitet und
glückseligen Jubel auslöst, Puppen, Spielzeug, Märchen, Nä-
schereien und Weihnachtsbaum, ich kannte das alles nicht, ich
kannte nur die große Stube, in der gearbeitet, geschlafen,
gegessen und gezankt wurde. Ich erinnere mich an kein zärtli-
ches Wort, an keine Liebkosung, sondern nur an die Angst, die
ich, in einer Ecke oder unter dem Bett verkrochen, ausstand,
wenn es eine häusliche Szene gab, wenn mein Vater zu wenig
Geld nach Hause brachte und die Mutter ihm Vorwürfe
machte.»
Die Österreicherin Adelheid Popp ist vierzig Jahre alt, als sie
– anonym – diese Erinnerungen an ihre Kindheit und Jugend
unter dem Titel *Die Jugendgeschichte einer Arbeiterin* veröffentlicht. Adelheid Popp ist, als ihr Buch erscheint, weit über
Österreich hinaus bekannt als Vorkämpferin der sozialistischen Frauenbewegung: Sie wurde 1892 Mitbegründerin und
verantwortliche Redakteurin der *Arbeiterinnen-Zeitung* in
Wien und beteiligte sich ein Jahr später an der Organisation
eines der ersten Frauenstreiks, der in Wien großes Aufsehen
erregte.
Scheu vor der Öffentlichkeit ist es also wahrhaftig nicht, die
Adelheid Popp veranlaßt, ihren Namen als Buchautorin nicht
zu nennen. Auch «keine übertriebene Bescheidenheit», wie sie
selbst sagt. Sondern: «Ich schrieb die Jugendgeschichte nicht,
weil ich sie als etwas individuell Bedeutsames einschätzte, im
Gegenteil, weil ich in meinem Schicksal das von hunderttau-
send Frauen und Mädchen des Proletariats erkannte, weil ich

215

in dem, was mich umgab, was mich in schwere Lagen brachte, große gesellschaftliche Erscheinungen wirken sah... Ich hoffte, daß das Schriftchen als das Lebensschicksal *einer* Arbeiterin, das gleichzeitig das von Hunderttausenden ist, wirken werde.» August Bebel rät der Verfasserin, trotz (oder gerade wegen) dieses Anliegens ihren Namen nicht zu verschweigen. Als 1910 die dritte Auflage der *Jugendgeschichte* erscheint, kommt Adelheid Popp seinem Wunsch nach. Sie erlebt, daß ihr Buch ins Englische, Französische, Italienische und in sieben weitere Sprachen übersetzt wird. «Zahlreiche Briefe des In- und Auslandes haben mir bestätigt, daß viele Frauen erst durch die *Jugendgeschichte* auf die Arbeiterbewegung aufmerksam gemacht und für sie gewonnen wurden», schreibt sie 1922, im Vorwort zur vierten Auflage, und weiter: «Die noch Zaghaften und Zögernden anzufeuern, ihnen Mut und Zuversicht zu geben, soll auch durch die Neuauflage der *Jugendgeschichte* bewirkt werden.»

Anderen Mut und Zuversicht geben – als Kind muß der kleinen Adelheid nichts fremder gewesen sein als diese Vorstellung. Das einzige, was sie kennt, ist: Angst. Angst vorm Vater: Er ist ein Trinker, der seine Frau schlägt. Als Adelheid noch nicht ganz fünf Jahre alt ist und zum erstenmal einen Weihnachtsbaum bekommen soll, hackt ihr angetrunkener Vater, jähzornig, den Baum kurz und klein: «Zu schreien wagte ich nicht, ich weinte nur, weinte, bis ich einschlief.»

Angst vor der Schule: «Gesindel!» wird Adelheid von den Lehrern beschimpft, als sie mit einem zerrissenen Lesebuch zum Unterricht kommt. Auf dem Schulweg ist es ihr während eines Unwetters auf den Boden gefallen. Ein neues Buch kann ihr die Mutter nicht kaufen; das Geld dafür ist nicht da...

Angst vor einer Umwelt, die nur aus Verboten besteht: Als die kleine Adelheid einmal im Schloßgarten von einem Wächter «erwischt» wird, wie sie Veilchen pflückt, flieht sie voller Panik und wäre um ein Haar im Mühlbach ertrunken.

Angst sogar vor der Weihnachtszeit: Während zu den reichen Kindern der «Nikkolo» mit Äpfeln, Nüssen und Backwerk kommt, werden Adelheid und ihre vier Brüder vom «Krampus» aufgesucht, der eine Rute und klirrende Eisenketten mit sich schleppt: «Die Eltern hielten es für notwendig, ihren Kindern solche Denkzettel zu geben.»

Adelheids Vater stirbt, als sie sechs Jahre alt ist. Nach nur dreijährigem Schulbesuch muß sie «mitverdienen». Adelheid ist zehn Jahre alt, als sie in einer Werkstatt Tücher häkeln lernt: «Wenn ich frühmorgens um 6 in die Arbeit laufen mußte, dann schliefen andere Kinder meines Alters noch. Und wenn ich um 8 Uhr abends nach Hause eilte, dann gingen die anderen gut genährt und gepflegt zu Bette. Während ich gebückt bei meiner Arbeit saß und Masche an Masche reihte, spielten sie, gingen spazieren, oder sie saßen in der Schule. Damals nahm ich mein Los als etwas Selbstverständliches hin, nur ein heißer Wunsch überkam mich immer wieder: *«mich nur einmal ausschlafen zu können».*

Jahrelang kann sie sich diesen Wunsch nie erfüllen. Mit dreizehn Jahren bricht sie zusammen und wird in eine Klinik gebracht. «Viel Bewegung in frischer Luft und gute Ernährung», verordnet ihr der Arzt. Aber wie soll sie solche Empfehlungen befolgen? Es gibt ja nicht einmal eine Krankenversicherungspflicht.

Metalldruckerei. Patronenfabrik. Kartonagenfabrik. Glas- und Schmirgelpapierfabrik. Adelheid nimmt jede Arbeit an, die sich ihr bietet. Die Erfahrungen, die das junge Mädchen macht, sind typisch für alle Fabrikarbeiterinnen in den 80er und 90er Jahren des vorigen Jahrhunderts:

Die Frauen und Mädchen haben nur notdürftigste Schulbildung. Sie sind seit ihrer Kindheit an Gehorsam, Gefügigkeit und Bedürfnislosigkeit gewöhnt. Sie lassen sich ausnutzen und erklären sich mit menschenunwürdigen Arbeitsbedingungen einverstanden. Ihre Arbeitstage sind manchmal sechzehn bis achtzehn Stunden lang. Ihre Löhne machen nicht mehr als zwei Drittel und häufig sogar nur die Hälfte der Männerlöhne aus. «Waren die Frauen und Mädchen doch nur allzubereit, an die Stelle der Männer zu treten und für billigen Lohn ihre Arbeitskraft zu verkaufen», schreibt Adelheid Popp rückblickend. «Denn die Arbeiterinnen waren zur Bedürfnislosigkeit erzogen, und die Zufriedenheit wurde den Mädchen immer als eine schöne Tugend gepriesen. Wie hätten da arme, unwissende weibliche Wesen wagen sollen, für ihrer Hände Arbeit einen ausreichenden Lohn zu verlangen?» Sie selbst ist ja genauso. Daß das Sprechen während der Arbeitszeit mit Geldstrafen bedroht wird, findet sie selbstverständlich. Einmal nur wehrt sie sich: als ein Reisender ihrer Firma ihr gegenüber zudringlich wird. Er werde sich für sie einsetzen, verspricht er ihr.

Selbst Adelheids Mutter, die das Mädchen bislang zu strenger Zurückhaltung gegenüber Männern angehalten hat, findet das ganz in Ordnung. «Überspannt» und «starrköpfig» schimpft sie ihre Tochter, die sich von dem «Herrn» nicht küssen lassen will. Wenn es dafür doch mehr Lohn gibt...

Auch dieses Erlebnis der jungen Adelheid ist typisch. Denn Fabrikarbeiterinnen galten als Wesen ohne Stolz und wurden mit Huren verglichen.

Siebzehn Jahre ist Adelheid alt, als sie mit einem Freund ihres Bruders ins Gespräch kommt. Er ist der erste Sozialdemokrat, den sie kennenlernt. Von ihm hört sie zum erstenmal, was eine Republik ist. Er gibt ihr das erste sozialdemokratische Parteiblatt. Die theoretischen Abhandlungen, die sie darin findet, kann sie nicht sofort verstehen. Was aber in der Zeitung über die Leiden der Arbeiter geschrieben wird, das kennt sie nur zu gut.

«Daran lernte ich erst mein eigenes Schicksal verstehen und beurteilen», schildert sie später diesen wichtigen Abschnitt in ihrem Leben. «Ich lernte einsehen, daß alles, was ich erduldet hatte, keine göttliche Fügung, sondern von den ungerechten Gesellschaftseinrichtungen bedingt war. Mit grenzenloser Empörung erfüllten mich die Schilderungen von der willkürlichen Handhabung der Gesetze gegen die Arbeiter. Die Aufhebung des Sozialistengesetzes in Deutschland, unter dem die Sozialdemokraten so schwer zu leiden gehabt hatten, wurde von mir mit großem Jubel begrüßt, obwohl ich noch außerhalb der Partei stand und von niemand gekannt wurde.» Vorerst bleibt sie auch noch «außerhalb», weil – so wurde ihr eingeschärft – «ein braves Mädel zu Hause gesucht wird».

In der Fabrik aber, wenn sie in den Pausen mit ihren Kolleginnen zusammen ist, beginnt sie zu reden. So gut sie es versteht, erklärt sie ihnen, was Sozialismus ist, liest ihnen Artikel aus den Parteiblättern vor und bemüht sich, neue Abonnenten zu werben. Aus der Bibliothek des Arbeitervereins verschafft sie sich weiterführende Lektüre.

Ihre Überzeugung wird immer bestimmter. Natürlich merken das die Vorgesetzten. Je schärfer Adelheid beobachtet wird, desto gewissenhafter erledigt sie ihre Arbeit: «Es war in mir instinktiv die Ansicht gereift, daß man, wenn man einer großen Sache dienen wolle, auch in kleinen Dingen seine Pflicht tun müsse.»

Eine wesentliche Forderung der Sozialdemokratie ist in jener Zeit die Arbeitsruhe am 1. Mai. Adelheid Popp – sie hat sich inzwischen auch in Parteiversammlungen gewagt – versucht, die Arbeiterinnen ihres Saales zu einer gemeinsamen Kundgebung zu bewegen. Keine hat den Mut, mitzumachen. Das ist 1890.

Ein Jahr später hat Adelheid Popp die meisten der Kollegen und Kolleginnen auf ihrer Seite. Kurz darauf hält sie ihre erste öffentliche Rede. Es ist ein Sonntagvormittag. Dreihundert Männer und neun (!) Frauen sind zusammengekommen, um über die billigen weiblichen Arbeitskräfte und die Bedeutung einer gewerkschaftlichen Organisation für sie zu sprechen. Ein Redner – ein Mann – schildert die Probleme der Frauenarbeit. «Ich hatte das Gefühl, daß *ich* reden müßte», erinnert sich Adelheid Popp an diesen Augenblick. «Ich bildete mir ein, alle Augen seien auf mich gerichtet, man warte, was ich zur Verteidigung meines Geschlechts zu sagen habe. Ich hob die Hand und bat um das Wort. Man rief schon ‹Bravo›, ehe ich noch den Mund aufgetan hatte, so wirkte der Umstand, daß eine Arbeiterin sprechen wollte. Als ich die Stufen zum Rednerpult hinaufging, flimmerte es mir vor den Augen, und ich spürte es würgend im Halse. Aber ich überwand diesen Zustand und hielt meine erste Rede. Ich sprach von den Leiden, von der Ausbeutung und von der geistigen Vernachlässigung der Arbeiterinnen. Auf letztere wies ich besonders hin, denn sie schien mir die Grundlage aller anderen rückständigen und für die Arbeiterinnen schädigenden Eigenschaften zu sein. Ich sprach über alles das, was ich an mir selber erfahren und an meinen Kolleginnen beobachtet hatte. Aufklärung, Bildung und Wissen forderte ich für mein Geschlecht, und die Männer bat ich, uns dazu zu verhelfen.»

Sie spräche ja geradezu «aufreizend», wird Adelheid Popp ein paar Jahre später von einem Gendarmen, der eine Arbeiterversammlung bewachen muß, gerügt. Sie muß schon in ihrer allerersten Rede so gewirkt haben. Man hört ihr atemlos zu und ist betroffen. So, wie sie gesprochen habe, soll sie einen Zeitungsartikel an alle Arbeiterinnen schreiben, wird sie aufgefordert. Schreiben ... für die junge Frau mit der kläglichen Drei-Jahres-Schulbildung ist das eine harte Aufgabe. Doch sie versucht es. Obwohl sie Rechtschreibung und Grammatik kaum gelernt hat und ungelenk mit Feder und Papier umgeht.

«Arbeiterinnen! Habt ihr schon einmal über Eure Lage nachgedacht?» beginnt sie ihren Zeitungsartikel.

Über die eigene Situation nachdenken und sein Schicksal nicht als gegeben hinnehmen – Adelheid Popp ist die erste Arbeiterin in Österreich, die ihre Leidensgenossinnen dazu aufruft. Daß eine, die «von unten kommt», sich öffentlich äußert, ist neu und erregt ungeheures Aufsehen.

Ob die nicht ein verkleideter Mann ist? Denn nur Männer können so reden...

Ob die nicht in Wirklichkeit die Tochter eines Erzherzogs ist? Denn gewöhnliche Mädchen können nicht so sprechen...

Solchen Vorurteilen begegnet Adelheid Popp immer wieder, als sie in den nächsten Jahren als Rednerin durch Österreich reist: «Es war etwas so Neues, gegen alles Althergebrachte Verstoßendes, eine Frau als Rednerin auftreten zu sehen, daß man gar nicht glauben wollte, es wirklich mit einer Frau zu tun zu haben.»

Auch als Ehefrau (sie heiratet 1893 den sozialdemokratischen Funktionär Julius Popp, mit dem sie zwei Kinder hat) widmet sie sich weiter ihrer Aufgabe, «jenen zahlreichen Arbeiterinnen, die mit einem Herzen voll Sehnsucht nach Betätigung lechzen, aber immer wieder zurückschrecken, weil sie sich die Fähigkeit nicht zutrauen, etwas leisten zu können, Mut zu machen».

Sie gehört zu denen, die im Mai 1893 den Streik von sechshundert Appreturarbeiterinnen in Wien unterstützen. Die Frauen, die unter gesundheitsgefährdenden Bedingungen täglich zwölf Stunden arbeiten müssen, fordern: «Wir wollen nur zehn Stunden am Tag arbeiten.» Und um ihre Meinung zu bekräftigen, hören sie auf zu arbeiten und verlassen die Fabrik. Im Verlaufe des Streiks, der für Wien eine Sensation war, hatte Adelheid Popp auf einer nicht angemeldeten Versammlung gesprochen. Sie wurde deshalb später vor Gericht gestellt – und freigesprochen. Der Richter fand, «daß die Angeklagte freizusprechen und zu beloben sei, weil sie belehrend auf ihre weniger unterrichteten und hilflosen Kolleginnen eingewirkt habe».

Adelheid Popps Kommentar: «Es finden sich also auch im Klassenstaat einsichtsvolle Richter.»

Nach nur neun Jahren Ehe wird Adelheid Popp Witwe. Für sie war die Ehe eine glückliche Zeit, weil ihr Mann ihr die gleichen Rechte ließ, die für ihn galten.

Dennoch ist Adelheid Popp weit entfernt davon, die «Heiligkeit der Ehe und Familie» zu preisen. Im Gegenteil: In ihrer *Arbeiterinnen-Zeitung* übt sie harte Kritik an der Scheinmoral, die auch dann noch die «heilige Ehe» proklamiert, wenn das Zusammenleben längst schon zu einem Martyrium für einen der Partner geworden ist. Wieder wird sie vor Gericht gestellt – und zu vierzehn Tagen Arrest verurteilt.

Adelheid Popps Kommentar: «Ich kann nicht sagen, daß ich nach Verbüßung dieser Strafe andere Anschauungen über die Ehe bekommen habe.»

Nach 1918 wird sie Mitglied des sozialdemokratischen Parteivorstandes, des österreichischen Parlamentes und des Wiener Gemeinderats. Sie veröffentlicht Berichte über die Situation der Dienstmädchen, die «Frauenarbeit in der kapitalistischen Gesellschaft», gibt ein Gedenkbuch *Zwanzig Jahre österreichische Arbeiterinnenbewegung* und unter dem Titel *Der Weg zur Höhe* eine historische Darstellung der Frauenbewegung heraus.

Bis zu ihrem Tod – 1939 – setzt sich Adelheid Popp unermüdlich für die arbeitenden Mädchen und Frauen ein. Aus dem kleinen Mädchen, das sich daheim in der Stube ängstlich unter dem Bett verkroch, ist eine Frau geworden, die sich traut, Türen aufzustoßen. Für sich und – das sind ihre eigenen Worte – «als Erweckerin meiner Mitschwestern».

Zum Weiterlesen:

Adelheid Popp: *Jugendgeschichte einer Arbeiterin.* München 1909; Hg. u. eingel. von Hans J. Schütz. Bonn-Bad Godesberg 1977.

Frauen befreien sich – Bilder zur Geschichte der Frauenarbeit und Frauenbewegung. Hg. von Inge Frick/Helmut Kommer/Antje Kunstmann/Siegfried Lang. München 1976.

Maria Montessori in ihrer Zeit

1633	*Informatorium der Mutterschule* heißt ein Werk des Pädagogen Comenius, der sich als erster mit der Erziehung des Kleinkindes beschäftigt.
1837	Fröbel gründet den ersten deutschen Kindergarten.
1900	Die Schwedin Ellen Key erklärt dies Jahrhundert zum «Jahrhundert des Kindes».
1902	In den USA entstehen «Kinderlesehallen».
1903	In Deutschland wird die Kinderarbeit verboten.
1907	In Italien eröffnet Maria Montessori ihr erstes Kinderhaus.
1911	In Deutschland werden Kindergärten staatlich anerkannt und gefördert.
um 1920	Deutsche Schulen und Kindergärten übernehmen die Montessori-Methode.
1926	Die «Hitlerjugend» wird gegründet, wird 1933 «Staatsjugend».
1929	Gründung der «Association Montessori Internationale» in Berlin.
1933	Alle deutschen Montessori-Schulen werden geschlossen.

223

«Niemand kann frei sein, wenn er nicht unabhängig ist»

Was geschieht, wenn eine junge Frau, die sehr gut aussieht, die
Charme hat und die redegewandt ist, mit einem wichtigen
Anliegen an die Öffentlichkeit tritt?
Ihr Aussehen wird seitenlang beschrieben. Ihre Aussagen aber
sind kaum von Interesse.
Maria Montessori, sechsundzwanzig, die erste Ärztin Italiens,
erlebt das 1896 auf dem internationalen Frauenkongreß in
Berlin. Als Delegierte ihres Landes spricht sie «für die sechs
Millionen italienischer Frauen, die in Fabriken und auf dem
Land bis zu achtzehn Stunden am Tag arbeiten, für einen
Lohn, der oft nur halb so hoch ist wie der von Männern für die-
selbe Arbeit, und manchmal sogar noch geringer».
Und die Presse jubelt daraufhin: «Was für eine entzückende
emanzipierte Frau! Es schien, als wolle jeder sie umarmen.
Selbst jene, die nicht verstehen konnten, was sie sagte, waren
bezaubert von ihrer musikalischen Stimme und ihrem Aus-
druck.» Die Rednerin wird als «Sonnenstrahl» und «heitere
Erscheinung» geschildert, Journalisten rühmen ihre «musikali-
sche Kadenz und die graziösen Gesten ihrer elegant behand-
schuhten Hände». Der Korrespondent der italienischen *Illu-
strazione Popolare* gerät noch mehr ins Schwärmen: «Ihre Grazie eroberte alle Federn – man könnte sagen, alle Herzen – der
Journalisten. Ein Zeitungsmann in Berlin bat uns um eine
Fotografie der bezaubernden Ärztin, um damit sein eigenes
Album zu schmücken, aber wir halten es nicht für richtig, nur
sein Einzelinteresse zu befriedigen, und daher drucken wir es
hiermit ab.»
Komplimente... – Komplimente?
«Mein Gesicht wird nicht mehr in den Zeitungen erscheinen,
und niemand wird es mehr wagen, meinen sogenannten Zau-

ber noch einmal zu besingen!» schreibt die «entzückende emanzipierte Frau» am Ende des Kongresses zornig nach Hause. «Ich werde ernsthafte Arbeit tun.»

Wahrscheinlich meint sie damit: «Ich will ernstgenommen werden.» Denn «ernsthafe Arbeit» hat sie schon längst getan. Gegen den Willen ihres Vaters und gegen den Willen aller Professoren und Mitstudenten hat sie als erste Medizinstudentin Italiens ein glänzendes Examen abgelegt. Sie arbeitet als Assistentin an der Psychiatrischen Klinik der Universität Rom. Zu ihren Aufgaben gehört es, die römischen «Irrenanstalten» (wie sie damals noch hießen) zu besuchen und dort Patienten für die Behandlung in der Klinik auszusuchen. Es erschreckt sie, daß hier auch Kinder eingesperrt werden. Wirklich: «eingesperrt». Sie hocken in einem Raum, starren in die Luft und haben nichts, womit sie sich beschäftigen könnten. Weil sie ja sowieso «schwachsinnig» sind. Das einzige, was ihnen bleibt, ist, mit schmutzigen Brotbrocken zu spielen. Die junge Ärztin erkennt: Mit medizinischen Methoden allein kann man diesen Kindern nicht helfen. Wie sollen sich ihre Sinne entwickeln, wenn überhaupt keine Anregung von außen kommt?

Von diesem Zeitpunkt an beginnt sie, nebenbei Pädagogik zu studieren. Sie liest alles, was bislang über geistig behinderte Kinder geschrieben worden ist, und beschäftigt sich mit den Hauptwerken der Erziehungstheorie der letzten zweihundert Jahre. Nach und nach entwickelt sie aus diesen Ideen ihre eigene Theorie. Auf Vortragsreisen trägt sie ihre Gedanken vor: «Erst die Erziehung der Sinne, dann die Erziehung des Verstandes» ist das Prinzip, das auch ihre spätere Arbeit in der Erziehung gesunder Kinder bestimmen wird:

«Die Kinder sollten von morgens bis abends beschäftigt werden, ohne daß man sie übermüdet oder isoliert. Zunächst müssen wir die einfachsten Dinge lehren – wie man in gerader Linie auf ein Ziel zugeht, Benützung der Toilette, Gebrauch des Löffels –; dann versuchen wir, ihre Aufmerksamkeit auf ihre Sinneswahrnehmungen zu lenken; wir gehen mit ihnen zum Beispiel in einem Garten spazieren, um mit Hilfe von Blumen verschiedener Farbe und Größe und mit verschiedenem Duft ihren Gesichts- und Geruchssinn anzuregen. Gymnastik für das Muskeltraining. Zur Übung des Tastsinnes eine Vielfalt von Gegenständen verschiedener Oberflächenstruktur, die ihre Aufmerksamkeit und ihr Interesse erregen.

Wenn die Erziehung der Sinne in Gang gesetzt und das Interesse geweckt ist, können wir mit dem richtigen Unterricht beginnen. Wir können das Alphabet einführen. Nicht in einem Buch, sondern auf einer kleinen Tafel, auf der erhabene Buchstaben sind, in verschiedenen Farben bemalt, die man mit den Fingern berühren und nachziehen kann. Allmählich lassen wir die manuelle Lehre folgen, und schließlich die sittliche Erziehung.»

Alles, was die «schöne Gelehrte» (ja, sie wird noch immer so in den Zeitungen beschrieben...) vorträgt, hat sie in der Praxis selbst ausprobiert. Eine Gruppe von «geistesschwachen» Kindern hat sie so weit gebracht, daß sie nach einigen Monaten genauso viel leisteten wie Kinder, die eine normale Schule besuchten. Das war eine Sensation, wie alle Fachleute anerkennen mußten.

Man wird aufmerksam auf die Erziehungsideen der Frau Dr. Montessori. In Italien entsteht eine «Liga für die Erziehung behinderter Kinder». Im Jahr 1900 eröffnet diese Liga ein medizinisch-pädagogisches Institut zur Ausbildung von Lehrern, die später «Problemkinder» unterrichten sollen. Dem Institut ist eine Modellschule angegliedert; Maria Montessori übernimmt die Leitung. Sie und ihre Mitarbeiter sind ständig mit den Kindern zusammen, beobachten sie genau und probieren Lern- und Spielmaterial aus.

Erfolg auf der ganzen Linie für Maria Montessori – und warum zieht sie sich ausgerechnet jetzt von der Öffentlichkeit zurück? Gibt ihre Arbeit an der Schule auf und verschwindet eine Weile von der Bildfläche...?

Was Maria Montessori in dieser Zeit durchmacht, wird noch bis zum heutigen Tag in vielen ihrer Lebensbeschreibungen ausgelassen.

Weil es ihr Bild zerstören würde?

Weil sie sich selbst nie dazu geäußert hat?

Die Frau, die ihr ganzes Leben und Wirken einer Reform der Kindererziehung widmet, wird Mutter. Und verschweigt das. Sie, die später von den «Versäumnissen in den ersten Lebensjahren» schreibt, die fordert, man müsse Kinder von Anfang an «mit Respekt behandeln», die für das «Stillen auf Verlangen» eintritt – diese Frau also gibt ihr eigenes Kind gleich nach der Geburt weg. Ihr kleiner Sohn Mario wächst bei einer Amme auf dem Land auf und wird später in ein Internat geschickt.

«Mutterliebe» lernt er nicht kennen. Er ist schon fast erwachsen, als er überhaupt erst erfährt, wer seine Mutter ist. Und auch dann darf er das Geheimnis nach außen nicht lüften.

Wie paßt so etwas zusammen mit den Ideen einer Frau, die ganz entschieden für die «Würde des Kindes» kämpft? Tatsache ist, daß Maria Montessori – aus welchen Gründen auch immer – den Vater ihres Kindes nicht geheiratet hat. Als ledige Mutter, in Italien, um die Jahrhundertwende, hätte sie dieser «Fehltritt» von einem Tag zum anderen zur «Skandalnudel» der Nation gemacht. Sie war mittlerweile dreißig, auf ihrem Gebiet eine Autorität, die für eine Frau der damaligen Zeit außergewöhnlichen Erfolg hatte. Sie war besessen von ihrer Arbeit mit Kindern – sie hatte nur das Pech, kein Mann zu sein, der sich allemal nebenbei eine kleine Affäre leisten kann...

Wie sehr sie die Nähe ihres Sohnes vermißt haben muß, zeigt sich später. Als «Neffe und Sekretär» nimmt sie ihn auf all ihren Reisen mit, und er lebt mit ihr zusammen bis zu ihrem Tod.

Noch aber muß sie ihn nach außen verschweigen. Um so intensiver kümmert sie sich um andere, fremde Kinder. Sie besucht Schulen, setzt sich in die Klassenzimmer und beobachtet, wie die Lehrer lehren und die Schüler lernen. Unbeweglich hocken die Schüler auf ihren Bänken, «wie Schmetterlinge, die man auf Stecknadeln aufgespießt hat». Die körperliche Unbeweglichkeit, die erzwungene Stille, Loben und Tadeln, dies alles erscheint ihr «entwürdigend», weil es «die natürlichen Fähigkeiten des Kindes zerstört».

«Was wird geschehen, wenn ich meine Methoden auch bei ‹normalen› Kindern anwende?» fragt sich Maria Montessori immer wieder. Mitten in diese Überlegungen platzt ein Zufallsangebot. Eine Baufirma, die Billigwohnungen in einem Wohnblock für Arbeiter angeboten hat, wird mit einem Problem nicht fertig. Die Bewohner der Mietkaserne sind nämlich alle berufstätig. Tagsüber, wenn die Eltern arbeiten, bleiben die Kinder – es sind über fünfzig – unbeaufsichtigt. Ob vielleicht Frau Dr. Montessori...? Sie sagt zu.

Und so entsteht eine Einrichtung, die später in unzähligen Ländern nachgeahmt werden wird – das erste «Montessori-Kinderhaus». Am 6. Januar 1907 wird es mit einer offiziellen Einweihungsfeier eröffnet.

«Ich weiß nicht, was mich überkam», schildert Maria Montessori fünfunddreißig Jahre später dieses Ereignis, «aber ich hatte eine Vision, und von ihr inspiriert geriet ich in Feuer und sagte, diese Arbeit, die wir auf uns nähmen, würde sich als sehr bedeutsam erweisen, und eines Tages würden Leute von überallher kommen, um sie anzuschauen.»

Ihr Ziel ist es, Kindern die Möglichkeit zu geben, «sich selbst zu erschaffen».

Kinder haben ihren eigenen Rhythmus und ihre eigenen Bedürfnisse. Sie sind keine dressierten «Hofzwerge» und auch keine «Spaßmacher», wie Erwachsene oft meinen. Wer sie mit Respekt behandelt, wird feststellen, wie schnell sie sich zu aktiven, selbständigen Individuen entwickeln. Diese Erkenntnisse prägen Maria Montessoris Erziehungsstil.

Sie entwirft Tische und Stühle in Kindergröße, die auch das kleinste Kind selbst von der Stelle bewegen kann. Hohe, abgeschlossene Schränke ersetzt sie durch breite, niedrige Möbel, aus denen Kinder sich Material und Spielzeug selbständig aussuchen können. Sie bringt Tiere und Pflanzen mit, die die Kinder versorgen, Jungen und Mädchen sind für die Bereitung von Mahlzeiten und die Hausarbeit verantwortlich. Immer wieder fordert sie dazu auf, Kinder zu selbständigem Tun anzuregen. Nicht: «Komm, ich mach das schon!» Sondern: «Ich zeig dir, wie's geht, damit du's bald allein kannst!» Denn: «Niemand kann frei sein, wenn er nicht unabhängig ist.»

Sie hält es für falsch, Jungen und Mädchen – wie allgemein üblich – schon in der frühen Kindheit zu trennen und ihnen von Anfang an eine verschiedene Ausbildung zu geben. Im Gegenteil – beide Geschlechter sollen als Jugendliche in Säuglingspflege ausgebildet werden, damit es eines Tages «den idealen Typus des Vaters gibt, der dem Baby die Flasche geben kann und sich nicht schämt, den Kinderwagen zu schieben». Binnen Jahresfrist sind Maria Montessoris revolutionäre Erziehungsmethoden in ganz Italien bekannt. Neue Kinderhäuser entstehen. 1909 veröffentlicht die «Dottoressa» ihre Ideen und Methoden in Buchform: *Die Methode der wissenschaftlichen Pädagogik, angewandt auf die Kindererziehung in den Kinderhäusern.*

Ihr Buch wird in kürzester Zeit in mehr als zwanzig Sprachen übersetzt. Journalisten und Lehrer, Geistliche und Ärzte, Diplomaten und Regierungsbeamte reisen nach Rom, um zu studieren, wie das «Montessori-Modell» in der Praxis aussieht. In ganz Westeuropa, in den USA, China, Japan, Indien, Australien und Südamerika werden Montessori-Schulen und -Gesellschaften gegründet.

Maria Montessori selbst hält Ausbildungskurse ab und erläutert ihr System auf zahllosen Reisen. In einem zweiten Buch stellt sie ihre Lehrmaterialien, ihr Wesen und ihren Gebrauch dar.

In Deutschland wurde 1922 die erste Montessori-Schule eröffnet. Zehn Jahre später waren es vierunddreißig. Und noch ein Jahr später verbrannten die Nationalsozialisten in Berlin zusammen mit den Büchern unliebsamer Autoren auch alle Montessori-Materialien und -Veröffentlichungen.

Erst in den fünfziger Jahren konnten die Anhänger der Montessori-Pädagogik in der Bundesrepublik Deutschland ihre Arbeit wieder aufnehmen; zur Zeit gibt es hierzulande über hundert Montessori-Einrichtungen: Vereine, Kinderhäuser und Schulen. Das «Sinnesmaterial», das Maria Montessori entwickelte, wird nach wie vor in allen ihren Kinderhäusern verwandt: Tastbretter, Gewichtstafeln, Geräuschbüchsen, Wärmeplatten, Geruchsdosen, Geschmackstabletts.

Natürlich gab – und gibt – es Kritiker der Montessori-Methode. Dennoch: Vieles, was sie als erste empfohlen hat (wie zum Beispiel eigene Möbel für Kinder), ist heute selbstverständlicher Bestandteil der Kindererziehung. Auch wenn nicht unbedingt «ihre Methode» angewandt wird.

Maria Montessori kämpfte in ihrer Zeit für die Erziehung des Menschen zur Freiheit. «Hilf mir, es selbst zu tun!» Das, so sagte sie, sei die Bitte eines jeden Kindes an alle Erwachsenen. Und diese Bitte steht heute in großen Buchstaben am Eingang aller Montessori-Kinderhäuser.

«Meine Arbeit ist nicht auf eine Nation beschränkt», hat Maria Montessori in ihren letzten Lebensjahren wiederholt geäußert. Darum war es auch ihr Wunsch, dort begraben zu werden, wo sie sterben würde. Sie erlitt 1952, ein paar Monate vor ihrem 82. Geburtstag, in Noordwijk, einem holländischen Nordseedorf, einen Gehirnschlag. Hier wurde sie beerdigt. «Weit von ihrem geliebten Heimatland», besagt eine Erinnerungstafel an der Grabstätte ihrer Eltern in Rom, «auf ihren Wunsch, als Zeugnis für die Universalität der Arbeit, die sie zur Weltbürgerin machte.»

Zum Weiterlesen:

Maria Montessori: *Kinder sind anders.* Frankfurt a. M.–Berlin–Wien 1980.

Maria Montessori: *Das Kind in der Familie.* Hg. P. Scheid. Stuttgart 1954.

Maria Montessori: *Über die Bildung des Menschen.* Freiburg 1966.

Maria Montessori: *Von der Kindheit zur Jugend.* Hg. P. Oswald. Freiburg 1966.

Maria Montessori: *Die Entdeckung des Kindes.* Hg. P. Oswald und G. Schulz-Benesch, Freiburg 1972.

Maria Montessori: *Das kreative Kind. Der absorbierende Geist.* Hg. P. Oswald und G. Schulz-Benesch. Freiburg 1972.

Maria Montessori: *Grundgedanken der Montessori-Pädagogik.* Hg. s.o. Freiburg 1974.

Maria Montessori: *Grundlagen meiner Pädagogik und weitere Aufsätze.* Hg. B. Michael. Heidelberg.

Maria Montessori: *Frieden und Erziehung.* Freiburg 1973.

Maria Montessori: *Schule des Kindes – Montessori für Eltern.* Neuausgabe P. Oswald und G. Schulz-Benesch. Freiburg 1976.

Rita Kramer: *M. Montessori, Leben und Werk einer großen Frau.* München 1977.

Maria Montessori: *Erziehung zum Menschen. Montessori-Pädagogik heute.* München.

Rosa Luxemburg in ihrer Zeit

1862	Vergeblicher polnischer Aufstand gegen Rußland.
1862	Bismarck setzt gegen die Mehrheit des preußischen Abgeordnetenhauses die Heeresverstärkung durch.
1878	Bismarcks Sozialistengesetz tritt in Kraft.
1884	Der deutsche Kaiser Wilhelm I. kommt zu einem Staatsbesuch nach Warschau.
1884	Rosa Luxemburg (13) schreibt ihr erstes politisches Gedicht, in dem sie Wilhelm I. vor Bismarcks Politik warnt.
1889	Gründung der sozialdemokratischen Partei in der Schweiz.
1889	Rosa Luxemburg flieht in die Schweiz.
seit 1890	gibt es in Deutschland 3750 Streiks mit über 400000 Beteiligten.
1898	Rosa Luxemburg kommt nach Berlin.
1900	In Berlin fährt die erste Autodroschke.
1906	Die SPD gründet eine Parteischule in Berlin, an der Rosa Luxemburg 1907 Dozentin wird.
1912	Deutsche Sozialdemokraten werden mit 110 Sitzen stärkste Fraktion im Reichstag.
1912	Es gibt ca. 30000 Millionäre in Deutschland (als reichste Wilhelm II. und Berta Krupp).
1912	Auf dem Internationalen Sozialisten-Kongreß in Basel ruft Clara Zetkin, Freundin und Mitstreiterin der Rosa Luxemburg, zur aktiven Verteidigung des Friedens auf.
1918	Als «gesamte Kriegskosten» werden ca. 730 Milliarden Goldmark «direkte» und ca. 610 Milliarden Goldmark «indirekte» errechnet – in Deutschland nach dem Ersten Weltkrieg.

«Man soll sein wie eine Kerze, die an beiden Enden brennt»

Das «richtige Leben» – wann fängt das eigentlich an? Kann man es «verpassen», daran vorbeilaufen?

Als Rosa Luxemburg ein junges Mädchen ist – sie wächst in Warschau auf –, schleicht sie sich manchmal morgens heimlich aus dem Bett (es ist streng verboten, früher als der Vater aufzustehen) und schaut über die Dächer der Stadt.

«Damals glaubte ich fest, daß das ‹Leben›, das ‹richtige› Leben irgendwo weit ist, dort über die Dächer hinweg», erinnert sie sich in einem Brief als Dreiunddreißigjährige an ihre Jugendjahre. «Seitdem reise ich ihm nach, aber es versteckt sich immer hinter irgendwelchen Dächern. Am Ende war alles ein frevelhaftes Spiel mit mir, und das wirkliche Leben ist gerade dort im Hofe geblieben?»

Die junge Rosa ist Schülerin des Zweiten Warschauer Mädchengymnasiums. Die Schule fällt ihr leicht. Dennoch hat sie Schwierigkeiten mit den Lehrern, «wegen ihrer oppositionellen Haltung gegenüber den Behörden», wie in ihrem Abgangszeugnis steht.

Um zu begreifen, gegen was die Schülerin Rosa Luxemburg opponiert, muß man sich ihre Situation in jenen Jahren vorstellen: Polen ist kein selbständiger Staat. Auf dem Wiener Kongreß 1815 wurde es aufgeteilt – die westlichen Provinzen an Preußen, der Südosten an Österreich, Zentralpolen (wo Rosa lebt), der Osten und Nordosten mit Litauen an Rußland. In der Schule, die Rosa Luxemburg besucht, ist die Unterrichtssprache Russisch, nicht Polnisch. Auch untereinander dürfen die Schüler nur Russisch sprechen. Verstoßen sie gegen das Gebot, werden sie von den Lehrern dem Direktor gemeldet. Dies ist nicht die einzige Unterdrückung, gegen die Rosa Luxemburg sich wehrt. Sie muß sich auch noch mit der Tatsache auseinan-

dersetzen, daß sie Jüdin ist – und darum noch mehr als jeder
andere Untertan der Willkür des Zaren und einer allmächtigen
Bürokratie ausgeliefert. Es ist ein geradezu unwahrscheinliches
Glück, daß Rosa überhaupt eine höhere Schule besuchen
kann.

Sie ist in allen Gymnasialklassen die Jüngste, Kleinste und
Erste. 1884, als sie dreizehn ist, kommt der deutsche Kaiser
Wilhelm I. zu einem Staatsbesuch nach Warschau. Rosa
schreibt aus diesem Anlaß ein Gedicht. Eins, das typisch dafür
ist, wie schon das junge Mädchen sich traut, die eigene Meinung zu äußern:

> Endlich werden wir dich sehen,
> Mächtiger des Westens.
> Vielleicht werde sogar ich dich zu Gesicht bekommen,
> wenn du durch den Sächsischen Garten spazierst.
> Du mußt dir nicht einbilden, ich käme zu Hofe.
> Es liegt mir nicht das Geringste
> an Ehrenbezeugungen von Euresgleichen.
> Andererseits wüßte ich doch zu gern,
> was man so redet in Euren Kreisen.
> Mit dem Zaren sollst du ja per du sein.
> Was Politik angeht, bin ich zwar noch ein dummes Schaf,
> also mach ich keine langen Worte,
> doch vergiß eines nicht, mein lieber Wilhelm:
> Sag diesem listigen Lumpen von Bismarck,
> er soll die Friedenshosen nicht zuschanden wetzen.
> Du tust es für Europa, Kaiser des Westens.

Mag sein, daß Rosa, als sie diese Zeilen schrieb, sich tatsächlich
wie ein «dummes Schaf, was die Politik angeht», vorkam. Aber
nicht lange. Sie wurde noch während ihrer Schulzeit Mitglied
eines geheimen Fortbildungszirkels, in dem sie die Ziele der
ersten, noch sehr kleinen proletarischen Partei in Polen kennenlernte. Ihr Abschlußexamen bestand sie 1887 als Beste – die
Goldmedaille aber, die höchste Auszeichnung ihrer Schule,
wurde ihr nicht verliehen. Wegen der schon erwähnten «oppositionellen Haltung» verweigerte ihr die Schulleitung die sonst
übliche Auszeichnung.

Rosa, sechzehn, ist ein Störenfried.

Das bleibt sie ihr Leben lang.

Jahre später wird man sie als «rote Rosa» hassen oder als

«Adler der Revolution» lieben – je nach politischer Richtung. Sie wird solche Sätze sagen: «Geschändet, entehrt, im Blute watend, von Schmutz triefend, so steht die bürgerliche Gesellschaft da, so ist sie.»

Und solche: «...ich muß doch jemand haben, der mir glaubt, daß ich nur aus Versehen im Strudel der Weltgeschichte herumkreise, eigentlich aber zum Gänsehüten geboren bin.»

Noch ist sie zu Hause, wohnt bei ihren Eltern und ist aktiv tätig in einer Gruppe illegaler Revolutionäre, die im Zaren und in der russischen Verwaltung ihre Todfeinde und Unterdrücker sehen.

1889 aber muß Rosa Luxemburg Polen verlassen. Ihre Tätigkeit in den revolutionären Zirkeln ist von der Polizei entdeckt worden. Ihr droht eine Gefängnisstrafe und eventuell die Verbannung nach Sibirien. Rosa würde das alles auf sich nehmen. Doch ihre Genossen raten ihr, im Ausland zu studieren und von dort aus der Bewegung zu dienen. In einem Bauernwagen, unter Stroh versteckt, wird die knapp Achtzehnjährige über die polnisch-deutsche Grenze geschmuggelt.

Beginnt jetzt das, was sie sich als «richtiges Leben» vorstellt? Rosa geht nach Zürich, wo sie Volkswirtschaft und Öffentliches Recht studiert und 1897 promoviert mit einer – nach dem Urteil ihres Lehrers Julius Wolf – «trefflichen Arbeit über die industrielle Entwicklung Polens».

Rosa Luxemburg ist überzeugte Marxistin, dennoch geht sie kritisch an die Marxsche Lehre heran. Es gibt ohnehin nichts, was sie unkritisch hinnähme. Sie denkt unkonventionell und stellt Fragen, deren Antworten in keinem System vorgegeben sind.

Auch in der Schweiz bleibt sie mit der polnischen Arbeiterbewegung in dauerndem Kontakt. Hier redigiert sie eine polnische sozialistische Zeitschrift und wird Mitgründerin der «Sozialdemokratie des Königreichs Polen». Programm dieser neuen Partei ist es, daß die polnischen Sozialisten in den sozialistischen Parteien des Deutschen Reichs, Österreichs und Rußlands tätig werden sollen.

«Mit der Parteigründung hat Rosa endgültig den Schritt zur Berufsrevolutionärin vollzogen», schreibt Frederik Hetmann in seiner Biographie *Rosa L.*

«Und mit verblüffender Konsequenz verfolgt die junge Frau in den nächsten Jahren diesen Weg. Die Parole heißt von nun an:

Bekannt werden und Einfluß gewinnen, theoretische und praktische Kenntnisse für den richtigen Kurs des Sozialismus sammeln, Machtpositionen besetzen, von denen man für seine Ansichten werben, sie in die Praxis umsetzen kann... Mehr als einmal wird Rosa daran erinnert werden, daß dies für eine Frau – auch unter sozialistischen Genossen und Genossinnen – kein selbstverständlicher Weg ist. Auch wird es Augenblicke geben, in denen sie vor sich selbst gegen diese Aufgabe rebellieren, sie als zu schwer ansehen und sich bürgerliches Glück wünschen wird.»

Ja, es gibt diese Augenblicke, und sie sind gar nicht so selten. Rosa versteckt ihre Gefühle nicht: «Es stimmt, ich habe verfluchte Lust, glücklich zu sein und bin bereit, Tag für Tag um mein Portiönchen Glück mit dumpfem Eigensinn zu feilschen...

Ich habe gesagt, daß mir ist, als hätte ich auf allen Seiten blaue Flecken an der Seele, ich erkläre Dir gleich, wie ich das empfinde. Gestern abend, schon im Bett, in einer fremden Wohnung, mitten in einer fremden Stadt, fühlte ich mich etwas kleinmütig und überlegte mir so im tiefsten Schlupfwinkel der Seele: Ob es nicht glücklicher gewesen wäre, statt eines solchen Abenteurerlebens irgendwo in der Schweiz mit Dir zu zweit still und traulich zu leben und die Jugend zu genießen, um sich aneinander zu erfreuen...» Sehnsucht nach Geborgenheit und Wärme schwingt mit, wenn Rosa Luxemburg – wie im eben zitierten Brief – an ihren Parteigenossen Leo Jogiches schreibt. Das heißt: Dieser Mann ist mehr für sie als ein Mitstreiter. Sie liebt ihn.

Zürich, wo die beiden sich kennengelernt haben, hat Rosa Luxemburg inzwischen verlassen. Sie hält es für richtig, politisch dort zu wirken, wo politische Arbeit den größtmöglichen Erfolg bedeutet. Und das ist 1898 die deutsche Sozialdemokratie, die in diesem Jahr 27% der Wählerstimmen erhalten hat. Leo Jogiches bleibt in Zürich, während sich Rosa Luxemburg in Berlin mit ihrer ganzen Kraft in die Arbeit der deutschen Sozialdemokratie stürzt und ständige Mitarbeiterin der Dresdner und Leipziger Parteizeitung wird.

«Man soll sein wie eine Kerze, die an beiden Enden brennt», ist einer ihrer Lieblingssprüche. Jogiches, der verschlossene, von Selbstzweifeln geplagte Jogiches, kann sich einer solchen Frau nicht gewachsen gefühlt haben.

Aus den Briefen, die Rosa Luxemburg ihrem geliebten «Dziodziu» schreibt, läßt sich schmerzhaft deutlich ablesen, wie diese Beziehung scheitert.

Rosa, die all ihre Manuskripte mit ihm durchgeht, wird ständig von ihm heftig kritisiert und korrigiert. Ganz sicher ist er eifersüchtig auf ihre Karriere. Er besteht auf seiner Rolle als Berater und Besserwisser, während Rosa schon längst gelernt hat, sich allein durchzusetzen. Und dann wieder überschüttet sie ihn mit Gefühlsausbrüchen, wünscht sich ein Kind von ihm: «ein kleines, ganz kleines Baby – werde ich nie eins haben dürfen? Nie?» und bittet ihn: «Laß uns um Himmels willen anfangen zu leben. Lieber Dziodziu, laß uns doch anfangen zu leben!»

Da ist er wieder, ihr Jugendtraum vom «richtigen Leben»... fühlt sie sich denn immer noch entfernt davon?

Sie ist längst eine bekannte Frau, eine beliebte Rednerin, die ihre Zuhörer mitreißt und der Partei viele Anhänger und Wählerstimmen gewinnen hilft. Zwischen 1899 und 1914 unternimmt sie neben ihrer theoretischen Arbeit und der journalistischen Tätigkeit Reisen als Agitatorin für die Sozialdemokratische Partei, die sie in fast alle Gegenden des Deutschen Reiches führen.

Auf einer Rede während des Reichstagswahlkampfs 1903 ruft Rosa aus: «Der Mann, der von der guten und gesicherten Existenz der deutschen Arbeiter spricht, hat keine Ahnung von den Tatsachen.»

Mit «dem Mann» meint sie den deutschen Kaiser Wilhelm II. Wie wenig Ehrfurcht sie vor Majestäten hat, bewies Rosa ja schon als Dreizehnjährige in ihrem Gedicht. Jetzt, 20 Jahre später, wird sie wegen «Majestätsbeleidigung» zu drei Monaten Gefängnis verurteilt. Rosa nimmt das mit Gelassenheit zur Kenntnis.

Als der sächsische König Albert stirbt, wird eine allgemeine Amnestie erlassen. Rosa aber, die Republikanerin, läßt sich von keinem König der Welt etwas schenken! Man muß sie geradezu zwingen, ihre «gastliche Zelle» vorzeitig zu verlassen...

Rosa Luxemburg wird Gefängnisse noch verzweifelt hassen lernen. Aber sie wird nie, auch unter den schlimmsten Bedingungen nicht, von dem abgehen, was sie als Wahrheit erkannt hat. «Heilige Kühe» gibt es für sie nicht. Sie tastet Autoritäten an, auch in den eigenen Reihen. Für manche Leute in der Partei steht schon jetzt endgültig fest, daß sie ein «zänkisches, hysterisches und herrschsüchtiges Weib» ist.

Frederik Hetmann erklärt sehr gut, warum Rosa Luxemburg auch im eigenen Lager gehaßt wurde.

«Man muß sich vor Augen halten, wodurch ihre Art, häufig verletzend schroff zu reagieren, provoziert worden ist: durch die immer wieder gemachte Erfahrung, als Frau, die schärfer, genauer, klarer und weiter denkt als viele ihrer männlichen Genossen, immer wieder gerade deswegen diskriminiert zu werden: Weil sie eine Frau ist, und weil ihre Interessen und Aktivitäten dem, was man von einer Frau erwartet, nicht entsprechen.»

Für Hetmann ist Rosa Luxemburg *die* Symbolfigur für Emanzipation:

«Wenn es ein Stichwort gibt, mit dem sich Rosa Luxemburgs Wollen und ihre Grundhaltung auf eine Formel bringen lassen, so ist dies das Wort *Emanzipation*. Freilich muß man es, auf sie angewandt, viel radikaler verstehen als heute. Bei ihr ist Emanzipation Dynamit. Sie will nicht nur eine Partei emanzipieren von ihrem Hang zu Verspießerung, nicht nur die Frau von ihrer Unterlegenheitsrolle: Der Mensch soll sich von der Gefahr befreien, sich von seiner menschlichen Wesensart fortzuentwickeln. So etwa wäre der Marxsche Begriff von der Aufhebung der Entfremdung, der ‹Verdrehung und Verkehrung der Menschennatur› wohl zu übersetzen.»

1905, nach dem Ausbruch der ersten russischen Revolution, reist Rosa Luxemburg illegal nach Warschau, wo sie 1906 verhaftet wird. Gegen eine Kaution wird sie freigelassen und kehrt nach Deutschland zurück.

Im Mai 1907 vertritt sie die SPD auf dem 5. Parteitag der russischen Sozialdemokratie in London. Im gleichen Jahr wird sie Dozentin an der Zentralen Parteischule der SPD in Berlin. Aus dieser Arbeit heraus entstehen ihre beiden großen theoretischen Werke, die *Einführung in die Nationalökonomie* und *Die Akkumulation des Kapitals* – geschrieben «wie im Rausch».

Rosa Luxemburg ist nun zur hervorragendsten Theoretikerin der radikalen Linken geworden. Eine Frau, für die es nach wie vor keine unfehlbaren Autoritäten gibt, eine Kämpferin, überzeugt davon, daß Zweifel und Kritik nötig sind, damit Veränderungen nicht einschlafen. Sie schreibt:

«Wie die ganze Weltanschauung Marxens ist sein Hauptwerk

keine Bibel mit fertigen, ein für allemal gültigen Wahrheiten letzter Instanz, sondern ein unerschöpflicher Born der Anregung zur weiteren geistigen Arbeit, zum weiteren Forschen und Kämpfen um die Wahrheit.»

Für die Humanistin und Kriegsgegnerin, die zwar schon 1900 auf dem Pariser Kongreß der 2. Internationale vorausgesagt hat, der Zusammenbruch der kapitalistischen Ordnung werde «durch eine durch die Weltpolitik herbeigeführte Krisis» erfolgen, ist dennoch der Ausbruch des Weltkriegs ein furchtbarer Schlag. Zusammen mit Karl Liebknecht sucht sie die Kriegsgegner in der SPD zu sammeln und zu organisieren – erst in der «Gruppe Internationale», dann im «Spartakusbund». Doch schon am 18. Februar 1915 wird Rosa Luxemburg in ihrer Wohnung verhaftet.

In der Zelle 219 des «Königlich-Preußischen Weibergefängnisses» in Berlin verfaßt sie die Schrift *Die Krise der Sozialdemokratie*, die später unter dem Titel *Juniusbroschüre* bekannt wird. Rosas Freundin und Sekretärin Mathilde Jacob schmuggelt sie nach draußen. An Mathilde Jacob sind auch die meisten Briefe gerichtet, die Rosa Luxemburg zwischen 1915 und 1918, immer wieder inhaftiert, aus den verschiedensten Gefängnissen schreibt. Es sind Briefe, die zum Bild der so oft verteufelten «blutigen Rosa» ganz und gar nicht passen. Sie klebt eine Taubenfeder aufs Briefpapier und schreibt vom Löwenzahn, «der so viel Sonne in seiner Farbe hat». Sie pflanzt einen Fliederstrauch im Gefängnishof und notiert, wann draußen der erste Vogel singt. «Ich umarme Sie in großer Sehnsucht...», so enden fast all ihre Briefe.

Im November 1918 öffnen sich die Gefängnistore endgültig für Rosa Luxemburg. Jetzt bleiben ihr noch ungefähr zwei Monate, genau ausgerechnet: siebenundsechzig Tage «Leben».

Sie verbringt diese Tage, so steht es in einem ihrer letzten Briefe, «in Trubel und stündlicher Gefahr, Hatz und Jagd».

In Berlin arbeitet sie weiter mit an der *Roten Fahne,* einer Zeitung der im April 1917 gegründeten USPD.

Vom 29. bis 31. Dezember 1918 findet der Gründungsparteitag der KPD statt. Rosa Luxemburg nimmt daran teil, plädiert aber ohne Erfolg für eine parlamentarische Lösung: Sie hätte es vorgezogen, wenn sich die neue Partei «Sozialistische Partei» genannt und an den Wahlen zur Nationalversammlung beteiligt hätte.

Am 15. Januar 1919 wird Rosa Luxemburg zusammen mit Karl Liebknecht festgenommen, ins Berliner Eden-Hotel gebracht, beschimpft, geschlagen und so mißhandelt, daß ein Zimmermädchen weinend ruft: «Ich werde den Eindruck nicht los, wie man die arme Frau niedergeschlagen und mißhandelt hat!»

In der Nacht vom 15. auf den 16. Januar 1919 wird Rosa Luxemburg von Offizieren und Soldaten der Reichswehr umgebracht.

Ihre letzten Worte sind: «Nicht schießen!»

Monate später findet man ihre Leiche in einem Kanalbett des Berliner Tiergartens.

Fünfundfünfzig Jahre danach: Mit einer Sonderbriefmarke, Ausgabetag 15. Januar 1974, würdigt das deutsche Bundespostministerium Rosa Luxemburg.

Es gibt also eine Briefmarke mit ihrem Bild.

Und es gibt eine Öffentlichkeit, die darauf reagiert. Empört reagiert!

Hier nur ein Kommentar von vielen über die Frau, die eine leidenschaftliche Kriegsgegnerin war:

«Jetzt kommen also die roten linksextremen Flintenweiber und Emigrantinnen auf deutsche Postwertzeichen!»

Zum Weiterlesen:
(eine Auswahl)

Frederik Hetmann: *Rosa L.* Weinheim, 1976; Fischer Taschenbuch Verlag, Frankfurt a. M., Band 2132.

Tony Cliff: *Studie über Rosa Luxemburg.* Frankfurt a.M. 1969.

Peter Nettl: *Rosa Luxemburg.* Köln/Berlin 1967.

Paul Fröhlich: *Rosa Luxemburg – Gedanke und Tat.* Frankfurt a.M. 1967.

Helmut Hirsch: *Rosa Luxemburg.* Reinbek b. Hamburg 1969.

Rosa Luxemburg: *Ich umarme Sie in großer Sehnsucht.* Briefe aus dem Gefängnis. Berlin/Bonn 1980.

Rosa Luxemburg – *Ein Leben für die Freiheit.* Reden. Schriften. Briefe. *Ein Lesebuch* hg. von Frederik Hetmann. Fischer Taschenbuch Verlag, Frankfurt a. M., Band 3711.

Virginia Woolf in ihrer Zeit

1882	Im selben Jahr wie Virginia Woolf wird die norwegische Dichterin Sigrid Undset (1928 Nobelpreisträgerin für Literatur) geboren.
1910	Erste nachimpressionistische Kunstausstellung (Cézanne, van Gogh, Matisse) in England, veranstaltet vom «Bloomsbury» Mitglied Roger Fry.
1910	Virginia Woolf arbeitet für die englische Frauenrechtsbewegung.
1918	Die Wahlrechtsreform in Großbritannien gibt Frauen *über 30* das Wahlrecht.
1928	Das Wahlrechtsalter der Frauen wird in Großbritannien von 30 auf 21 Jahre herabgesetzt.
1929	Virginia Woolf und ihr Mann reisen nach Berlin.
1929	Erste Fernsehsendung in Berlin.
um 1930	Mit der Erfindung der «Agfa Box» wird das Fotografieren immer beliebter.
1932	Höhepunkt der Weltwirtschaftskrise.
1933	Hitler wird Reichskanzler.
1933	Virginia Woolf wird an die Universität Cambridge berufen, lehnt aber ab, dort eine Vorlesungsreihe zu halten.
1939	Hitler beginnt den 2. Weltkrieg mit dem Überfall auf Polen.
1940	Beginn heftiger deutscher Luftangriffe auf England.
1941	Der englische Dichter James Joyce stirbt im selben Jahr wie Virginia Woolf.

Virginia Woolf (1882–1941):

«Eine Frau muß Geld haben und ein Zimmer für sich allein»

«Mit der Nadel war Virginia alles andere als geschickt. Ihre Unterwäsche hielt sie oft, wie sie eingestand, mit Sicherheitsnadeln zusammen... Nichts desto weniger konnte sie Brot und Kuchen backen, Orangenmarmelade und eine ganze Reihe von einfachen Gerichten kochen.»
Dies ist kein Zeugnisbericht über eine mäßig begabte Haushaltsschülerin. Dies sind – 1977 erschienen – Sätze aus einer Biographie über eine der größten Schriftstellerinnen des 20. Jahrhunderts: Virginia Woolf.* Über die Näh-, Koch- und Backkünste ihrer Zeitgenossen wie Marcel Proust und James Joyce haben sich Kritiker und Biographen bislang nicht den Kopf zerbrochen. Virginia Woolf jedoch wurde – und wird bis heute – auch nach solchen Kriterien beurteilt. Und sie selbst hat, trotz der literarischen Anerkennung, die ihr zuteil wurde, immer wieder unter ihrem «Versagen als Frau» gelitten.
Dabei steht für Ginia Stephen schon als Kind fest: Sie will nichts anderes werden als Schriftstellerin. Dieser Wunsch kommt ihr auch nicht ungewöhnlich vor. In ihrem Elternhaus – Vater Leslie Stephen ist Essayist, Publizist, Biograph und Historiker – lernt sie schon als kleines Mädchen berühmte zeitgenössische Autoren kennen. Alfred Lord Tennyson. Henry James. Thomas Hardy. Ginia Stephen und ihre Geschwister erleben Dichter und Schriftsteller nicht als Prominenz und betrachten sie nicht aus ehrfürchtiger Distanz.
Sie erzählt später, belustigt, daß Dichter für sie nie «Götter» waren, sondern immer Menschen, die «wie du und ich» reden:

---

* George Spater/Ian Parsons: *A Marriage of True Minds. An Intimate Portrait of Leonard and Virginia Woolf.* London 1977. (Deutsche Übersetzung 1980, siehe Bibliographie.)

245

«Tennyson pflegte zum Beispiel zu mir zu sagen: ‹Reich mir das Salz› oder: ‹Danke für die Butter›.»

Das Kind Ginia Stephen: geborgen, behütet, umsorgt in einer großen, lebhaften Familie – und wieso trotzdem einsam? Sie hat sieben Geschwister; vier brachten die Eltern, die beide vorher schon einmal verheiratet waren, mit in die Ehe. Die Halbbrüder Gerald und George, zwölf und vierzehn Jahre älter als Virginia, treten nach außen hin auf als wohlerzogene junge Männer. Was sich innerhalb der Familie tatsächlich abspielte, wagt Virginia Woolf erst Jahrzehnte später zu gestehen. Einmal beispielsweise kam Gerald und «hob mich, als ich noch sehr klein war, hinauf und begann, meinen Körper abzutasten. Ich kann mich noch an das Gefühl erinnern, als seine Hand sich unter meine Kleider schob und sich energisch und ständig immer tiefer vorschob. Ich erinnere mich, wie sehr ich hoffte, daß er aufhören würde, wie ich mich steif machte und wand, als seine Hand näher an meine Geschlechtsteile kam. Aber sie hielt nicht inne. Seine Hand tastete auch meine Geschlechtsteile ab. Ich erinnere mich, daß es mich empörte und abstieß – was ist das richtige Wort für so ein dumpfes und wirres Gefühl? Es muß stark gewesen sein, da es mir noch immer im Gedächtnis ist.»

Das schreibt Virginia Woolf als fast Sechzigjährige. Wem hätte sie sich als Kind anvertrauen können? Warum ging sie nicht zu ihrer Mutter? Julia Stephen, die als lebhaft, heiter, ausgeglichen geschildert wird, war zwar der Mittelpunkt der großen Familie. Aber: «Eine solche Frau, die alles aufrecht erhalten und kontrollieren mußte, muß für ein sieben- oder achtjähriges Kind eher so etwas wie eine Institution als eine private Person gewesen sein.»

So sieht Virginia Woolf rückblickend ihre Mutter, «die Schöpferin einer von Menschen wimmelnden, amüsanten Welt, die sich so fröhlich im Mittelpunkt meiner Kindheit drehte».

Die Sommermonate verbringt die Familie Stephen regelmäßig in Cornwall. Die Kinder spielen Kricket, klettern auf Felsen herum und auf Bäume. Niemand nimmt es Virginia und ihrer drei Jahre älteren Schwester Vanessa übel, daß die Mädchen nicht auf ihre Kleidung achten und ebenso wild wie ihre Brüder herumtoben. Zu Hause, in London, geben die Stephen-Kinder eine eigene «Hauszeitung» für ihre Familie heraus. Natürlich ist Virginia, die zukünftige Schriftstellerin, die treibende Kraft.

Als Zehnjährige verfaßt sie lange Artikel und beobachtet gespannt, wie die Erwachsenen auf ihre ersten Schreibversuche reagieren. Die große Bibliothek des Vaters steht allen Kindern offen, den Jungen und den Mädchen. Eine Schule besuchen aber dürfen nur die Söhne der Familie Stephen. Thoby (zwei Jahre älter als Virginia) und Adrian (ein Jahr jünger als sie) dürfen «hinaus». Später werden sie in Cambridge studieren. Virginia und Vanessa bleiben daheim und werden dort «unterrichtet». Und zwar so unterrichtet: «Virginia Woolf», schreibt ihr Neffe und Biograph Quentin Bell, «zählte ihr Leben lang an den Fingern.» Bildung und Wissen sind Männerangelegenheiten. Frauen sind dazu da, diesen klugen Männern demütig zu lauschen und sie zu verwöhnen. Dieser Grundsatz gilt auch für die Stephen-Töchter, trotz vieler Privilegien, die sie genießen. «Die sieben unglücklichen Jahre», nennt Virginia die Zeit, in der sie zur jungen Dame erzogen werden soll – und sich verzweifelt dagegen wehrt. Sie ist dreizehn, als ihre Mutter stirbt. In jenem Sommer wird Virginia krank, schwerkrank: nervenkrank. Sie hört «schreckliche Stimmen». Menschen machen ihr Angst. Sie traut sich nicht mehr auf die Straße. «Äußerste Ruhe und viel Milch trinken», verordnet der Hausarzt und verbietet seiner über-erregten jungen Patientin jegliche Unterrichtsstunden. Es dauert lange, bis Virginia sich wieder erholt. Die «unglücklichen Jahre», die jetzt folgen, hat sie als Erwachsene ausführlich geschildert. Ihr und der Schwester Vanessa werden von nun an «Manieren» beigebracht. Die Zeiten, in denen sie toben, herumphantasieren und uneitel sein durften, sind endgültig vorbei. Die Mädchen müssen in die Gesellschaft eingeführt werden; Halbbruder George übernimmt gewissenhaft diese Aufgabe. Nur ein paar Stunden am Vormittag sind die jungen Mädchen «vom Druck viktorianischen Lebens befreit». Das ist dann, wenn Vanessa, die Malerin werden will, zu ihrem Zeichenunterricht geht, und Virginia bei einer Hauslehrerin Griechisch lernt. George jedoch bestimmt, mit Billigung des Vaters: «Kleider und Frisuren sind wichtiger als Bilder und Griechisch». Als Virginia sich einmal, weil sie gerade Lust dazu hat, in einem Möbelstoffgeschäft einen billigen grünen Stoff kauft und sich daraus ein Abendkleid anfertigen läßt, wird sie vor den versammelten Gästen unbeherrscht von George zurechtgewiesen: «Geh hinauf und zerreiß es!» Jahre später, als sie wieder einmal vor einem psychischen Zusammenbruch

steht, schreibt sie in ihr Tagebuch: «Versager. Jawohl; ich entdecke das. Versager, Versager. (Die Woge hebt sich.) Oh, wie sie über meine Vorliebe für grüne Farben gelacht haben!»
Natürlich läßt sich nicht feststellen, ob mit dieser «grünen Farbe» eine Erinnerung an ihr Jugenderlebnis verbunden ist. Tatsache ist aber, daß Virginia, die als Kind offen, hellwach und selbstbewußt war, sich als junges Mädchen zum erstenmal wie ein «Versager» fühlt. Und in Krisensituationen, die in ihrem Leben immer wieder auftauchen, findet sie jedesmal dieses Wort für sich: «Versager».
Sie enttäuscht. Sie paßt sich den gesellschaftlichen Spielregeln nicht an. Salongespräche und Seidenkleider verabscheut sie. Statt zu tanzen, verkriecht sie sich während eines Balls mit einem Buch in eine dunkle Ecke. Die jungen Männer, die ihr vorgestellt werden, interessieren sie nicht.
1904, nach dem Tod ihres Vaters, erleidet sie einen zweiten Nervenzusammenbruch. Sie hört die Vögel griechische Chöre singen und sieht König Edward in den Azaleenblüten, obszöne Wörter flüsternd. Wieder dauert es lange, bis Virginia in die Wirklichkeit zurückfindet. Gemeinsam mit Vanessa und den Brüdern Thoby und Adrian zieht die Zweiundzwanzigjährige in ein Haus im Londoner Stadtteil Bloomsbury. Für Virginia ist diese Umstellung und Umsiedlung Aufbruch, Ausbruch: «Wir waren entschlossen, zu malen, zu schreiben, nach dem Abendessen Kaffee, statt um neun Uhr Tee zu trinken. Alles mußte neu, alles mußte anders werden. Alles wurde ausprobiert.» George und Gerald mit ihren starren Gesellschaftsformen haben nach dem Tod des Vaters keinen Einfluß mehr auf ihre vier jüngeren Halbgeschwister. Niemand zwingt sie, jetzt noch Rücksicht auf «die Gesellschaft» zu nehmen. Und sie haben das Glück, genug Geld geerbt zu haben.
Nächtelang zusammensitzen, diskutieren, über Kunst, Literatur, Religion und Liebe sprechen, ohne sich an strenge Regeln zu halten – in Bloomsbury erfüllt sich dieser geheime Wunsch der Virginia Stephen. Ihre Brüder Thoby und Adrian, beide Jurastudenten, bringen Freunde ins Haus. «Erstaunliche Burschen», wie Thoby zu sagen pflegt. Maler, Kritiker, Schriftsteller, Philosophen treffen sich bei den Stephens. So entsteht vor dem Ersten Weltkrieg die «Bloomsbury Group», ein Kreis von Freunden, der während der nächsten Jahrzehnte das intellektuelle London bestimmen wird. Gemeinsam ist ihnen, das

stellt sich in nächtelangen Diskussionen heraus, der Wunsch, «den Erscheinungen des Lebens tiefer auf den Grund zu gehen». Virginia beeinflussen die Gespräche, an denen sie jetzt teilnimmt, entscheidend für ihr späteres Schreiben. Sie und Vanessa, denen ein Universitätsstudium verschlossen blieb, können zum erstenmal ihren Verstand gebrauchen und müssen nicht nur durch ihre Schönheit glänzen.

Vanessa heiratet 1907 Clive Bell, einen Freund aus der «Bloomsbury Group». Virginia findet in Vanessas Ehemann einen aufrichtigen, ernsthaften Kritiker ihrer schriftstellerischen Arbeit. Dennoch tauchen bei ihr jetzt wieder «Versager»-Gefühle auf. «Neunundzwanzig sein und unverheiratet – ein Versager – kinderlos – dazu geisteskrank und kein Schriftsteller», schreibt sie in einem Anfall von Depression an Vanessa. Wieder wird ihr eine «Ruhekur» verordnet.

Sie ist 33 Jahre alt, als ihr erster Roman erscheint: *Voyage out (Die Ausfahrt)*. Kritiker loben ihr Buch, nennen es «gescheit und schlau» und voll «bebender Lebensgier». Doch erst in ihrem dritten Roman, *Jacob's Room (Jakobs Raum, 1922)* zeichnet sich ab, was ihre Erzähltechnik ausmacht und warum sie von sich behaupten kann, daß sie «den Roman reformieren wird». Äußere Ereignisse, von denen der klassische Roman lebt, stehen bei ihr nicht im Mittelpunkt. Sie sucht eine Form, inneres Leben darzustellen. Es geht ihr um die Bewußtseinsvorgänge der Menschen, in die sie sich schreibend hineinversetzt. Sie schreibt einem inneren Rhythmus, nicht einer äußeren Handlung folgend.

Sie versucht das in einer Zeit, in der Gemälde von Picasso und Matisse Kunstliebhaber entrüsten, Gelächter und Wut erregen. Durch ihre «Bloomsbury»-Freunde ist ihr klar, was auf einen zukommt, der «aus der Reihe tanzt». Dennoch wettert sie entschieden gegen «geschniegelte Romane, alberne Biographien und geschwätzige Kritiken». Nicht zu vergessen: Sie ist noch unbekannt, und sie ist eine Frau, die mit solchen Äußerungen an die Öffentlichkeit tritt. Sie weiß, daß sie mit Spott und Verachtung rechnen muß, weil sie sich von der literarischen Konvention entfernt. «Was werden sie jetzt über Jakob sagen?» steht in ihrem Tagebuch, als sie *Jakobs Raum* beendet hat. «Verrückt, nehme ich an: eine zusammenhanglose Rhapsodie, ich weiß es nicht.»

Als Schriftstellerin bekommt sie Ablehnung, aber auch höchste

Anerkennung zu spüren. Sie wird «Dichterin des fließenden Erlebens» genannt – oder gar nicht erwähnt. Ihre Ängste steigern sich jedesmal, wenn sie ein neues Manuskript fertig hat und es der Öffentlichkeit preisgibt. Die Tatsache, daß sie literarische Experimente wagt, bringt Virginia Woolf immer wieder an den Rand des Wahnsinns. Sie setzt sich diesen Bedingungen aus. Sie verfolgt den Weg, den sie für sich als richtig erkannt hat, weiter.

Und wieso kann eine solche Frau sich immer noch als «Versager» empfinden, zumindest in gewissen Augenblicken ihres Lebens? Mit dreißig hat Virginia Leonard Woolf geheiratet, einen Schriftsteller, der ebenfalls zum «Bloomsbury-Kreis» gehörte. «Du übst auf mich keine körperliche Anziehungskraft aus», hat sie ihm vor der Eheschließung geschrieben, «doch deine Art, mich gern zu haben, überwältigt mich geradezu.» Virginia Woolf als Ehefrau... Daß sie Leonard Woolf heiratete, «war der klügste Entschluß ihres Lebens», schreibt ihr Biograph Quentin Bell. Die ersten Jahre ihrer Ehe jedoch zeigen Virginia nicht gerade in einer idealen Verfassung. Der psychische Zusammenbruch, den sie jetzt erleidet, ist heftiger und dauert länger als alle vorhergehenden. Ausschlaggebend für ihre jetzige Krise ist möglicherweise die Tatsache, daß ihr Mann Leonard – nach Rücksprache mit mehreren Ärzten – entscheidet, daß die Ehe kinderlos bleiben soll. Was auch immer ihre Biographen über sie schreiben, an keiner Stelle ist je die Rede davon, daß sie sich selbst zu diesem Thema äußern konnte. Sie liebte Kinder, wird berichtet. Sie hatte eine ganz eigene Art, mit ihnen umzugehen. Ihr Humor, ihre Phantasie müssen umwerfend auf Kinder gewirkt haben. So läuft sie einmal mit einem kleinen Mädchen durch die Straßen: «Komm, wir kaufen bei Woolworth einen dicken Radiergummi und radieren alle meine Romane aus!» Wenn sie mit den Kindern ihrer Schwester Vanessa zusammen ist, sprüht sie über von Einfällen und Überraschungen. Warum kann man ihr keine eigenen Kinder zumuten? Sicher hat Leonard Woolf Angst um ihren Gesundheitszustand. Sicher aber spielen auch solche Überlegungen mit: «Kinder mit ihrem Schmutz und Lärm hätten alle Romane in ihr getötet», schreibt im Oktober 1973 Michael Holroyd in *The London Times*. Weibliche Genies sind kinderlos – an dieser Vorstellung hat sich bis heute nicht viel geändert. Für Virginia Woolf war «Mutterschaft» ein wichtiges Thema. Daß sie dieses Erlebnis nie haben konnte, buchte sie auf ihr «Versager»-Konto. So schrieb sie über ihre Freundin Vita Sackville-West in ihr Tagebuch (Vita hatte Kinder), sie sei «eine wirkliche Frau (was ich nie gewesen bin)». Was geschieht, wenn Virginia Woolf in Depressionen fällt und «die Nerven verliert»? Man behandelt sie, sie hat das schon als junges Mädchen erlebt, mit einer Therapie, die zu ihren Lebzeiten speziell bei nervenkranken Frauen angewandt wurde. Sie werden isoliert. Ihnen wird jede geistige Arbeit verboten. Sie müssen viel essen, Milch trinken und «Robin's Hypophosphate» einnehmen. In der Privatklinik Twickenham hat Virginia schon einmal diese «Ruhigstellung» erfahren. Sie wird, als junge Ehefrau, wieder dorthin geschickt. Sie kehrt als «nicht gehcilt» nach Hause zurück. Ihr Mann besteht darauf, sie erneut einliefern zu lassen. Sie unternimmt einen Selbstmordversuch.

Als sie 1941, 59 Jahre alt, ihrem Leben ein Ende setzte (sie ertränkte sich), waren ähnliche Ängste vorausgegangen. Einen Tag vor ihrem Tod wurde sie ärztlich untersucht. «Versprechen Sie, mir keine Ruhekur zu verordnen?» bat sie die Ärztin. Das wurde ihr versprochen. Sie wird nicht daran geglaubt haben. Welche Qual es für sie gewesen sein muß, zu einer künstlichen Ruhe verurteilt zu werden, hat sie in einem ihrer Romane geschildert. In *Mrs. Dalloway* (erschienen 1925) nennt sie den Arzt «Gottheit des Maßhaltens». Er «verordnet Bettruhe; Ruhe und Alleinsein; Stille und Ruhe; Ruhe ohne Freunde, ohne Bücher, ohne Briefe; sechs Monate Ruhe». Und weiter heißt es über diesen Arzt: «Nackt, wehrlos, erhielten die Erschöpften ... seinen Willen aufgedrückt. Er stürzte sich auf sie, er verschlang sie. Er ließ Leute in eine geschlossene Anstalt bringen.» Wenn Virginia in ihren schlimmsten Nervenkrisen manchmal schreit, sie habe «gegen alle Männer Abneigung», wenn sie sogar ihren Mann Leonard dann nicht sehen will (ihre Schwester Vanessa notierte das besorgt), werden solche Ängste dabei mitgespielt haben: Immer wieder versuchten Männer, in ihr Leben einzugreifen und für sie Entscheidungen zu treffen. Wenn sie sich selbst sein durfte, war sie wagemutig und voller Abenteuerlust. «Sie lachte wie ein Kind, das die Welt eigenartiger, schöner und komischer findet, als je einer für möglich gehalten hätte», schreibt Quentin Bell. Und weiter: «In *A Room of One's Own* hört man sie sprechen.» Dieser Essay – *Ein Zim-*

mer für sich allein – ist das erste Plädoyer für die Unabhängigkeit der schreibenden Frauen. Virginia Woolf stellt darin die Forderung nach einem separaten Raum für sie: «Eine Frau muß Geld haben und ein Zimmer für sich allein, wenn sie *fiction* schreiben will.» Ohne «eigenes» Zimmer verbargen Schriftstellerinnen wie Jane Austen ihr Manuskript vor ihren Familienmitgliedern, den Besuchern und Angestellten des Hauses. Das Geschriebene wurde ängstlich mit einem Löschblatt bedeckt. «Frauen», sagt Virginia Woolf, «sitzen seit Millionen von Jahren zu Hause, so daß im Lauf der Zeit die Wände getränkt sind von ihrer schöpferischen Kraft.» Wenn Frauen außerdem eigenes Geld haben, fährt Virginia Woolf in ihren Überlegungen fort, hören Haß und Bitterkeit auf: «Ich brauche keinen Mann zu hassen; er kann mir nicht weh tun. Ich brauche keinem Mann zu schmeicheln; er kann mir nichts bieten.» Diese Unabhängigkeit setzt schöpferische Kraft frei. Frauen können Dichter sein, wie Shakespeare es war, «wenn wir an die Freiheit gewöhnt sind und an den Mut, genau das zu schreiben, was wir denken».

Zum Weiterlesen:

Virginia Woolf: *Augenblicke. Skizzierte Erinnerungen.* Mit einem Essay von Hilde Spiel. Stuttgart 1981.

Quentin Bell: *Virginia Woolf.* Frankfurt a.M. 1977.

George Spater/Ian Parsons: *Porträt einer ungewöhnlichen Ehe. Virginia & Leonard Woolf,* Frankfurt a. M. 1980.

Gisela von Wysocki: *Weiblichkeit und Modernität. Über Virginia Woolf.* Frankfurt a. M. 1982.

Als Taschenbücher (Fischer Taschenbuch Verlag) sind folgende Werke von Virginia Woolf erhältlich:
Die Dame im Spiegel und andere Erzählungen
Die Fahrt zum Leuchtturm
Die Jahre
Mrs. Dalloway
Orlando
Die Wellen
Zwischen den Akten
Ein Zimmer für sich allein
Flush

Katherine Mansfield in ihrer Zeit

1892	Erstes Frauen-Sechstage-Radrennen in New York.
1894	Tower-Brücke in London fertiggestellt.
1896	*Daily Mail*, die englische Massenzeitung, erscheint.
um 1898	Allmählich setzt sich das Frauenstudium durch.
um 1900	Nach dem «Jahrhundert des Dampfes» beginnt das «Jahrhundert der Elektrizität».
1903	Otto Weininger veröffentlicht «Geschlecht und Charakter» – ein Buch, in dem er die «Minderwertigkeit der Frau» zu behaupten versucht.
1909	Die Schwedin Selma Lagerlöf erhält den Nobelpreis für Literatur.
1909	Erste Dauerwelle (in London).
1914	Höhepunkt der englischen Suffragetten-Bewegung.
1914	Beginn des Ersten Weltkriegs.
1917	Deutsche Fliegerangriffe gegen England.
1918	Ende des Ersten Weltkriegs.

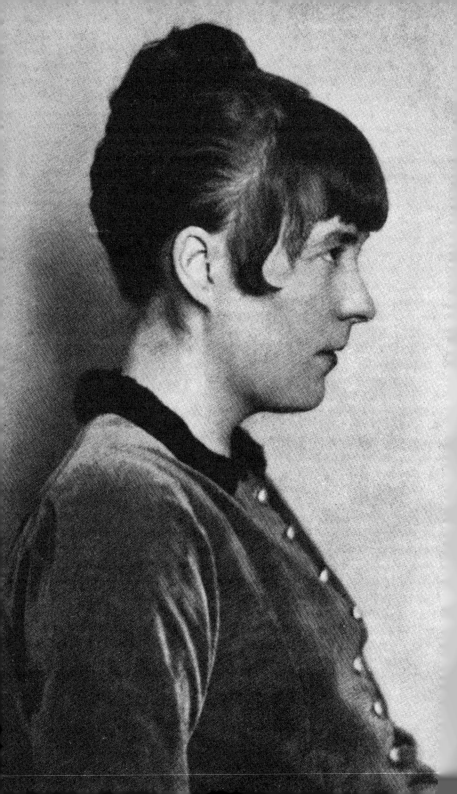

Katherine Mansfield (1888–1923):

«Ich lebe, um zu schreiben»

Ein Schulmädchen, eifrig, pummelig, mit neugierigen Augen hinter den runden Brillengläsern, liest den Klassenkameradinnen in der Nähstunde Texte von Charles Dickens vor – und liest mit so viel Gefühl, daß die Mädchen anfangen zu weinen. Das ist Kathleen Beauchamp, Tochter des neuseeländischen Geschäftsmannes und Bankiers Harold Beauchamp. Er gilt als einer der reichsten Männer New Zealands. Seinen Kindern – Kathleen ist die dritte Tochter – läßt er die bestmögliche Schulbildung zukommen. Sie besuchen das Städtische Mädchengymnasium in Wellington, anschließend eine vornehme Privatschule, und in ein paar Jahren sollen sie nach London auf das Queen's College geschickt werden. London – wenn Kathleens Vater geahnt hätte, was er mit diesem Entschluß in seiner Tochter bewirkte, hätte er sich bestimmt anders entschieden. Macht er sich doch jetzt schon Sorgen um Kass, wie seine Drittälteste genannt wird. Sie ist ein schwieriges Kind, rebelliert gegen ihre Eltern, ist auch den Lehrern gegenüber aufsässig. Überdies hat sie «eine Phantasie, die an Unwahrheit grenzt». So jedenfalls wird sie in der Schule beurteilt.

«Meine literarische Laufbahn begann mit dem Schreiben von Kurzgeschichten in Neuseeland. Ich war neun Jahre alt, als mein erster Versuch veröffentlicht wurde. Seit der Zeit schreibe ich ständig Notizbücher voll.» Als Kathleen in einer kurzen «Autobiographie» diese Sätze über sich selbst schreibt, ist sie schon längst eine anerkannte Schriftstellerin, eine aparte junge Frau, die äußerlich mit dem Pummelchen Kass nichts mehr zu tun hat. Sie hat sich den Künstlernamen Katherine Mansfield zugelegt und wird von ihren Anhängern als «genial» gefeiert. Ihren Vater allerdings scheint das nie beeindruckt zu haben. «Ich warf das Ding hinter den Kamin, es war nicht einmal geistreich», äußert er sich über eine der besten Erzählungen *(Je ne parle pas français)* seiner berühmten Tochter...

Doch bleiben wir vorerst noch bei Kass, ehe sie berühmt wird. Zwei Menschen in ihrer Familie stehen dem Mädchen besonders nah: die Großmutter, deren Geburtsnamen sie später als Künstlernamen annimmt, und der jüngere Bruder Leslie. Als sie zwölf Jahre alt ist, lernt sie ein «Wunderkind» kennen, den fünfzehnjährigen Arnold, der Cello spielt. Kass ist hingerissen. Arnold wird ihr «Märchenprinz». Mehr noch: Auch sie beginnt nun, Cello zu üben. Insgeheim ist sie davon überzeugt, daß sie eine große Musikerin werden könnte. Dabei vernachlässigt sie in den kommenden Jahren das Schreiben nicht. Sie experimentiert, korrigiert, macht Skizzen – und schickt glühende Liebesbriefe an Arnold, dem sie den Namen «Cäsar» gibt. Kass tauft alle Leute um, die ihr nahestehen.

Ida zum Beispiel, eine Freundin, mit der sie bis an ihr Lebensende verbunden bleibt, heißt bei ihr «Leslie Moore» oder kurz «L. M.». Auch Ida will Künstlerin werden. Die beiden Mädchen haben sich im Queen's College in London kennengelernt, das Kass von 1903 bis 1906 besucht. In jenen Jahren gibt sie sich den Künstlernamen Katherine Mansfield. Ihr großes Vorbild ist jetzt Oscar Wilde. Seine Aphorismen nehmen einen großen Platz im Tagebuch der Siebzehnjährigen ein:

«Treibe alles so weit es geht.»

«Wir sind nicht auf die Welt gekommen, um unsere moralischen Vorurteile zur Schau zu tragen.»

«Die einzige Art, eine Versuchung loszuwerden, ist, ihr nachzugeben.»

Katherine, jung und erlebnishungrig, notiert im Anschluß daran ihre eigene Vorstellung vom Leben: «O, ich möchte es auf die Spitze treiben!»

Das entspricht nicht gerade den Erziehungsprinzipien ihres strengen Vaters! Höchste Zeit, daß die aufsässige Tochter zurück ins heimatliche Neuseeland geholt wird, wieder in die Obhut einer soliden Familie gebracht wird. Also finden wir Katherine im Herbst 1906 in Begleitung ihrer Eltern auf der S.S. Corinthic, unterwegs nach Wellington, Neuseeland. Das junge Mädchen ist mürrisch, widerspenstig, gereizt. Ihre Eltern, so schildert sie das in ihrem Tagebuch, sind dabei, «ihr die Zukunft zu rauben». Während sie mit einem jungen Mann an Deck flirtet («Ich möchte ihn aus der Fassung bringen, seltsame Tiefen in ihm erregen!»), beobachtet und beschreibt die zukünftige Schriftstellerin ihre Eltern: «Sie sind noch schlimmer, als ich erwartet hatte. Sie sind neugierig und spähen herum, sie passen auf, und sprechen tun sie nur vom Essen. Sie streiten sich auf hoffnungslos vulgäre Weise. Mein Vater sprach von meiner Rückkehr (nach London) als von einem verdammten Unsinn, sagte, er wolle nicht, daß ich mich im Dunkeln mit Burschen herumtreibe. Seine mit langen sandfarbenen Haaren bedeckten Hände sind absolut grausame Hände. Ein Gefühl körperlichen Widerwillens ergreift mich. Er will, daß ich in seiner Nähe bleibe... Sie ist immer mißtrauisch, beständig auf anmaßende Weise tyrannisch. Beide sind so absolut unenthusiastisch. Sie sind mir ein beständiges Ärgernis. Ihr Anblick bewirkt eine gänzliche Veränderung in mir. Ich werde unsicher in meinem Benehmen – erscheine befangen... Es wird mir nie möglich sein, zu Hause zu leben. Das ist mir völlig klar. Es würde zu beständigen Reibereien führen. Mehr als eine Viertelstunde sind sie nicht zu ertragen, und geistig sind sie mir ganz und gar unterlegen. Was wird die Zukunft bringen?» Zunächst: unruhige Jahre im ungeliebten Elternhaus. Sie stürzt sich in «Affären», macht lesbische Erfahrungen, verlobt sich, entlobt sich, streitet sich ständig mit den Eltern («Zum Teufel mit meiner Familie! Großer Gott, was für eine langweilige Gesellschaft!») und schreibt, schreibt, schreibt. Immerhin werden erste Geschichten von ihr in einem Magazin veröffentlicht. Endlich, im Sommer 1908, erhält sie die elterliche Erlaubnis, nach London überzusiedeln. Ihr Vater bewilligt ihr eine Rente, keine große Summe, aber gerade ausreichend.

Was Katherine Mansfield, getreu ihrem Wahlspruch «Ich will die Dinge auf die Spitze treiben», in den nächsten acht Jahren in England erlebt, könnte Romanbände füllen. Sie hat in dieser Zeit 29 verschiedene Postadressen – die Reisen und Exkursionen, die sie unternimmt, nicht mitgezählt. Sie heiratet einen Gesangslehrer, den sie am Morgen nach der Hochzeitsnacht plötzlich verläßt. Sie ist schwanger von einem anderen Mann, verliert das Kind, lebt vorübergehend in einem Kloster in Wörishofen, verliebt sich in London in den jungen Kritiker John Middleton Murry, den sie natürlich auch sofort umtauft: «Bogey» heißt er für sie. Gierig saugt sie alle Erfahrungen in sich auf.

Die einzige Person, die in dieser Zeit und in den späteren Jahren als beständiger, zuverlässiger Mensch in Katherine Mansfields Leben auftaucht, ist «L.M.», die Freundin aus dem College. «Ich will dir dienen und deine Wege gehen, immer», hat L.M. Katherine versprochen. Es wird sich noch zeigen, wie wichtig ein solches Versprechen für Katherine Mansfield ist. Mittlerweile hatte die Schriftstellerin erste literarische Erfolge errungen. Sie veröffentlichte in Zeitschriften und gab einen Erzählband *(In einer deutschen Pension)* heraus: Skizzen und Geschichten, die oft wie Karikaturen wirken. Später hat sie dieses Buch als «unreif» abgetan und sich während des Ersten Weltkriegs gegen eine Neuauflage gewehrt. Obwohl sie bei der damals herrschenden deutschfeindlichen Stimmung damit «gut angekommen» wäre. Und obwohl sie das Geld dringend gebraucht hätte...

Noch sucht sie nach ihrem eigenen Stil: «Ich sehne mich von ganzem Herzen danach, aber die Worte wollen einfach nicht kommen.»

Februar 1915: Wieder stürzt Katherine Mansfield sich in eine «grande passion». Sie reist mitten im Krieg zu einem französischen Offizier – ein Erlebnis, das später zum Stoff wird für ihre Erzählung *Eine unbesonnene Reise.*

Im selben Jahr kommt Katherines Bruder Leslie nach England, bevor er Ende September 1915 an die Front in Frankreich beordert wird. In langen Gesprächen mit ihm wird für Katherine ihre Kindheit in Neuseeland wieder lebendig. Nein, es sind nicht ihre stürmischen Jungmädchenjahre, an die sie sich erinnert, es sind Bilder, Farben, Gerüche, Szenen aus der frühen Kindheit, die in ihr wieder auftauchen. In ihrem Tagebuch beschreibt Katherine einen Dialog mit dem Bruder:

«Erinnerst du dich noch, wie wir auf der rosa Gartenbank saßen?»

«Ich werde jene rosa Gartenbank nie vergessen. Sie ist die einzige Gartenbank für mich. Wo ist sie jetzt? Glaubst du, daß man uns im Himmel erlauben wird, darauf zu sitzen?»

«Wir waren fast wie *ein* Kind», schreibt Katherine Mansfield weiter. «Ich sehe uns immer vereint umhergehen, vereint die Dinge betrachten, mit den gleichen Augen, diskutieren...»

Katherines Bruder, ihr zärtlich geliebter «Chummie», kommt im Oktober 1915 ums Leben, als bei einer Handgranaten-Demonstration eine Granate vorzeitig explodiert. Von einem

Freund erfährt sie, daß er in seinen letzten Minuten immer wieder nach ihr gerufen hat: «Halt mir den Kopf hoch, ich bekomme keine Luft!»

Katherine Mansfield, sie ist jetzt 27 Jahre alt, ist vom Tod des Bruders so tief getroffen wie noch nie von einem Ereignis in ihrem Leben. «Erfahrungen machen» wollte sie, tat sie auch, aber jetzt ist ihr eine Erfahrung zugestoßen, die ihr das bisherige Leben oberflächlich erscheinen läßt. Wer in ihren Tagebucheintragungen Anfang 1916 blättert, findet solche Sätze: «Die Handlungen meiner früheren Geschichten lassen mich völlig kalt. Jetzt – jetzt möchte ich Erinnerungen an mein eigenes Land schreiben. Ja, ich will über mein Heimatland schreiben, bis mein Vorrat erschöpft ist. Ich will alles sagen, sogar, wie in Haus Nr. 75 der Wäschekorb quietschte...»

Für ihren Bruder möchte sie ihre und Chummies Jugend in Neuseeland heraufbeschwören, «weil ich in Gedanken all die vertrauten Orte mit ihm durchstreife».

Ihr werden nur noch sieben Jahre Zeit bleiben, dieses Ziel zu verwirklichen. Aber sie wird von nun an unbeirrbar und unaufhaltsam darauf hinarbeiten.

«Es ist so seltsam», schreibt sie 1921 an die mit ihr befreundete englische Malerin Dorothy Brett, «die Toten ins Leben zurückzurufen. Das ist meine Großmutter in ihrem Lehnstuhl mit dem rosa Strickzeug, da schreitet mein Onkel über den Rasen, und während ich schreibe, habe ich das Gefühl ‹Ihr seid nicht tot, meine Lieben. Ich erinnere mich an alles. Ich verneige mich vor euch. Ich trete in den Hintergrund, so daß ihr durch mich in eurem Glanz und eurer Schönheit zu neuem Leben erstehen könnt.›»

Wenn sie schreibt, so schildert sie es selbst, verwandelt sie sich in die Menschen, die in ihren Erzählungen auftreten: «Man ist eine Zeitlang das Schauspiel. Bliebe man die ganze Zeit man selbst, wie einige Schriftsteller es zu tun vermögen, wäre es etwas weniger erschöpfend. Es ist eine Sache blitzschneller Veränderung.»

Nicht nur Menschen, auch Dinge erweckt Katherine Mansfield schreibend zu einem neuen Leben. Ihrer Freundin Dorothy Brett schildert sie den Zustand, in den sie dabei gerät, 1917 so: «Wenn Du Äpfel malst, fühlst Du dann auch Deine Brüste und Knie zu Äpfeln werden? Oder hältst Du das für den größten Unsinn? Ich nicht. Ich bin sicher, daß es kein Unsinn ist. Wenn

ich über Enten schreibe, das schwöre ich Dir, bin ich eine rundäugige weiße Ente, die auf dem von gelben Blumen umsäumten Teich schwimmt und sich gelegentlich auf die andere rundäugige Ente stürzt, die kopfabwärts unter mir schwimmt.»
Mit jener Ausschließlichkeit, die schon als junges Mädchen typisch war für sie, handelt sie bis zu ihrem Tod nach diesem Grund-Satz: «Ich lebe, um zu schreiben.» Es gibt nur ein Ziel für sie: ihre Kunst mehr und mehr zu vervollkommnen. Katherine Mansfield bettelt geradezu um Zeit, bettelt in ihren Briefen und Tagebüchern um Zeit, ihr Lebensziel zu verwirklichen. Sie muß geahnt haben, wie wenige Jahre ihr zugemessen waren. Denn sie ist krank geworden. Nach zwei Lungenentzündungen erleidet sie mit dreißig Jahren einen Blutsturz. Sie hat Angst. Sie hat Schmerzen. Sie fiebert.
Und schreibt weiter.
Es sind unruhige Jahre, wie schon seit langem: unruhige Jahre für Katherine Mansfield, in denen ihre berühmten Erzählungen entstehen, die heute zu den Klassikern in der englischen Literatur zählen. In ihrer Zeit erschafft sie einen völlig neuen Stil, wirkt als Bahnbrecherin.
Eine schmale dunkelhaarige Frau mit hungrigen Augen – so sieht Katherine Mansfield auf Fotos aus, die sie in den letzten fünf Jahren ihres Lebens zeigen. Sie hat inzwischen geheiratet, lebt seit 1918 in einer Ehe mit John Middleton Murry und lebt doch nicht mit ihm, weil sie wegen ihres Gesundheitszustandes immer wieder «verschickt» wird. Nach Südfrankreich. In die Schweiz. Überwintern im Süden, in Hotels, in «Fremdenzimmern», Sehnsucht nach einem geborgenen Zuhause: «Hätte ich doch ein Heim und könnte ich die Vorhänge zuziehen.» Vielleicht ist Katherine Mansfield ohnehin nicht der Typ für ein still-umsorgtes Daheim? Aber sie träumt davon: «Ich sehne mich nach Freunden und Menschen und einem Haus», schreibt sie an ihren Mann. Und weiter: «Warum habe ich kein richtiges ‹Heim›?» Und, auch an ihren Mann, während sie in Südfrankreich «auskuriert» werden soll: «Wenn ich erst *zu Hause* bin und wir zusammen leben, wirst Du vielleicht nicht so niedergeschlagen sein. Ich werde dasein, und abends werden wir am Tisch mit der Lampe zwischen uns sitzen und arbeiten, und dann werden wir etwas Heißes zu trinken machen und ein wenig miteinander plaudern und rauchen und kleine Pläne machen. Weißt Du, wir werden uns völlig ändern. Wir werden

einfach ineinander aufgehen.» Traumvorstellungen. Murry und Mansfield gehen nicht «ineinander auf». Es gibt zwar Zeiten, in denen er sie im Süden besucht. Zwischendurch, wenn es Katherine gesundheitlich etwas besser geht, leben sie auch in England zusammen. Aber er wendet sich ab, wenn sie hustet, und natürlich registriert sie das. Im Grunde ist es ihm lästig, eine schwierige, kränkelnde Frau zu haben. Es geht ihm in erster Linie darum, seine eigene Karriere als Kritiker und Biograph entwickeln und pflegen zu können. Zeitgenossen – wie Virginia Woolf – haben ihn als «sehr egoistisch» erlebt. Katherine aber hat in seitenlangen Briefen immer wieder um seine Zuneigung geworben.

Ein Mensch hält unverbrüchlich zu ihr: Ida Baker, die «L.M.», die schon als Jugendliche versprochen hat, sie werde der Freundin dienen. Eine merkwürdige Freundschaft besteht zwischen den beiden Frauen... Ida ist selbstlos, opfert sich auf. Aber: «Sie ist auch nur zufrieden, wenn sie mich verschlingen kann», schreibt Katherine an ihren Mann.

Katherine hätte ohne die Hilfe der Freundin viele Situationen in ihrem Leben nicht meistern können. Das wußte sie. Aber genau das machte sie auch zornig – dieses Gefühl, abhängig zu sein. Da ist noch eine Freund/Feindschaft, die sich durch Katherine Mansfields kurzes Leben zieht. Sie trifft im Herbst 1916 zum erstenmal die englische Schriftstellerin Virginia Woolf. Beide hatten bis dahin keine Frau gekannt, die ihr Leben ganz dem Schreiben widmete. Beide verfolgten sehr ähnliche Ziele, fühlten sich voneinander angezogen – und zugleich sehr distanziert. In ihrem Tagebuch notiert Virginia Woolf: «Wir (damit meint sie ihren Mann Leonard Woolf und sich) konnten uns beide nur wünschen, unser erster Eindruck von K.M. möge nicht der sein, sie stinke wie eine – nun, wie eine Zibetkatze, die sich aufs Herumstreunen verlegt hat. Die Wahrheit zu sagen, ich bin ein bißchen schockiert, wie ordinär sie auf den ersten Blick wirkt; Züge, so hart und so billig. Aber wenn sich das abschwächt, ist sie so intelligent und unergründlich, daß es die Freundschaft lohnt...» An einer anderen Stelle heißt es in Virginia Woolfs Tagebuch: «Sie ist wie eine Katze: fremdartig, träge, immer einsam, auf der Hut. Sie macht den sonderbaren Eindruck eines Menschen, der, völlig ichbezogen, für sich lebt; ganz auf ihre Kunst konzentriert; beinah fanatisch das mir gegenüber herausstreichend.»

Fanatisch. Katzenhaft. Unergründlich. Virginia Woolf (die im übrigen durchaus nicht ohne Konkurrenzgefühle ihrer Dichterkollegin gegenüber war) trifft mit diesen Vokabeln wesentliche Eigenschaften der Katherine Mansfield. Aber sie läßt dabei außer acht (oder weiß sie es nicht?), *wie* krank Katherine Mansfield ist: todkrank und darum überwach. Katherine Mansfield stirbt mit 34 Jahren in einem «Institut zur harmonischen Entwicklung des Menschen», das der Kaukasier Gurdjieff in Fontainebleau bei Paris eröffnet hat.

Sie war in den letzten Wochen ihres Lebens besessen von der Idee, in diesem Institut könne sie Heilung finden. «Ich beabsichtige, meine ganze Lebensweise total zu ändern», schrieb sie ein Vierteljahr vor ihrem Tod an einen Freund. «Ich beabsichtige, auf jede mögliche Art mit meinen Händen zu arbeiten, Tiere zu versorgen und alle Arten manueller Arbeit zu tun.»

Sie wollte «aussteigen», so würden wir im heutigen Sprachgebrauch sagen. Aber sie war so krank, körperlich so krank, daß sie nach kurzem Aufenthalt in Fontainebleau an einem Blutsturz starb.

John Middleton Murry, ihr Ehemann, gab postum eine große Anzahl ihrer Erzählungen, ihre Tagebuchnotizen und ihre Briefe heraus. Und bekam dafür – dies ist ein Zitat von ihm – «einen Scheck, der zehnmal so groß ist als jeder Scheck, den Katherine je erhalten hat. Es kam mir zwar wie Ironie vor – dann, auf meine abergläubische Art, fand ich, daß Katherines Segen auf unserer Ehe und dem Haus am Meer ruhte.»

Mit «Katherines Segen» nämlich erstand er ein Haus am Meer und später eine Farm. Er heiratete noch dreimal, bis er die «richtige» fand, eine ruhige, unkomplizierte Frau. Und dabei vergaß er nicht, Katherine den Titel einzuräumen, der ihr seiner Meinung nach gebührte: Auf ihrem Grabstein ließ er unter ihren Namen einmeißeln: «Frau des John Middleton Murry».

Zum Weiterlesen:

Katherine Mansfield: *Tagebuch.* Herausgegeben und übersetzt von Dr. Max A. Schwendimann, Stuttgart 1975.

Katherine Mansfield: *Sämtliche Erzählungen in 2 Bänden* Herausgegeben, ins Deutsche übertragen und mit einem biographischen Essay von Elisabeth Schnack. Frankfurt a.M./Wien/Zürich 1980.

Simone de Beauvoir in ihrer Zeit

1929   Simone de Beauvoir lernt Jean-Paul Sartre kennen, den Hauptvertreter des französischen Existentialismus.

1935   Die Amerikanerin M. Mead veröffentlicht ihre Untersuchungen über *Geschlecht und Temperament in drei primitiven Gesellschaften* und weist darin nach, daß «männliche» und «weibliche» Charakterzüge relativ sind.

1939   Hitler beginnt den Zweiten Weltkrieg mit dem Überfall auf Polen. Frankreich und Großbritannien erklären Deutschland den Krieg.

1940   Simone de Beauvoir und Jean-Paul Sartre gehören zu den Teilnehmern der Widerstandsbewegung (Résistance) in Frankreich.

1949   Simone de Beauvoirs Buch *Das andere Geschlecht* löst bei seinem Erscheinen heftige Diskussionen aus.

1951   *Das andere Geschlecht* erscheint in deutscher Sprache.

1963   In den USA erscheint Betty Friedans Buch *Der Weiblichkeitswahn*, in dem sie zeigt, wie und warum Frauen davon überzeugt werden, daß Haushalt und Kinder ihre einzige Bestimmung seien.

1968   Studentenunruhen in Paris und in mehreren Städten der Bundesrepublik.

1968   Die Women's Lib-Bewegung (der neue Feminismus) breitet sich in den USA aus: eine Bewegung, die sich auf Simone de Beauvoirs Buch *Das andere Geschlecht* beruft.

1970   Seit diesem Jahr besteht in Frankreich die Organisation «Mouvement de Libération de la Femme» (Bewegung zur Befreiung der Frau).

1971   Im April unterzeichnen 343 prominente Französinnen (unter ihnen Simone de Beauvoir) ein von der Frauenbewegung entworfenes Geständnis: «Ich habe abgetrieben», das im *Nouvel Observateur* veröffentlicht wird. Der Funke dieser Kampagne springt nach Deutschland über. «Ich habe abgetrieben», bekennen im selben Jahr 375 deutsche Frauen im Magazin *Stern*. Mit der «Aktion § 218» ersteht die deutsche Frauenbewegung neu.

«Man kommt nicht als Frau zur Welt, man wird dazu gemacht»

«Gutwillig. Beflissen. Und von leidenschaftlicher Frömmigkeit erfüllt.» So beschreibt Simone de Beauvoir im letzten Band ihrer Memoiren — *Alles in allem* – sich sclbst als Kind.

Der Vater, Jurist, ermöglicht Simone und ihrer zwei Jahre jüngeren Schwester Hélène eine sorgfältige Erziehung. Beide Mädchen besuchen die katholische Mädchenschule «Cours Désir» in Paris. Simone ist eine gute Katholikin. Sie betet mit ihrer Mutter und geht regelmäßig zur Messe, Beichte und Kommunion. In der Schule gilt sie als Musterschülerin. Ein artiges kleines Mädchen. Lesen ist ihre liebste Beschäftigung – der Vater unterstützt sie darin. Aber sie bekommt natürlich nur Bücher in die Hand, die ihre Eltern für sie ausgewählt haben: Simone ist «eine Tochter aus gutem Haus».

Nein, sie hat nicht das Gefühl, als Mädchen benachteiligt zu sein. Allerdings: Eine Familienmutter, das nimmt sich schon das kleine Mädchen beim Puppenspielen mit der Schwester vor, möchte sie niemals werden. Als Mutter, so erlebt sie es im Alltag, hat eine Frau «tausend mühselige Aufgaben».

Ich werde lieber Lehrerin, beschließt Simone de Beauvoir als Kind. Und mit Begeisterung bringt sie ihrer Schwester «Poupette» Lesen, Schreiben und Rechnen bei.

Simone mit den langen dunklen Locken ist ein hübsches Kind; ihre kleinen Launen erträgt die Verwandtschaft mit Nachsicht. Sie wird geliebt und bewundert. Rückblickend wird sie später sagen, daß dieses Gefühl von Sicherheit, Wärme und persönlicher Wichtigkeit, das ihr in der Kindheit vermittelt wurde, entscheidend für ihre spätere Entwicklung war.

Als Simones Vater im Ersten Weltkrieg eingezogen wird, macht das «großen Eindruck» auf sie. Sie, die kleine mustergültige Tochter, erzählt in ihren *Memoiren einer Tochter aus gutem*

Hause, wie sie ihm beweist, welch perfekte Patriotin sie ist. Sie zertrampelt eine Zelluloidpuppe, auf der ‹Made in Germany› steht...

Man hat der kleinen Simone erklärt, von ihrer Bravheit und Frömmigkeit hinge es ab, daß Gott Frankreich errette. Also strömt sie geradezu über von Tugendsamkeit während der Kriegsjahre. Ihrem leiblichen Vater, ihrem himmlischen Vater und ihrem Vaterland will sie alles recht machen. So hat man sie erzogen, und sie sieht keinen Grund, daran etwas auszusetzen. Zaza, ein gleichaltriges Mädchen, ist der erste Mensch in Simone de Beauvoirs jungem Leben, der ihre Rolle als «braves Kind» in Frage stellt.

Zaza: Eines Tages sitzt sie als «Neue» neben der zehnjährigen Simone de Beauvoir auf der Schulbank: «Ein dunkles kleines Mädchen mit kurzgeschnittenem Haar.» Simone, die zu den übrigen Klassenkameradinnen nur wenig Kontakt hat, ist auf der Stelle fasziniert von ihrer neuen Banknachbarin und bringt ihr eine «fanatische Zuneigung» entgegen: «Ich war erstaunt, wie sie mit den Lehrerinnen sprach; ihre natürliche Art stand im Gegensatz zu den stereotypen Stimmen der anderen Schülerinnen... Obwohl ich mich selbst den Gesetzen, den Klischees, den Vorurteilen unterwarf, liebte ich doch, was neu, was spontan war und von Herzen kam. Die Lebhaftigkeit und Unabhängigkeit Zazas sicherten ihr meine Ergebenheit.»

So schildert Simone de Beauvoir im ersten Band ihrer *Memoiren* den Beginn ihrer Freundschaft mit Zaza, und im letzten Band ihrer *Memoiren* kommt sie noch einmal darauf zurück: «Speziell durch Zaza habe ich entdeckt, wie hassenswert das arrivierte Bürgertum war. Gegen diese Schicht hätte ich mich unter allen Umständen gewendet, aber ich hätte den falschen Spiritualismus, den erstickenden Konformismus, die Arroganz und die bedrückende Tyrannei, die sie kennzeichneten, nicht in meinem eigenen Herzen erlebt und mit Tränen bezahlt... Ich hatte den Hang, mich in Form von krankhaftem Hochmut gegen feindliche Mächte zu wehren: meine Bewunderung für Zaza hat mich davor bewahrt. Ohne sie wäre ich vielleicht mit zwanzig Jahren mißtrauisch und verbittert gewesen, anstatt für Freundschaft und Liebe empfänglich zu sein, das heißt, die einzig geeignete Haltung einzunehmen, durch die ich diese Gefühle auch zu wecken vermochte...»

Simone wirbt um Zaza. Diese Freundschaft zwischen den beiden Mädchen ist ein «Vergnügen geistigen Austauschs und täglichen Einanderverstehens». Und das mitten in einer Zeit, in der Simone de Beauvoir zu Hause ihre Rolle als Lieblingstochter verliert. Sie kommt ins «undankbare Alter», wie im Französischen die Jahre genannt werden, in denen aus einem Kind ein junger Erwachsener wird.

Simone hat Pickel. Ihr Körper verändert sich. Anläßlich eines Familienfestes wird ihr «Körper bandagiert», weil ein neues Kleid ihre Brust, «die nichts Kindliches mehr hatte, in ungehöriger Weise betonte». Ihr Vater zeigt sich enttäuscht, als seine Älteste linkisch und unbeholfen auftritt. «An Frauen schätzte er Eleganz und Schönheit», sagt Simone de Beauvoir. Sie aber war in jenen Jahren «ein höchst unglückseliges Mittelding zwischen einem kleinen Mädchen und einer Frau».

Der einzige Trost in dieser Zeit ist für Simone de Beauvoir die Freundschaft mit Zaza.

Zu Hause gestaltet sich ihr Verhältnis zu den Eltern immer schwieriger. «Das gehört sich so» und «Das tut man nicht» sind zwei Sätze, die Simones Mutter ständig auf den Lippen hat. Die Mutter liest außerdem all ihre Briefe. Nach wie vor wird Simones Lektüre streng überwacht, und natürlich kann überhaupt nicht die Rede davon sein, daß das junge Mädchen irgendwohin einmal allein gehen dürfte. Noch rebelliert Simone nicht. Aber sie ist «feindselig».

Einen ersten, sehr wichtigen Schritt weg von den Fesseln ihres Elternhauses tut Simone de Beauvoir als Vierzehnjährige: Sie hört auf zu glauben. Genauso bedingungslos, wie sie sich jahrelang den Regeln der katholischen Kirche gefügt hat, lehnt sie sie nun ab. Und dabei bleibt es: «In meinem Unglauben wurde ich niemals schwankend», beteuert sie immer wieder. Mit Zaza führt sie lange Gespräche über die Zukunft. Zaza kann sich durchaus vorstellen, später einmal Kinder zu haben. Simone ist empört! «Kinder zu haben, die ihrerseits wieder Kinder bekämen, hieße nur, bis ins Unendliche das ewige alte Lied wiederholen»... Sie aber will sich herausheben aus der Menge. «Ich will eine berühmte Schriftstellerin werden», schreibt die Fünfzehnjährige einer Klassenkameradin ins Album. Schreiben bedeutet für sie «unsterblich werden»: «Es gab keinen Gott mehr, der mich liebte, aber ich würde in Millionen von Herzen wie eine Flamme weiterbrennen.»

Typisch für die junge Simone ist, daß all ihre Gedanken nur um ihre eigenen Probleme kreisen. Sie hört zwar als Heranwachsende, daß es Frauen gibt, die sich engagiert für das Stimmrecht einsetzen. Das jedoch «läßt sie kalt». Frauenfragen überhaupt interessieren sie nicht im geringsten. Sich selbst sieht sie als Ausnahme. Sie wird nie das Los unterdrückter Frauen teilen, weil sie «anders» ist als Durchschnittsfrauen. Diese Ansicht bleibt noch jahrzehntelang für sie bestimmend.

Ihre Berufspläne werden vom Vater unterstützt. «Heiraten, meine Kleinen», sagt er oft zu seinen Töchtern, «werdet ihr freilich nicht. Ihr habt keine Mitgift, da heißt es arbeiten.» Immerhin ist es ein sehr privilegiertes Arbeiten, dem sich Simone de Beauvoir widmen kann. Nach dem Abitur – 1925 – studiert sie Philologie am Institut Sainte-Marie in Neuilly und Mathematik am Institut Catholique, dann Philosophie an der Sorbonne. Noch immer wohnt sie zu Hause – sie ist von den Eltern finanziell abhängig –, ihre Mutter schreibt ihr vor, wie sie sich kleiden muß, und bis zu ihrem vorletzten Studienjahr darf sie nicht in Begleitung eines Mannes ausgehen. Allein übrigens erst recht nicht. Ihr «Lebenswandel» wird kontrolliert. Sie fühlt sich «wie im Käfig». Verzweifelt notiert die Zwanzigjährige in ihrem Tagebuch: «So kann es nicht weitergehen! Was will ich? Was vermag ich? Nichts und wieder nichts. Mein Buch? Nur Eitelkeit. Die Philosophie? Ich habe sie satt. Die Liebe? Ich bin zu müde dazu. Und doch bin ich zwanzig Jahre alt und will leben!»

In ihrem Buch *Memoiren einer Tochter aus gutem Hause* schildert Simone de Beauvoir eindringlich den zähen Kampf, den sie führen mußte, bis sie sich von der Vorstellungswelt, in der sie als «Bourgeoise» erzogen worden war, lösen konnte.

1929 – sie ist einundzwanzig Jahre alt – wird ein entscheidendes Jahr für sie. Sie besteht die «agrégation» in Philosophie, und sie lernt einen Kommilitonen kennen: Jean-Paul Sartre, ein Mann, der über fünfzig Jahre lang ihr Lebensgefährte sein wird. Und – sie verliert Zaza. Ihre beste Freundin stirbt. An welcher Krankheit, läßt sich nicht genau klären. Simone ist davon überzeugt, daß Zaza sich aufgerieben hat an den Konflikten, unter denen sie selbst so lange litt – daß sie kaputtging im zermürbenden Kleinkrieg gegen ein alles beherrschendes Elternhaus.

Vieles in Simone de Beauvoirs Beziehung mit Jean-Paul Sartre erinnert an die Form des Verhältnisses zwischen Simone und

Zaza. Sie lernt Sartre, der wie sie Philosophie studiert, während ihrer Examensvorbereitungen kennen. Schon nach kurzer Zeit erkennt sie: «Sartre entsprach genau dem, was ich mir mit fünfzehn Jahren gewünscht und verheißen hatte: er war der Doppelgänger, in dem ich in einer Art von Verklärung alles wiederfand, wovon ich auch selber besessen war. Mit ihm würde ich immer alles teilen können.» In den Semesterferien besucht er sie auf dem Land. Simone de Beauvoir: «Als ich mich Anfang August von ihm trennte, wußte ich, daß er aus meinem Leben nie mehr verschwinden würde.»

Beide bestehen zur gleichen Zeit ihre «agrégation» an der Universität, eine Prüfung, die sie berechtigt, Philosophie zu unterrichten. Sie beschließen gleich zu Beginn ihrer Bekanntschaft, auf eine bürgerliche Häuslichkeit zu verzichten und getrennt zu wohnen. Auch durch gemeinsame Kinder wollen sie sich nicht aneinander binden. Die Beziehung, die beide aufbauten – und die bis zum Tod Sartres im April 1980 bestand –, ist legendär geworden.

Wie kein anderes Paar ergänzten sich Simone de Beauvoir und Jean-Paul Sartre auf intellektuellem Gebiet. Keiner von beiden hat je etwas veröffentlicht, ohne es vorher dem anderen zur Beurteilung vorgelegt zu haben. Und obwohl sie täglich stundenlang miteinander sprachen, waren sie auch nach 50 Jahren gemeinsamen Lebens noch begierig, die Meinung des anderen zu hören.

«Sie hat in meinem Leben einen Platz eingenommen, der keinem anderen Menschen zugänglich ist», sagte Jean-Paul Sartre 1977 in einem Interview über Simone de Beauvoir. «Wir sind einander vollkommen gleich. Anders können wir nicht miteinander umgehen. Ich habe eine Frau gefunden, die sozusagen dem gleicht, was ich als Mann bin. Damit hat die Frau ihren echten Platz.» Und Simone de Beauvoir über ihn: «Sartre hat mir geholfen, wie ich ihm geholfen habe. Ich habe aber nicht nur durch ihn gelebt.«

Dennoch ist diese Frau bis zum heutigen Tag immer wieder als «Sartres Lebensgefährtin» bezeichnet worden. Ihn «Beauvoirs Lebensgefährten» zu nennen – undenkbar.

Simone de Beauvoir gibt 1943, als sie ihren ersten Roman *(Sie kam und blieb)* veröffentlicht hat, ihre Lehrertätigkeit auf. Seither lebt sie als freie Schriftstellerin.

Im Jahre 1946 beginnt sie mit einer Arbeit, die rund zwanzig

Jahre später den theoretischen Boden bereiten wird, auf dem der neue Feminismus fußt. Sie schreibt ein Buch, das sie *Das andere Geschlecht (Le Deuxième Sexe)* nennt und von dem sie sagt: «Während ich daran arbeitete, veränderten sich die Dinge um mich herum.»

Bis zu diesem Zeitpunkt – Simone de Beauvoir ist Ende dreißig – hat sie sich über ihre Situation als Frau in unserer Gesellschaft kaum Gedanken gemacht. Sie gehört beruflich zu den Privilegierten. Sie fühlt sich von Männern anerkannt. Und sie akzeptiert sich selbst als Ausnahmefrau.

«Trotzdem sind Sie nicht so erzogen worden wie ein Junge», sagt Sartre zu ihr, «das muß man genauer untersuchen.»

Simone de Beauvoir «untersuchte es genauer und machte eine Entdeckung». Nämlich: «Diese Welt ist eine Männerwelt, meine Jugend wurde mit Mythen gespeist, die von Männern erfunden worden waren, und ich hatte keineswegs so darauf reagiert, als wenn ich ein Junge gewesen wäre.»

Ihr Interesse ist so groß, daß sie beschließt, die «Mythen des weiblichen Geschlechts» näher zu untersuchen.

Vom Oktober 1946 bis zum Juni 1949 arbeitet Simone de Beauvoir an diesem Buch: «Es ist merkwürdig, und es ist anregend, mit vierzig Jahren plötzlich einen Aspekt der Welt zu entdekken, der in die Augen springt und den man vorher nicht gesehen hat. Eines der Mißverständnisse, die mein Buch ausgelöst hat, besteht darin, daß man glaubte, ich leugnete jeden Unterschied zwischen Mann und Frau. Ganz im Gegenteil. Beim Schreiben wurde mir klar, was die Geschlechter trennt. Ich behaupte lediglich, daß diese Verschiedenheiten nicht natur-, sondern kulturbedingt sind.» Die Erkenntnis, zu der Simone de Beauvoir während ihrer Arbeit kommt, läßt sich in einem Satz zusammenfassen: «Man kommt nicht als Frau zur Welt, man wird dazu gemacht.»

Simone de Beauvoir hat *Das andere Geschlecht* keineswegs als Streitschrift veröffentlicht. Es war ursprünglich eine rein intellektuelle und theoretische Arbeit. Um so mehr verblüffte sie nach der Veröffentlichung «die Heftigkeit der Reaktionen und ihre Niedertracht». Man wirft ihr vor, sie sei «unbefriedigt, frigide, nymphoman, lesbisch», sie habe «hundert Abtreibungen hinter sich» und «sogar heimlich ein Kind». Ein als «fortschrittlich» bekannter Universitätsprofessor bricht die Lektüre ihres Buches ab und schleudert es durchs Zimmer.

Was die Gemüter so erregt, ist die Tatsache, daß «die Beauvoir» kühl, sachlich, gelassen an ihr Thema heranging: «Einen Wutausbruch, den Aufschrei einer verwundeten Seele hätten sie mit gerührter Herablassung aufgenommen. Sie verziehen mir aber meine Objektivität nicht, sondern taten so, als würden sie sie nicht wahrnehmen.»

Simone de Beauvoir endet ihr Buch mit einer Hoffnung: «Der Mann hat zur Aufgabe, in der gegebenen Welt dem Reich der Freiheit zum Sieg zu verhelfen. Damit dieser höchste Sieg errungen wird, ist es unter anderem notwendig, daß Mann und Frau jenseits ihrer natürlichen Differenzierungen rückhaltlos geschwisterlich zueinander finden.»

Sie schreibt das, wie gesagt, 1949.

1972, im letzten Band ihrer Memoiren – *Alles in allem* – sagt sie, daß sie damals «voreilig an einen nahen Sieg der Frauen geglaubt habe».

Ihr Buch, *Das andere Geschlecht*, wurde 1968/69, als die Women's Lib-Bewegung entstand, die theoretische Grundlage des neuen amerikanischen Feminismus. «In diesem Buch stehen die Entwürfe zu allem, was jetzt bewußt wird», erkannten auch die französischen Feministinnen, die sich nach dem «Mai 1968» (dem Beginn des Studenten-Aufstands gegen die bestehende Ordnung) in der Organisation «Mouvement de Libération de Femmes» zusammenfanden.

Simone de Beauvoir selbst hat 1970 zum erstenmal erklärt, sie sei «Feministin». Sie war lange Zeit gegen eine autonome Frauenbewegung; sie glaubte an eine sozialistische Revolution und die daraus folgende automatische Lösung der Frauenfrage. Darum – so heißt es in ihrem letzten Memoirenband – habe sie es «vermieden, sich auf den Feminismus zurückzuziehen».

«In Wirklichkeit», erkannte sie, «haben wir seit 1950 so gut wie nichts erreicht. Die soziale Revolution wird nicht genügen, um unsere Probleme zu lösen.»

Die Schlußfolgerung, die sie für sich daraus zieht: «Heute verstehe ich unter Feminismus, daß man für die speziellen Forderungen der Frau kämpft – parallel zum Klassenkampf – und bezeichne mich selbst als Feministin.»

Sie gehörte 1971 mit zu den Frauen, die in Paris bei der ersten großen Manifestation gegen das Abtreibungsverbot auf die Straße gingen. Seitdem nahm sie immer wieder aktiv an der französischen Frauenbewegung teil.

Von den Feministinnen habe sie viel gelernt, sagte sie 1976 in einem Interview mit Alice Schwarzer: «Sie haben mich in vielen meiner Ansichten radikalisiert. Ich, ich war daran gewöhnt, in dieser Welt zu leben, wo die Männer sind, wie sie sind: nämlich Unterdrücker. Ich selbst habe, glaube ich, noch nicht einmal allzusehr darunter gelitten. Ich bin den meisten typisch weiblichen Sklavenarbeiten entgangen, war nie Mutter und nie Hausfrau. Und beruflich gehörte ich zu den Privilegierten, denn zu meiner Zeit gab es noch weniger Frauen, die Lehrerin für Philosophie waren. Da wurde man auch von den Männern anerkannt. Ich war eine Ausnahmefrau, und – ich habe es akzeptiert. Heute weigern sich die Feministinnen, Alibi-Frauen zu sein. Und sie haben recht! Man muß kämpfen! Was sie mir vor allem beigebracht haben, ist die Wachsamkeit. Nichts durchgehen lassen! Selbst nicht die banalsten Dinge, diesen täglichen Sexismus, den wir so gewöhnt sind. Das fängt schon bei der Sprache an.»

Simone de Beauvoir ist zu Anfang dieses Jahrhunderts geboren. Sie hat – autobiographisch und in Romanform – beschrieben, was es heißt, als Frau in diesem Jahrhundert zu leben. Und sie hat in einem ihrer letzten Bücher – *Das Alter* – den Bogen gespannt, der heute junge unruhige Menschen mit alten ebenso unruhigen Menschen verbindet. Da schreibt sie: «Die Gesellschaft kümmert sich um den einzelnen nur in dem Maße, in dem er ihr etwas einbringt. Die Jungen wissen das. Ihre Angst in dem Augenblick, da sie in das soziale Leben eintreten, entspricht genau der Angst der Alten in dem Augenblick, da sie aus dem sozialen Leben ausgeschlossen werden. In der Zwischenzeit werden die Probleme durch die Routine verdeckt. Zwischen beiden läuft die Maschinerie und zermalmt Menschen, und die Menschen lassen sich zermalmen, weil sie sich nicht einmal vorstellen, daß sie ihr entrinnen könnten. Wenn man begriffen hat, was die Lebensbedingungen der alten Menschen bedeuten, wird man sich nicht damit begnügen, eine großzügigere ‹Alterspolitik›, eine Erhöhung der Renten, gesunde Wohnungen und Freizeitgestaltung zu fordern. Es geht um das ganze System, und die Forderung kann nur radikal sein: das Leben verändern.»

Zum Weiterlesen:
Das andere Geschlecht. Sitte und Sexus der Frau. Ungekürzte Ausgabe. Reinbek b. Hamburg.